New Standard

バス釣り入門

BOOK 2

ターゲットの習性からタックル、キャスト、
ロッド操作、ルアー＆リグ、スポット攻略。
バス釣りという千変万化の〝自然のパズル〟
を解き明かす基本を凝縮した超バイブル誕生

関和 学

つり人社

目次

1章 これからバス釣りをスタートさせる方へ

2章 ブラックバスのことを知ろう

3章　タックルを選ぼう

6章　フィールドの代表的なスポットと攻略法

7章　バス釣りを永く楽しむために

BOOKデザイン　佐藤安弘（イグアナ・グラフィックデザイン）
イラスト　廣田雅之

1章

これからバス釣りをスタートする方へ

ヒトが知恵と想像力を注ぎ込んで作ったルアーの数々と、

バスタックルと呼ばれる道具たち。

これらを使って楽しむ究極のゲーム、

バス釣りの世界へ、今から第一歩を踏み出そう。

バス釣りは手軽に見えて奥の深いゲームフィッシング

バス釣り（バスフィッシング）を始めてみようと思う理由は、人によってさまざまです。
「ルアーで釣れるから」
「知人がやっていたから」
「バスが近くに生息していたから」
「釣りは健康によさそうだから」
最近では「親がバス釣りをしていたから」という理由で始めた若者も多いようです。

釣りの世界には「釣りはフナに始まりフナに終わる」ということわざがあります。これにはいろいろな意味が含まれていますが、身近な淡水魚という点では近年は「釣りはバスに始まりバスに終わる」といってもいいほど、バス釣りは手軽なスポーツフィッシングとして老若男女に親しまれるようになりました。

ところが、手軽さゆえに始めてみると、誰もがすぐに必要な作業や準備の多さに気がつくはずです。

ショップを訪れても圧倒される数の道具の多さ。知識を得ようと専門誌を読めば訳が分からない用語のオンパレード。フィールドへ行くと詰め込んだはずの知識は役に立たず、何をすべきか分からなくなりパニック状態に。

手軽でやさしく受け入れてくれそうだったバス釣りが、一歩足を踏み入れた途端、難しい釣りに変貌して大きな高い壁となり立ちはだかってきます。

でも、この壁はバス釣りを正しく理解していけば誰にでも乗り越えられるものです。どうぞご安心ください。

僕は本書を書かせていただくにあたって、次のことを心がけました。

初心者がこのような壁に当たったとき、その前に、少しでも早くバス釣りの特性を理解してもらいたい。そして、初心者域をスムーズに通過して中級～上級者に到達できますように……と。

ビギナーが心から楽しめるために～本書の構成

キャストの1投1投にも意味がある

本書では、まずブラックバスという相手をよく知ることから始まります。

2章は習性とパターンです。バスはどう猛なイメージのある魚ですが、実は非常に臆病。常に周囲に気を付け、物音や人影などに神経を尖《とが》らせている魚なのです。バスは基本的に水深の浅いエリアを好みます。そのため、体を隠して身を守れる障害物を好みます。

バスは季節によって行動を変えます。日本には四季があり、春夏秋冬それぞれの季節によってバスの居場所や動きが変わってきます。

春はバスにとって子孫を残す産卵の季節。夏は水温上昇とともに暑さを避けるため深場や障害物への依存が強まり、酸素の多い流れも大事な要素になります。秋はバスがとても過ごしやすい季節。これから迎える冬に向かって体力を維持するために活発に捕食活動にでます。冬はバスにとってもアングラーにとっても過酷な季節です。できるだけ体力を使わないように水温の安定した深場へ移動し、暖かくなる春をじっと待つ状態になります。

対象魚を知らずに釣りの醍醐味は味わえない

このようなバスの変化に応じて、季節に合わせた釣り方も出てきます。バスの行動理論をしっかりと把握しま

「釣れた」ではなく「釣った」を目差そう

タックルは組み合わせのバランス、フィールドとのマッチングが大切

バス釣りの専門ショップに並ぶさまざまなタイプやカラーのルアーたち。バス釣りの面白さの理由がここにもある

しょう。

３章はタックルです。ロッドとリールの特性と、組み合わせのバランス解説です。使用するルアーとロッドのバランスは、きちんとバス釣りを行なううえでとても重要なことです。ロッドやリールは高価なものでもあるので、後悔しないようにしっかりと理解しましょう。

４章はキャスティングです。これができなくては、ルアーフィッシングは始まりません。正確にスポットにルアーを送り込むことができて、はじめてバス釣りが成立するといっても過言ではありません。基本動作や姿勢をしっかりと理解しましょう。

５章はルアー解説です。読者の皆さんにとって一番興味があり、楽しみな章だと思います。基本的なルアーのタイプの性質と動きを解説しています。

６章はエリアとスポットの解説です。全国的によくあるロケーションとその攻略方法の基本を解説しています。

バス釣りは「パズル」

自然は千変万化。同じフィールドでも、全く同じ釣りは二度とない。そこがバス釣りの魅力

数多くあるハードルアーやワームのタイプ、そしてリグ。さらに豊富なルアーのカラーバリエーション。バス釣りは、これらを使って自然環境の中で行なうゲームです。

ゲームの舞台となる湖沼や河川、ダム湖はそれぞれ環境が違います。また、四季や天候など気象条件もさまざま。毎回同じ環境や条件の下でバス釣りができることはなく、またいつも同じ考えで選択したルアーで釣れるとも限りません。

しかし、ここがバス釣りの面白いところです。

季節や天候の状況、水温。ルアーのタイプ、アクションやカラー、タックルバランス。環境や道具の性質・特徴の1つ1つは、バス釣りという「パズル」を構成する要素なのだと考えてみてください。そのパズルを上手に解くこと

あらゆる状況を読んでバス釣りという
名のパズルを解こう！

がバス釣りの醍醐味なのです。

たとえば同じ状況でも、ルアーのカラーを変えたり、リトリーブをファスト（速い）からスロー（遅い）に変えたりすることで、それまで全く反応を示さなかったバスが反応してくることがあります。

さらに面白いのは、このパズルはたとえば風の向きや強さなど、自然の変化に合わせて常に答えが変わっているということです。

アングラーは、これらのことをいつも意識しながらパズルの謎解きに挑戦して、釣果という正解に自身を導いていくのです。

バスという自然界の生き物であるリアルな相手に、人間が知恵と想像力で作り上げたルアーで挑む。これは画面の中のプログラミングされたバーチャルゲームではありません。自然を楽しむ究極のゲーム、それがバス釣りなのです。

沖に見える複数の護岸、杭、天候、風、
水の濁り具合……最良のアプローチは？

バスルアーの主なカテゴリー

星の数ほどありそうなバスルアーも、カテゴリー別に整理すると分かりやすい。各ルアーの詳細は5章にて。ここではルアーの大切な要素の1つ、カラーにも注目してほしい。（※上段=カテゴリー、中段=ルアー名、下段=メーカー）

ハードルアー

ペンシルベイト
コンバットペンシルギガンテス
（エバーグリーン）

ポッパー
ワンズバグ
（エバーグリーン）

スイッシャー
デビルズホース
（スミスウィック）

ノイジー
クレイジークローラー
（ヘドン）

ミノー

K-Ⅰミノー
(HMKL)

シャッド

バンクシャッド
(エバーグリーン)

クランクベイト

コンバットクランク 120
(エバーグリーン)

バイブレーション

コンバットバイブレーションウィザー
(エバーグリーン)

スピナーベイト

Dゾーン
(エバーグリーン)

バズベイト
バブルトルネード
（エバーグリーン）

フロッグ
左から：ビッグバイトフロッグ／ポッパーフロッグ／ダーターフロッグ／キッカーフロッグ
（すべてエバーグリーン）

メタルバイブ
リトルマックス
（エバーグリーン）

メタルジグ
ショーティー
（ホプキンス）

ラバージグ
キャスティングジグ
（エバーグリーン）

ソフトベイト

ストレートワーム

5in スリムヤマセンコー
（ゲーリーインターナショナル）

グラブ

4in グラブ
（ゲーリーインターナショナル）

クロー・ホッグ系

キッカーバグ 3.5in
（エバーグリーン）

カーリーテール

スパインカーリー
（エバーグリーン）

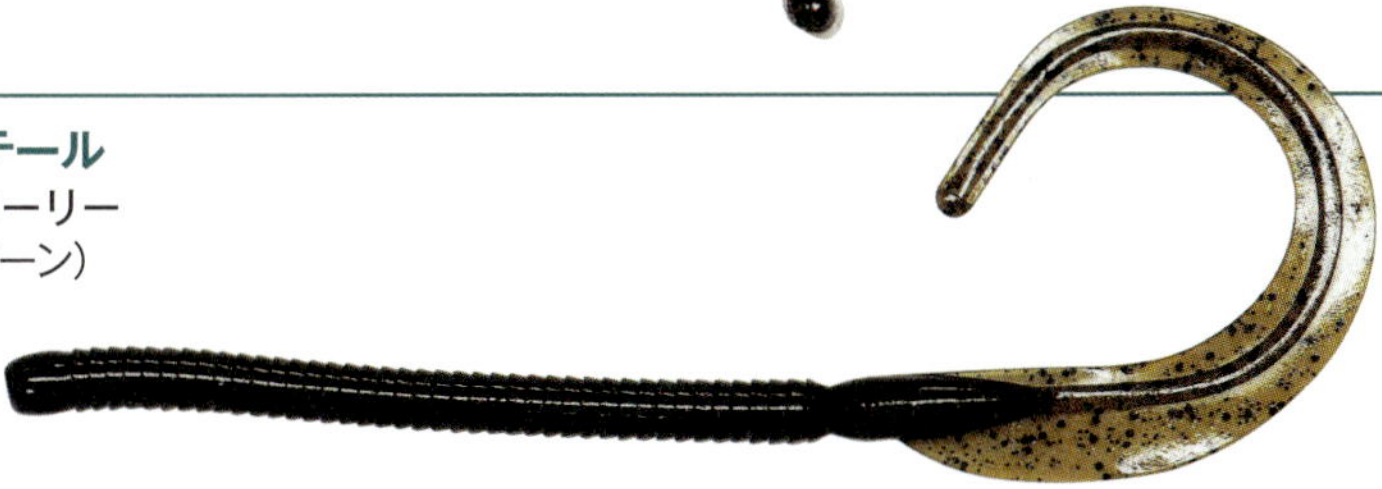

シャッドテール

ワンナップシャッド4in
（サワムラ）

One Point

バス用ルアーの分類

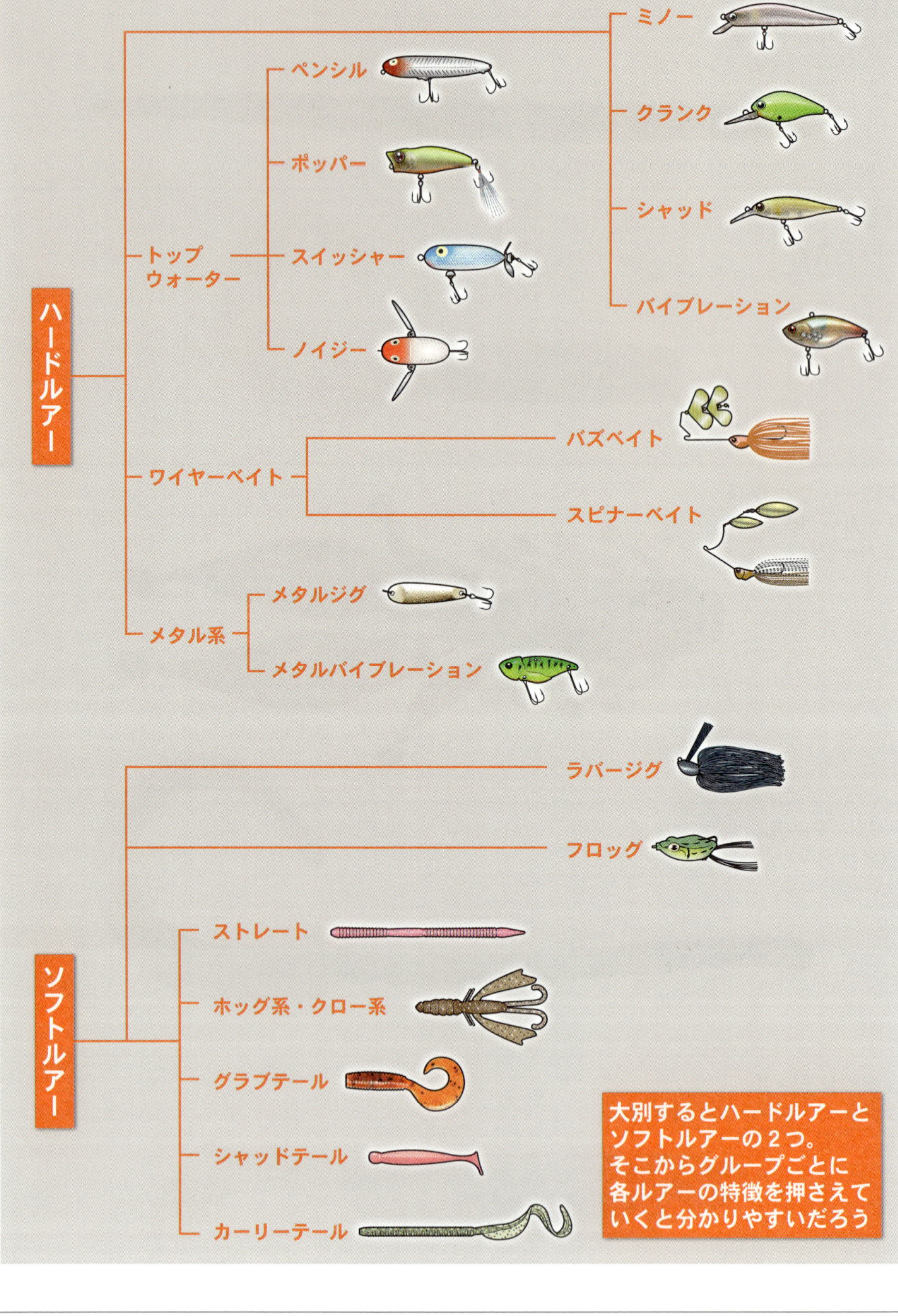

大別するとハードルアーとソフトルアーの２つ。そこからグループごとに各ルアーの特徴を押さえていくと分かりやすいだろう

2章 ブラックバスのことを知ろう

バス釣りにおいて何よりも大切なのは、

ルアーの知識やキャスティングの技術もさることながら、

バスの習性や、自然とバスのメカニズムを知っておくこと。

たとえばヒトのイメージする四季と、バスの四季はちょっと違う。

相手は大自然を日々生き抜いている生き物。

まずはここをしっかり押さえておこう。

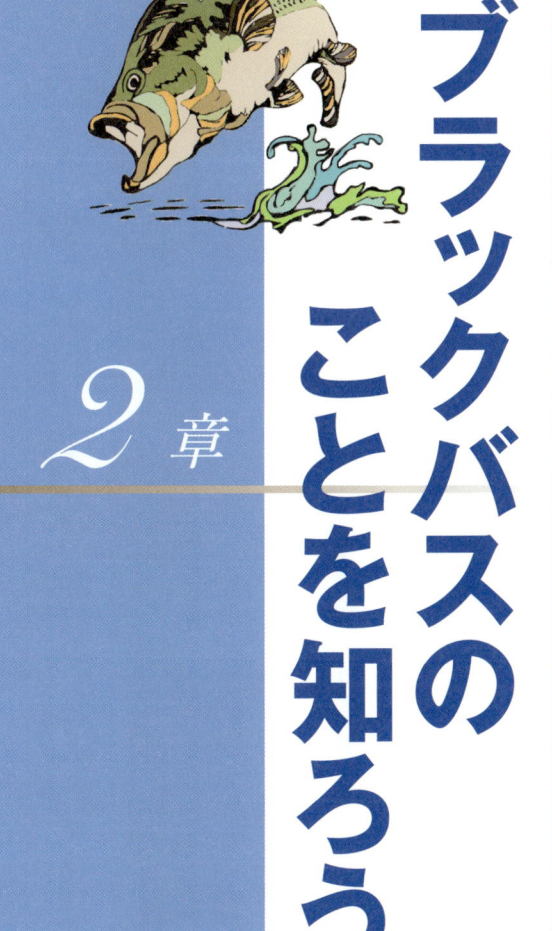

アメリカ生まれのゲームフィッシュ

老若男女、誰でも気軽に楽しめるのがバス釣り

本場ではプロスポーツとしても認識されるゲーム性の高い釣り

一般的にブラックバス（以下、バス）の名称で日本のアングラーに親しまれているこの魚は（ノーザン・ラージマウスバス。和名＝オオクチバス）、北米大陸の五大湖周辺が原産地とされています。

バスは比較的温かい水温を好み、小魚や甲殻類が主食。いわゆる魚食魚ですが、ほかにも湖周辺に生息するセミやバッタなどの陸生昆虫類、カエルやトカゲといった両生類や爬虫類、それ以外にネズミなどの小動物も機会があれば捕食します。

何でも食べてしまう魚のイメージが強いですが、生きていくために環境に適応した行動の結果、そのフィールドで一番取りやすいものがバスの主食になるのだと思います。

このように積極的な捕食行動のパターンや魚としての性質は、ルアー（擬似餌）を使ったゲームフィッシングには最適です。熱心な愛好家はもちろん、ファミリーフィッシングのターゲットとしても人気なうえに、アメリカではバスフィッシングはプロスポーツとしても広く認知されています。大リーグやNBAのようにしっかりとした組織の運営の下で、バスプロと呼ばれるプロフェッショナルアングラーたちが、高額賞金をかけて釣果を競うトーナメントが古くから行なわれているのです。

日本にはいつやって来たの？

１９２５年、赤星鉄馬氏がアメリカから研究目的でラージマウスバスを輸入し、神奈川県芦ノ湖に放流したのが日本のバスの原点。

アメリカでは多くの種が確認されていますが、日本では主にこのラージマウスバスをブラックバスと呼んでいます。現在ではこのほか、特定のフィールドに限ってスモールマウスバスやフロリダバスも生息しています。

バスのルアーフィッシングが国内で一般的に楽しまれるようになったのは、１９２５年からだいぶあとのことです。１９７０年代、本場アメリカのバスフィッシング情報が少しずつ日本に入り始めると、一部マニアの間でルアーフィッシング・ブームが起こります。アメリカの輸入ルアーをどう使うか試行錯誤していた時代です。当時はバスの生態も解明されておらず、生息地域も限られていたことから、本当に一部のファンによるインテリ感の強い釣りだったと思います。

新しい釣りとして国内でも人気に

その後、バスは各地の湖沼や河川で姿が見られるようになっていきます。

同時に、バスフィッシングの先駆者たちの情熱と努力が、技術と道具を飛躍的に進歩させる原動力となりました。そして何よりも「擬似餌で釣れる魚」として、日本にはそれまでなかった新しいイメージとともに、バスフィッシングは人気を得ていきました。

1985年には日本でも一定のルールの下に行なわれる競技団体が発足し、バスプロが誕生して賞金制のトーナメントも始まりました。彼らの活動はさらなるバスの生態解明、技術、道具の進歩を呼ぶことになります。

今では釣りをしなくても「バスフィッシング」「バス釣り」という言葉を耳にしたことのある人は多いでしょう。実際、やってみると本当に楽しくて奥深い釣りです。僕の場合、好きが高じて気が付くと自分自身がバスプロになっていました。バスプロはともかく、ぜひ皆さんもこの一冊を機会にバス釣りの楽しさに触れてみてください。

バスプロたちによる全米のバストーナメントは、他のメジャースポーツと同じようにショーアップされたエンターテイメントの1つでもある

ブラックバスは神経質？

湖の王者的なイメージもあるバスの意外な素顔

生きるためにはいつもビクビク

魚は体の両側に側線という器官があり、振動探知機的な機能をもっています。近くで水が動くと、バスはその変化を側線で感じ取り、視覚に頼らずとも敵かエサかを判断できるのです。濁りの強い水質や夜間でも捕食が出来るのは、この器官があるためです。

もちろんバスには耳もあります。人が空気の振動を音に変換するように、バスも水の振動を音に変えています。しかも、水中では音が空気中よりもはるかに速く伝わり、大きく響きます。バス釣りでは、こうした魚の機能や水中環境の特性を利用して、ルアーのサウンド効果でもバスを誘います。

その一方で、バスは音に対して臆病な一面もあります。小魚を追い回し湖の王者として君臨する魚。そんなイメージの強いブラックバスですが、実は常にビクビクしています。

すべての生き物は本来、子孫を残すために生まれてきます。もちろんバスもそうです。1年に一度の産卵期まで身を守り、一生懸命生きていくのです。

小魚には怖い存在のバスにも身を脅かす外敵はいます。魚が主食の鳥類（鵜やカモメなど）、肉食系の魚類（ライギョやナマズ）、そして人間（釣り人や漁師）です。王者といっても常に身の危険と隣り合わせ。油断をすると命と引き換えになるので、いつも敏感に周りを気にしていなければなりません。

私たちアングラーは、バスを釣る戦略上は音を効果的に利用しながら、意図しない音は極力立てないように気を配る必要があります。たとえばルアーの着水音。バスのいそうなポイントに「ドボン！」とルアーを落とすと、バスは音に驚き逃げてしまいます。

釣り人が発する音も同じです。大声、足音、車のドアの開閉音など、私たちが普段気にもしない雑音が、バスには危険を知らせる大きなサイン。一気に警戒心を抱かせることになります。

特に注意すべきは、どかどかと無神経に足音を立てて水辺に近づくこと。出来る限り音を出さず、忍び足くらいがバス釣りの鉄則です。いわゆる「気配」を極力消してバスに警戒心を抱かせないようにすることが大事です。

縄張りを持つ魚

ブラックバスはスクール（群れ）を

バス釣りを通じてバスのことを知れば知るほど、一般的に思われている
“どう猛な魚”とは別の側面をもっていることが見えてくる

作るタイプと、単独でいるタイプの2つに分かれます。

基本的には、体長が同じくらいの若いバスがスクールを形成します。仲間同士で危険を回避しながらベイトを捕食し、生活しています。そして体が大きくなるにつれて危険回避や捕食経験を積み、単独行動をとり始めます。環境にもよりますが、身を隠せるストラクチャーなどが多いフィールドでは、早く単独行動をとることが多くなります。

反対にストラクチャーが少ないリザーバーや、水質がきれいなクリアレイクなどでは、大型の個体もまれにスクールを形成しているのを見かけます。一概にはいえませんが、フィールド環境や捕食対象のエサが関係しているようです。その中でもやはり、ストラクチャー等は大型のバスが縄張りにしていることが多いということを覚えておきましょう。

ブラックバスの五感　視覚と聴覚

水中ではどのように見え、聴こえているのか？

写真上＝左から：ナチュラル（マッチ・ザ・ベイト）、クローム、チャート系カラー。右はラトルを内蔵したプラグ

豊富なルアーカラーの理由

バスの専門ショップに足を運ぶと、色とりどりのルアーに目がいきます。よく見ると同じタイプのルアーでも、さまざまなカラーバリエーションがあります。このことから「ブラックバスはカラーの識別が出来る」魚であることが分かります。

ルアーのカラーは、大きく分けると次の3つがあります。

・ナチュラル系
・クローム系
・チャート系

アングラーは釣りをするとき、日照条件や水質、天候などでルアーカラーを選びます。水質がきれいならナチュラル系、濁りが強い場合はチャート系などの目立つカラーをチョイスするのがカラーセレクトの基本です。

雨や曇り空など天候が悪く光が少ないときは、クローム系をチョイスします。

バスは音、振動に敏感

音に対するバスの臆病な一面は先に述べました。ここでは効果的な音や振動について触れてみましょう。

バス用ルアーには、音を意識した製品が数多くあります。これらはブラックバスが音に対して強い反応を示すことから、サウンドア

今、そこにいるであろうバスに何がアピールするのかを考えよう

ピールを意図したものです。

　具体的な例として、プラグに内蔵されたラトルの振動音があります。ラトルは素材によって音色が変わってきます。鉛、タングステン、ガラス、ブラス（真鍮《しんちゅう》）、プラスチック……。さらにラトルの数や大きさ等で乾いた音、高音、低音など、アングラーはさまざまな音を選択してバスにアピールすることが可能です。

　また、ルアーによってもさまざまな音があります。状況、バスのコンディションに合わせてサウンドローテーションという戦略もあることを覚えておいてください。

ブラックバスの五感　触覚・嗅覚・味覚

ゲームのうえでは「触覚」を理解＆利用することが重要

ブラックバスは口が手足

ブラックバスには当たり前ですが、手や足がありません。したがって何をするにも口で行動を起こします。バスが口を使う行動には、次の要素が考えられます。

・**食性**
・**攻撃（威嚇《いかく》）**
・**反射**
・**好奇**

食性は生きていくために捕食で口を使う行動です。バスには歯はありますが、口に入れた獲物を歯で噛《か》み砕くことはしません。水と一緒に獲物を吸い込み、口の奥にある喉で獲物を締め込んで飲み込みます。

攻撃は、縄張り意識を持つバスがテリトリー内への侵入者を追い払うために口で攻撃、威嚇をする行動です。春の産卵期は、特に強い威嚇行動を取ります。

反射とは、バス釣りでよく使われるリアクションという反射行動です。これは生き物（人間や動物）がもつ本能で、意図・意識しないものに対して反応してしまう動きです。人間の一例では「猫だまし」があります。相手の目の前で両手を叩くと、びっくりして目をつぶってしまいますね。これも反射行動の1つです。

バスの場合、満腹状態であったりコンディションが悪かったりして捕食したくないときでも、スピードのあるものが突然目の前に現われたりすると瞬時に反応することがあります。これを利用して、メリハリのある動きを付けてルアーを引けば、バスに反射で口を使わせることができます。バスフィッシングではとても重要な習性です。きちんと覚えておいてください。

最後に好奇心です。たくさんの経験（危険や釣られたことがある）を積んできたバスは好奇心が薄れていく傾向がありますが、経験の浅い若いバスはこれも口を使う要素の1つ。たとえば、あまり見たことのない色とりどりのルアーに対して興味津々で近づき、じゃれるようにルアーをくわえてしまう。これはリアクションに近い部分もあります。

味や匂い？　が分かる魚

バス釣りの中ではまだ歴史の浅い分野ですが、ルアーメーカーの研究や努力で、バスは嗅覚や味覚がある魚としても注目されてきました。

ルアーへの反映としては、成分を混入しやすいワーム系を主流に、甲殻類、魚類パウダーを素材に練り込み、味や匂いを付けています。今ではワームの中にそれらが入っていることが当たり前なほど浸透してきています。

効果としては、味や匂いがあることでバスがくわえたワームを放しづらくなる、少し距離のあるバスに匂いで気づかせる、また明確なバイトが出やすくなります。

ただ、絶対に味や匂いがなければいけないのか？　といえば、答えはNO。あくまでもバスにアピールして口を使わせる1つのきっかけとして考えるべきです。

バスフィッシングの醍醐味は、考えぬいた戦略で、ルアーという擬似餌でアクションを起こしてバスを釣ることにあるのですから。

ヒトと違って手足のない魚たちは、捕食行動以外にも反射や好奇心でも口を使う

季節の違いによるブラックバスの行動パターン

春シーズン　厳冬期を乗り越えて体力回復、そして産卵へ

水温上昇とともに動き出すバス

厳しい越冬シーズンのピークが過ぎ、西高東低の気圧配置が緩むと、下がりきっていた水温が少しずつ上昇し始めます。

この水温が上がり始めるタイミングで、越冬場所でじっと我慢していたバスもシーズンの始まり＝春を感じて動き出します。バスにとって、春は子孫を残す産卵を行なう特別に大事なシーズンです。

私たち人間にとっての春と、バスの春の感じ方は少し違います。人間の春は3月下旬～5月いっぱいくらいでしょうか。

バスは水温の上がり始める3月上旬から、6月いっぱいが春の目安。その年の気候やフィールドによっては2月下旬から春ということもある一方、標高の高い山上湖などでは逆に少し遅れて進行する傾向があります。

バスにとって春の始まりを決めるのは暦ではなく水温の上昇であり、春の終わりは一連の産卵行動の終わりだと理解しましょう。そうしたバスの春は人の感覚よりも少し早く始まり、ダラダラと長引きます。個体差による体力の違いなどの理由で、すべてのバスがいっせいに動き出すわけではないからです。そして、早く動き出した魚から順に、産卵へ向かうため徐々に浅場へ上がり始めます。

体力回復から産卵準備へ

春の行動を大きく分けると、2つの動きが出てきます。1つは「水温の上昇とともに動き出す」バス。2つめは「産卵行動に入った」バスです。

前者の動き出したバスとは、厳寒期を乗り越え、じっと我慢してきたバスが体力回復のために捕食活動を始めるとともに、その後の産卵活動に入るための準備期間にある状態のこと。これをプリスポーン・バスと呼びます。目安として、水温が10℃前後まで上昇したらバスが春を意識し始め、動き出すタイミングとみてよいでしょう。

バスは冬を過ごした各エリア（おも

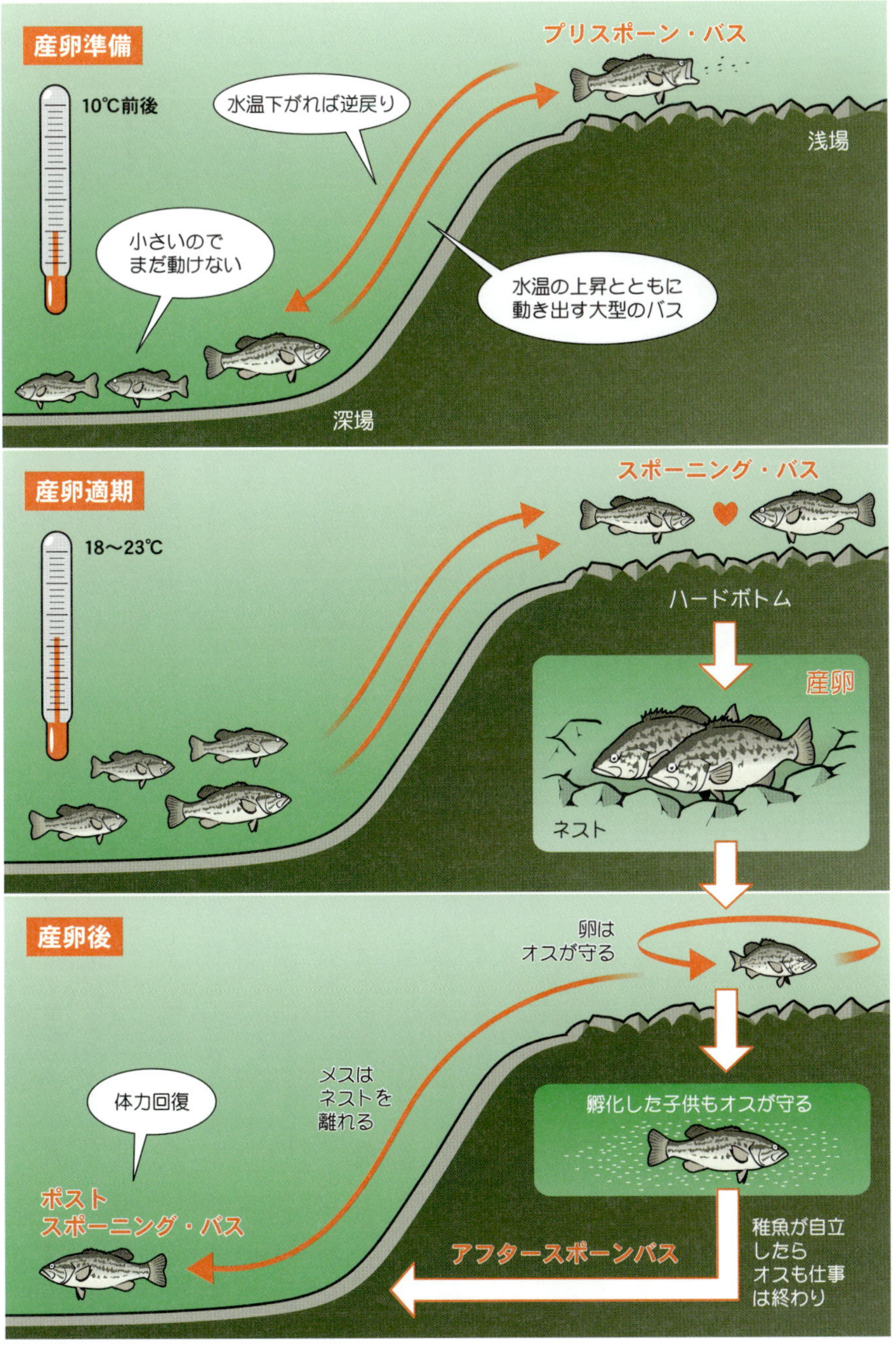
産卵準備
10℃前後
水温下がれば逆戻り
プリスポーン・バス
浅場
小さいので
まだ動けない
水温の上昇とともに
動き出す大型のバス
深場
産卵適期
18〜23℃
スポーニング・バス
ハードボトム
産卵
ネスト
産卵後
卵は
オスが守る
メスは
ネストを
離れる
体力回復
孵化した子供もオスが守る
ポスト
スポーニング・バス
アフタースポーンバス
稚魚が自立
したら
オスも仕事
は終わり

に深場）から、エサを求めて浅場に上がり始めます。しかし前記のとおり、すべてのバスがいっせいに浅場に出てくるのではなく、少しでも体力の残っていた大型のバスから徐々に動き始めます。

しかし季節はまだ寒い、暖かいを繰り返す微妙な時期。バスの動きも鈍くナーバスな状態。水温が上がり始めて

春のバスは、気温とそれに伴う水温上昇によって徐々に産卵行動を意識してくる

も一度寒気が到来すれば、バスは動きを止めたり、深場へ逆戻りしたりしてしまいます。

それでも水温の上昇に伴ってエサを求めに浅場に上がる行動を繰り返し、体力を徐々につけて産卵準備へと入っていきます。

水温18～23℃が産卵適期

水温が上下動を繰り返しつつ、寒気の到来があっても15℃を下回らない状態が続いたとき、産卵を意識し始めるバスが出てくる。これをスポーニング・バスと呼びます。

西からの桜開花前線とともに、本格的な春の到来。暦の上では4～6月です。産卵に適した水温は18～23℃です。

このころになると水生植物に新芽が吹いたり、水中の生き物に動きが見えたりし始めます。水温の上昇とともに体力をつけたバスは、メスはお腹《なか》に卵を持ち始め、オスは産卵のための巣の場所確保や巣作りの準備をします。

オスが巣を作る場所は、太陽光が届く水深（水の透明度などによって変わる）の、砂地や岩などのハードボトムです。時に、浅場の少ないダム湖などでは立ち木の太い幹などにも巣を作ります。

巣のことをネストと呼びます。ネストが完成したオスは、お腹に卵を持つメスを自分の巣へと誘い入れ、お互いが気に入ればペアが成立。一般的には大潮の満月の夜に多くのバスがペアを組み、産卵を始めます。

産卵後のオスとメスの行動

産卵が上手くいき、卵を産み落としたメスはネストを離れます。卵と孵化した子供を守る仕事は、オスがすべて行ないます。メスは何度か産卵を繰り返した後、弱った体力回復のために沖へ出たり、深場に落ちたりします。これをポストスポーニング・バス（または

曇天や雨天時は光量が減り、日中の浅場にも好機が訪れる

春はさまざまな生き物の活動が活発になる季節

ポストスポーン）と呼びます。

　オスは、卵が孵化するまでの間は敵（ブルーギルやコイ、亀や小魚）から卵を守り続けます。その合間には胸ビレや尾ビレで酸素を送り続け、孵化を待ちます（10日前後）。

　無事に孵化したバスが5㎜前後に成長するまでの間も、オスが守り続けます。そして稚魚が自立し始めたとき、オスの仕事は終わります。

　産卵期のすべての行動を終えたオスもまた、メスと同様に深場へ落ちたり、カバーや障害物に身を隠したりして、少しずつ体力を戻していきます。これをアフタースポーンバスと呼びます。

　大きな流れとしては、5月前後が産卵のピークです。しかし個体差以外にも、異常気候などで産卵が行なわれるタイミングは大きく変動します。僕自身、6月下旬に産卵床を確認したこともあります。バスの産卵の動きは、自然の変化に応じて思った以上に長い長いスパンで行なわれるのでしょう。

季節の違いによるブラックバスの行動パターン

夏シーズン 「生きていく本能」に切り替わるタイミング

自然の障害物となるアシ周りのスポットを探っていく

真夏は朝夕が最大のチャンス

産卵終盤を迎えた個体と、先に産卵を終えて体力をつけた個体が混在し始める時期が夏シーズンの始まり。暦でいうと7月です。

春先からの産卵という一大イベントが子孫を残す本能の行動とすれば、産卵を終えたバスの次の動きは「生きていく本能」に切り替わります。この時期から冬に入るまでがバス釣りの醍醐味を味わえる季節です。

水温の上昇とともにフィールドでは水生植物がすくすくと育ち、小魚や甲殻類、虫などの小動物がそこに集まってきます。バスも「エサを取る、身を守る」という本能に行動が支配されるようになります。

梅雨を迎えている7月、雨と適水温20～25℃が重なるとバスは活発にエサを追います。早春のように、エサを取るためだけにあちらこちらと動き回る行動は少なくなり、障害物などに身を隠してエサを待ち伏せする行動に変わる時期でもあります。梅雨時は天候の悪い日が多く、水中に差し込む光量も少ないのでバスが小魚を水面で追い回す光景も見られますが、それでも障害物に依存する傾向になっていきます。

梅雨が明けて本格的な夏を迎えると、水温も急激に上昇し始めます。

最初にいっておきますが、真夏のバス釣り最大のチャンスは朝夕です。こ

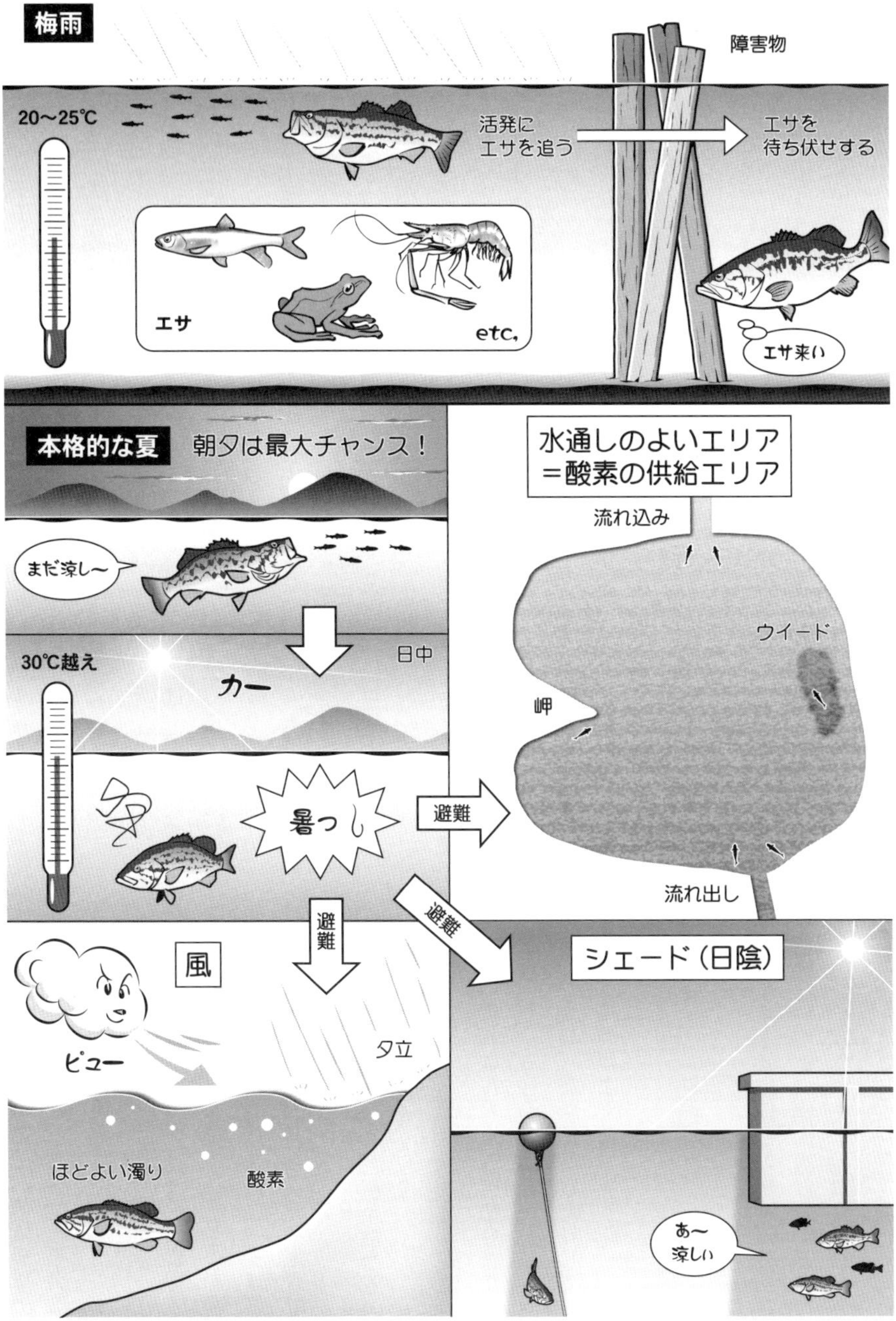
梅雨
障害物
20〜25℃
活発に
エサを追う
エサを
待ち伏せする
エサ
etc.
エサ来い
本格的な夏
朝夕は最大チャンス！
まだ涼し〜
30℃越え
日中
カー
暑っし
避難
水通しのよいエリア
＝酸素の供給エリア
流れ込み
ウイード
岬
流れ出し
避難
避難
風
ピュー
夕立
ほどよい濁り
酸素
シェード（日陰）
あ〜
涼しい

れはすべてのシーズンに当てはまることですが、特に真夏は絶対です。日中の高水温になる前の早朝や、日が傾いた夕方が、バスにとってはもっとも動きやすく捕食活動に入るベストタイムなのです。このチャンスは鉄則と覚えておきましょう。

20〜25℃の適水温で泳ぎ回っていたバスたちも、さすがに30℃に達すると水温上昇を避けるように少しでも快適な場所へと移動し始めます。それでは夏のバスにとって快適な場所とはどこかを考えてみましょう。キーワードとなるのは以下の3つです。

・水通し
・シェード（日陰）
・風

水通しのよいエリア＝酸素の供給エリア

本格的な夏を迎えると水温は30℃を超えます。元気に泳ぎ回っていたバスも、うだるような水温にのぼせ上がっている状態。水中の酸素量も低下します。こうなるとバスは少しでも酸素の供給量が多い水の動きがあるエリアに移動します。

まず分かりやすいのは「流れ」です。流れのある河川やメインレイクへの流れ込み、メインレイクから出て行く流れ出し。これらのスポットは水の動きによって酸素も多く、ベイトフィッシュも集まってきてバスには最高に居心地のよい場所。

ただし大雨が降ったあとなどは、流れ込みに濁りが入ります。バスは急激な濁りを嫌うので濁りの境目などに移動します。ササニゴリ程度なら警戒心が解け、逆にチャンスになることもあります。

次に「岬」。釣り場の地図を見て岸が沖へ張り出している場所のことで、やはり水が動きやすいスポットです。たとえ目で見て分かるようなハッキリした流れがなくても、風や湖流などで水は動いています。このようなスポットには浅場が多く、一方でバスは真夏の日差しを避けるので、遠投などで深場から探る必要も出てきます。

そして「ウイード（水生植物）」。湖底に生える藻の周辺も酸素が豊富です。藻は小魚や甲殻類が身を隠す場所でもあり、ここもバスにとっては最高のスポット。しっかりと藻が生きていることが重要です。

藻が腐っていたり、泥がかぶっていたりしたら、水が動いていない証拠。バスどころかベイトフィッシュも集まりません。これはルアーに掛かる藻から判断します。プリッと青々なら合格。枯れていたり、泥が付着したりしている場所は条件がよくありません。

シェード（日陰）

バスは基本的に何かの物に付きたがる性質を持つ魚。物に寄り添っていたほうが身を守りやすく、回遊するベイトフィッシュを待ち伏せするのにも好都合だからです。そうした「物」のなかでも特に真夏は、バスに日陰を提供してくれるタイプが重要になります。

　シェードは何かしらの物＝カバーやストラクチャーがあってできます。人工物の橋脚、桟橋、杭などのほか、水中に入り込んでいるロープもシェードを作り出しています。自然のストラクチャーでは立ち木、水生植物（リリーパッド）、急なカケアガリ（水底の急傾斜）、冠水植物（ブッシュ）など。水際に生えている木なども大きなシェードを作ります。

　これらを意図的にねらっていくことが大切です。バスがシェードに付くのは、強烈な日差しを避けて体感温度を下げるため。僕たち人間も、真夏の晴天時、電柱の影に入り込むだけで体感温度が大きく下がります。外気温は変わらないのに日陰に入るだけで暑さが和らぐ。バスも同じ理由から少しのシェードであっても好んで付くのです。

夏の釣りのパズルは、バスが少しでも快適に過ごせる要素を見つけていこう

風

　これも夏だけに限ったことではないのですが、酸素が不足する夏の水には風が救世主的な役割を果たします。

　風が吹くと、風下側に打ち寄せられた波が水中に酸素を取り込みます。また、浅場ほど湖底がかき混ぜられ、ほどよい濁りが発生します。この濁りに寄せられたベイトフィッシュにバスの警戒心が解けて活性が上がるのです。

　風には酸素を水中へ取り込むだけでなく、波によって水中に入り込む光を拡散させてくれる役割もあります。これもバスの警戒心を弱める効果があります。また、夏は夕立もバスの活性を上げるのに大きく貢献します。突然降り出す雨が不足していた酸素を供給し、差し込む光量の低下でバスの活性が上がるからです。

　夏のバスの行動は「暑さを避けられる場所」がすべてです。

季節の違いによるブラックバスの行動パターン

秋シーズン　フォールターンオーバーを境に分かれるバスの行動

体力作りの季節

秋はバスフィッシングを楽しむベストシーズンともいえます。夏の強烈な暑さや日差しが和らぎ、最高温度に達した水温も、徐々に低下へ向かいます。バスも暑さに支配されていた行動から解放され始め、それまで身を寄せていたシェードや流れから、広範囲に散らばる行動に出ます。来るべき冬に備えて体力作りに動く季節です。

秋は荒食いシーズン、ともいわれます。エサとなるベイトフィッシュがフィールド全体に広がり、バスがエサを取りやすくなって活発的に行動をとるからです。

アングラーにとっては、「巻きモノ」といわれるファストムービングルアーでのスピーディーな探りが効果的なことから、僕自身も特に楽しみな季節でもあります。

しかし実は、いわゆる「荒食い」の期間は長くありません。

他のシーズンと同じく、秋にも季節の変わり目があります。この、夏から秋に変わるタイミングの判断が難しい。それは残暑の状況で大きく変わってきます。

一般にいわれる秋の荒食いは、水温がバスの動きやすくなるところまで落ち、暑さ回避を最優先する必要がなくなるタイミングで始まります。

一方で秋シーズンの全期間は、9月下旬から12月くらいまで。この長い期間の中で、「暑さの残る秋」と「冬を間近に控えた秋」とではまたバスの行動が大きく変わってきます。

水温低下のタイミングを見逃すな

秋の前半は残暑の影響もあり、水温は30℃度近くに留まっています。バスのポジションも大きく変わることはなく、夏を意識したままの行動を引きずります。しかし夜間の気温が下がりだすと水温低下も進んでいきます。

残暑がきついからといって、夏を意識しすぎて水温低下に気付かず、荒食いのタイミングを逃すのはよくあること。水温が下がりだす変化にいつも気

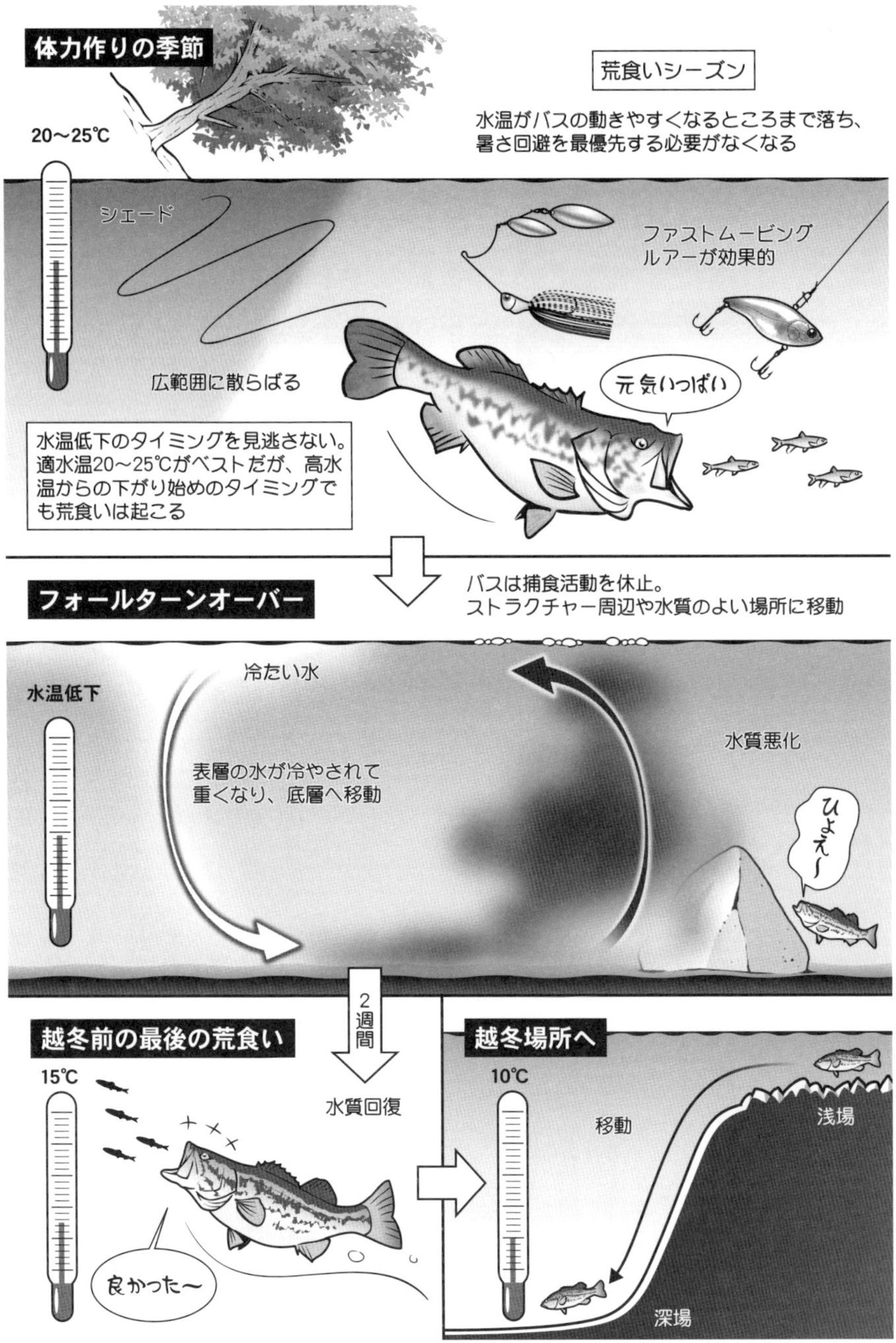
体力作りの季節
荒食いシーズン
水温がバスの動きやすくなるところまで落ち、
暑さ回避を最優先する必要がなくなる
20～25℃
シェード
ファストムービング
ルアーが効果的
広範囲に散らばる
元気いっぱい
水温低下のタイミングを見逃さない。
適水温20～25℃がベストだが、高水温からの下がり始めのタイミングでも荒食いは起こる
フォールターンオーバー
バスは捕食活動を休止。
ストラクチャー周辺や水質のよい場所に移動
冷たい水
水温低下
表層の水が冷やされて
重くなり、底層へ移動
水質悪化
ひょえ～
2週間
水質回復
越冬前の最後の荒食い
15℃
良かった～
越冬場所へ
10℃
移動
浅場
深場

を配ることが、荒食いのタイミングを逃さない要《かなめ》です。

目安としては、やはりバスの適水温20～25℃がベストですが、高水温からの下がり始めのタイミングでも活発な捕食活動は起こります。特に秋の前半は意識しておくことが大事です。

フォールターンオーバー

荒食いの季節＝捕食対象を絞り込むこともその日の釣りを組み立てるうえで重要。写真は11月の霞ヶ浦で網に入ったワカサギなど

残暑が終わり、いよいよ本格的な秋を迎える11月、水温低下とともに水中では大きな変化が現われます。湖全体の水がかき混ぜられる、フォールターンオーバーという現象です。これが起こると、それまで活発だったバスの行動はうそのように沈静化してしまいます。これが秋後半の始まりの合図なのです。

なぜ水がかき混ぜられるのでしょうか。答えは水の比重にあります。

北浦の流入河川に並ぶワカサギ釣りファン。ほかの釣魚をねらうアングラーの存在もエリアの判断材料にできる

水は温度によって比重が変動し、約4℃で最大になります。フィールドでは朝晩の気温が落ち込むと表層の水がまず冷やされて重くなり、底層へ移動します。このとき底に溜まっていた温かい水は冷たい水に押し上げられ、かき混ぜられる現象が起きます。水面にはねっとりとした泡が浮かび、底に溜まっていたヘドロなどが拡散して湖は一時的に酸欠状態になります。生命感が消え、死の湖のように変貌《へんぼう》してしまうのです。

つまり、バスが沈黙してしまうのは湖全体が底にたまった物質ごとかき混ぜられて水質が一時的に悪化するからなのです。

フォールターンオーバーが起きると、バスは捕食活動を一時休止してストラクチャー周辺や比較的水質のよい場所に移動し、水質が戻るまでじっとして動きません。生ごみをたくさん置かれた6畳の部屋でご飯を食べるのは嫌で

秋の釣りは、フォールターンオーバーなどの自然現象もあり、タイミングの見極めが意外に難しい。バスの行動を上手にとらえてゲームを楽しもう

すよね？　バスも同じ気持ちだと思います。

越冬前の最後の荒食い

通常、ターンオーバーした状態は2週間ほど続いたあと、水質が徐々に回復していきます。水温が15℃前後になると底に冷たい水が溜まりだし、バスは冬を意識した行動を起こします。

ここで最後の荒食いが始まります。暦でいうと11月中旬以降です。フォールターンオーバーで一度食欲をなくしたバスが、越冬に向けて最後の体力作りに入るのです。

体力のない小さなバスから先に、深場の水温が安定する越冬場所へ移動を始めます。体力のある大きなバスはまだ浅場に残り、最後の捕食行動に出ます。そして下降線を辿る水温が10℃を下回るころ、体力を存分に蓄えたバスは越冬に向けて深場へと移動を始めます。

季節の違いによるブラックバスの行動パターン

冬シーズン　深場で最低限の捕食をしながら厳寒期を過ごす

水温8℃で冬を意識した行動に

1980年代後半まで、「冬はバスフィッシングのオフシーズン」という風潮がありました。しかし先人たちによるバスの生態の解明や、タックルとテクニックの進化などを経て、バスフィッシングはオールシーズン楽しめるようになりました。

それでも最低水温に達する冬期はバスの活性も著しく低下してしまうため、明確な「ねらう意識」としっかりとしたアングラーの準備（防寒対策）をもって挑むことが大事です。

秋に越冬準備で体力を作ったバスは、これから迎える極寒の季節に耐えるため、少しでも水温が安定しやすい深場へと移動する行動をとります。

しかし、中には浅場にとどまるバスもいます。

冬シーズンもまた、序盤と終盤ではバスの動きが違います。水温でいうと、8℃前後からバスは冬を意識した行動に出ます。その中で体力がある大型のバスはまだ余裕があり、天候のよい日などは捕食活動を行ないます。とはいっても盛期に比べるとその動きはゆっくりです。

体力のない小型から深場へ

暦上では12月下旬～1月中旬に当たるこの季節は、水温が最低温度に達するまでの下降時期に当たります。バスは体力の少ない小型のものからカケアガリを通って深場へと移動します。

バスは冬眠しない魚です。いくら秋に体力を作ったからといっても、生きていくために冬でもエサを捕食しなければなりません。したがって少しでも体力を使わずに捕食できる場所を選んで越冬します。それはエサの小魚や甲殻類などが多く集まる場所です。

小魚もバスと同様に動きが鈍くなり、少しでも外敵から身を守るため深場のストラクチャー周辺に越冬場所を確保します。そこにバスも集まってくるというわけです。こうして最低限のエサを捕食しながら、バスはじっと1～2月の厳寒期を耐えています。

ダメだね
1980年代後半まで冬は
バスフィッシングの
オフシーズン
…という風潮
冬期
冬も釣れるヨ
ねらう意識
バスの
生態の解明
タックル&
テクニックの
進化
防寒対策

天候のよい日
サン　サン
まだ余裕
8℃前後
でも盛期に比べると
ゆっくり
大型のバス

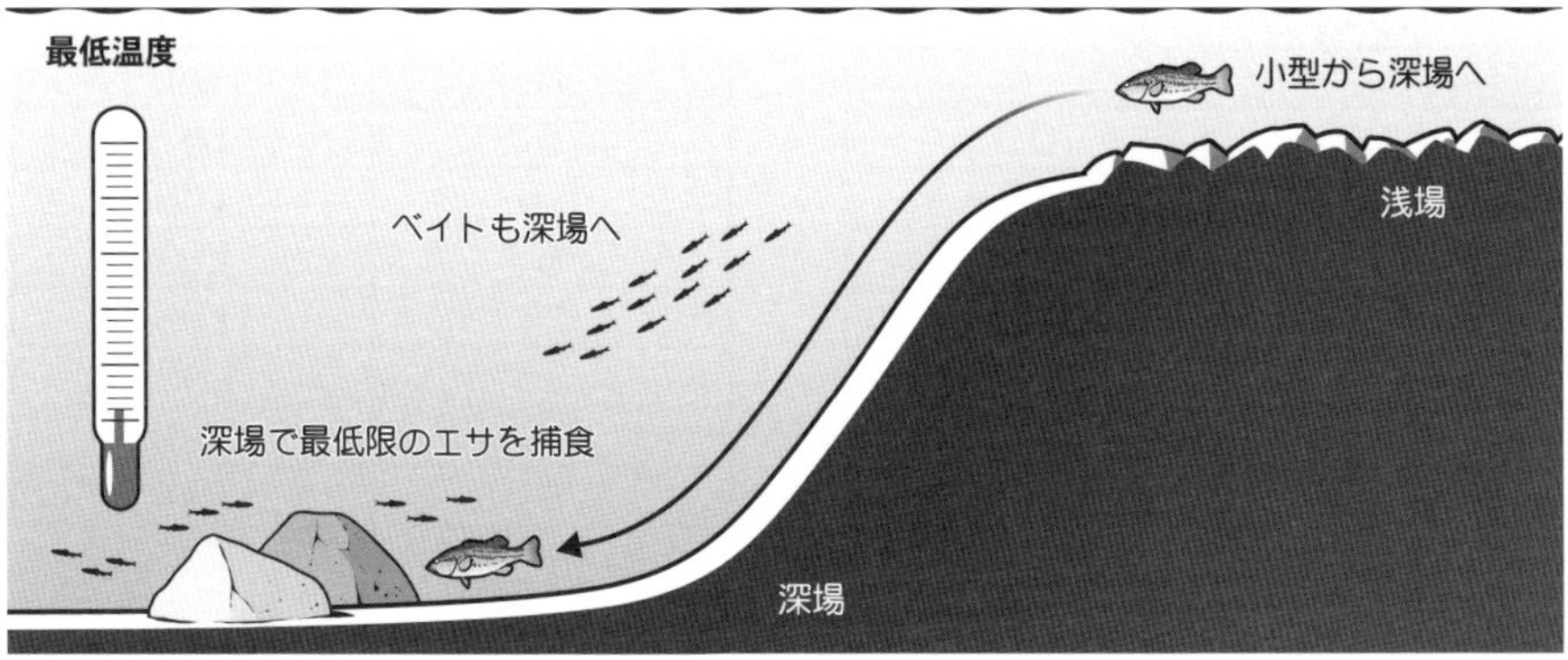
最低温度
小型から深場へ
浅場
ベイトも深場へ
深場で最低限のエサを捕食
深場

One Point

バス釣りで使用するおもな単位について

バス釣りをはじめとするルアーフィッシングでは、僕たち日本人が日常生活で馴染んでいるグラムやセンチ、メートルなどとは別の単位が用いられている。特に頻出するのはインチ（in）、フィート（ft）、オンス（oz）、ポンド（lb）の4つ。

オンスとフィートは、ルアーやロッドに表示されることの多いものについて下記に換算表を記した。ポンドについては、ラインなどで号数と両方を併記してある場合もあるが、特にまだ釣りの知識がない初心者はポンドのままで覚えてしまったほうがいい。慣れるまで少し時間がかかるかもしれないが、こういうものだと頭を切り替えて身体にしみこませよう。

ある単位を頭の中でグラムやセンチに変換することなく、そのまま重さや長さをイメージできるようになれば、もう立派なバスアングラーだ。

●**インチ・フィート**＝おもにロッドの長さのほか、バスボートの全長などで使用。
●**オンス**＝おもにルアーやシンカーの重量を表わす単位として使用。
●**ポンド**＝バスの重量、ラインの強さなどを表わす単位として使用。

1インチ（in）＝2.54cm
1フィート（ft）＝30.48cm
1ヤード（yd）＝91.44cm
1オンス（oz）＝28.35g
1ポンド（lb）＝453.59g

oz	g
1/32	0.9
1/18	1.6
1/16	1.8
1/8	3.5
1/4	7.1
3/8	10.6
1/2	14.2
5/8	17.4
3/4	21.3

ft	m
5	1.52
5.5	1.68
6	1.83
6.5	1.98
7	2.13
7.5	2.29
8	2.44

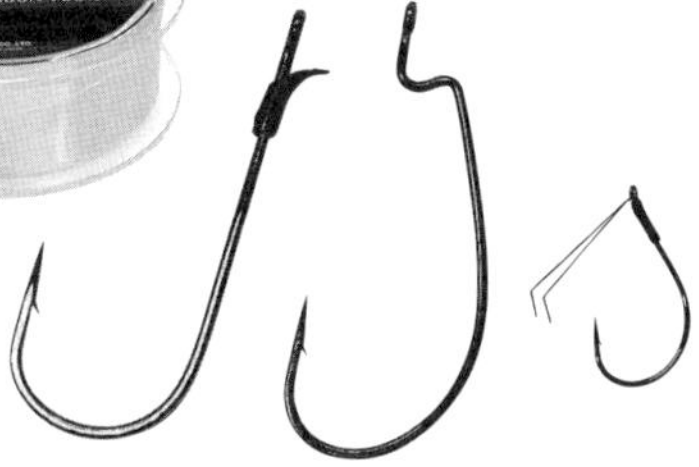

3章

タックルを選ぼう

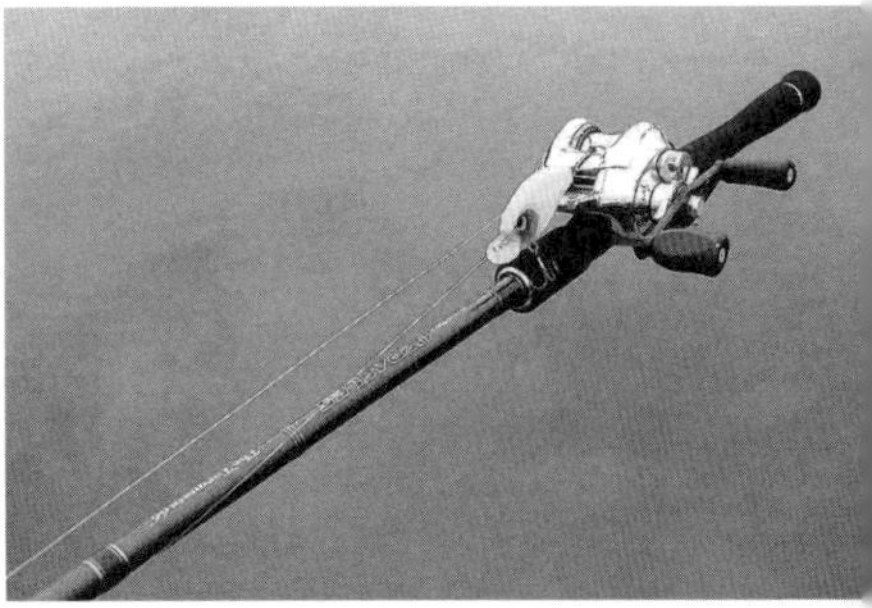

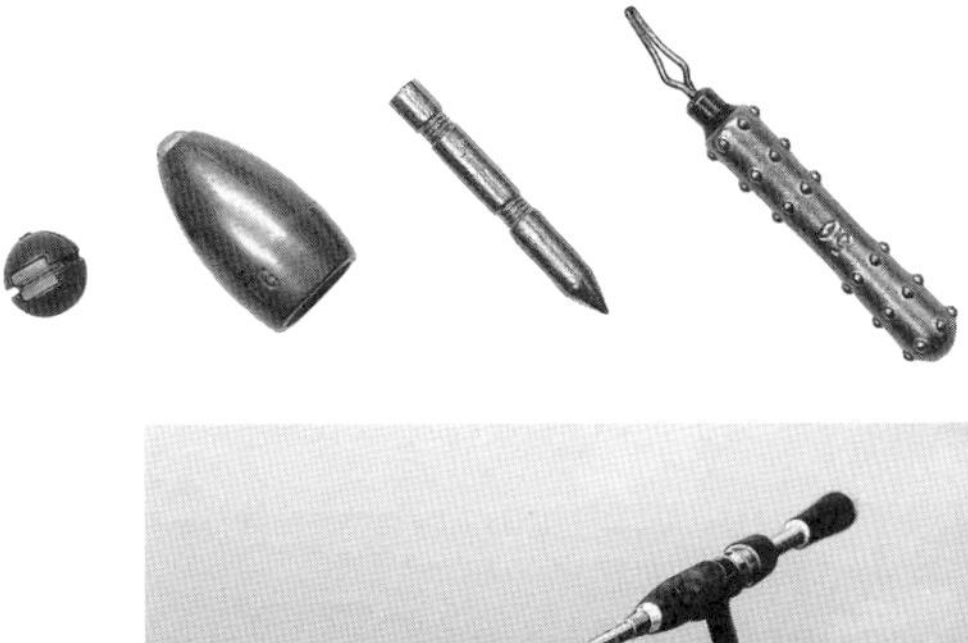

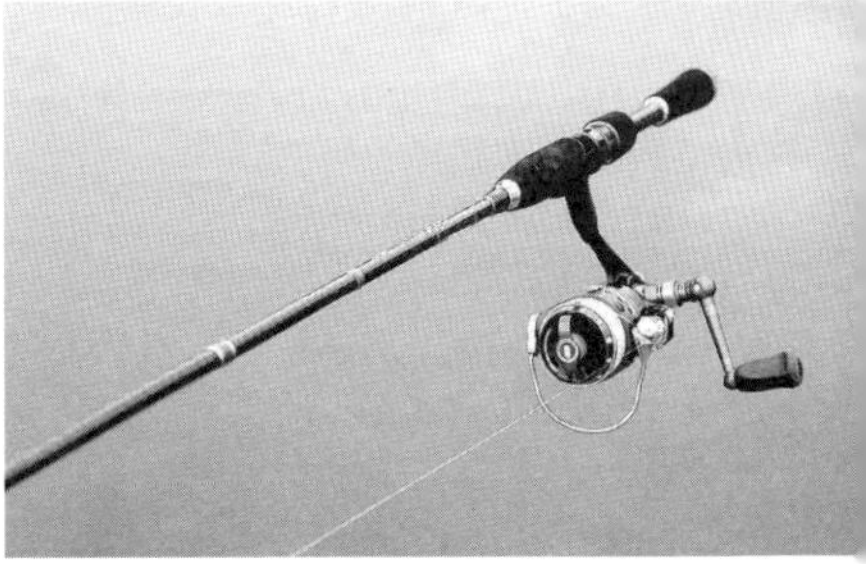

楽しくも悩ましい初めての道具選び。

この章ではスピニングタックルとベイトタックルの解説を軸に、

ロッド、リール、ライン、シンカー、フックまでを解説する。

自分のしたい釣りをイメージして、

バランスのとれた正しいタックルセッティングを目差そう。

それはフィールドでの釣りをより快適なものにしてくれるはずだ。

バス釣りのタックル

スピニングタックルとベイトタックルを使い分ける

釣りにはたくさんのタックル（道具）があります。その中でも、バス釣りは特にタックルの種類が多いのが特徴です。しかし闇雲に買い集めればよいわけではありません。それぞれ釣り方や使うルアー、釣り場の特徴に応じて適切に使い分けることが肝要です。

バスロッドと呼ばれるバス釣り用のロッド（サオ）は、スピニングロッドとベイトロッドの2種類に分けられます。スピニングロッドにはスピニングリールを、ベイトロッドにはベイトキャスティングリールをそれぞれ組み合わせます。

どうして2種類のタイプの違うタックルが必要なのか？　理由を簡単に説明すると、バス釣りに使用するルアーのウエイトで分けると理解しやすいと思います。バスルアーは0・9～20g以上とウエイトに幅があります。そこで軽いルアーにはスピニングロッド、重いルアーにはベイトロッドというように、それぞれに適した2タイプのタックルが必要になってくるわけです。

ビギナーにも扱いやすい スピニングタックル

リールの構造上、キャスティングが簡単で軽いルアーを扱うことの出来るスピニングタックルは、ビギナーにも扱いやすいタックルです。

ロッドの長さは、ベイトロッドにも当てはまることですが、6～7ft（フィート）が主流になります。

使用するルアーのウエイトは、0・9

gから10gくらいまでが使いやすい範囲です。ラインは3~8Lb（ポンド）と細めのラインがマッチします。

スピニングタックルがおもに担当するルアーは、ライトリグと呼ばれるノーシンカーやダウンショット、ネコリグやスモールラバージグなど。それと、キャストが難しい小型のミノーやシャッド、小さなトップウォータープラグなどです。

スピニングタックルは、キャストが簡単だからといってビギナー専用のものではありません。上級者にとっても、バスのコンディションが悪いときなどに、より繊細な釣りをするために必要不可欠なタックルです。

バス釣りの幅を広げてくれるベイトタックル

スピニングタックルとは対照的に、ウエイトのあるルアーや太いラインでバスに挑むための道具、それがベイトタックルです。ロッドの長さはスピニングと同様に6~7ftが主流。使うルアーのウエイトは7g以上。ラインは8~20Lbで、状況やシチュエーションによってはそれ以上の太さも使います。

ルアーのウエイトやサイズ、ラインの太さに合わせてロッドのパワーも強くなるため、より複雑な障害物やカバーも攻略できるようになります。使用するルアーを具体的に挙げると、クランクベイト、スピナーベイト、トップウォーター、バイブレーション、ラバージグやテキサスリグ等のヘビーウエイトのワームリグ全般。フロッグやビッグベイトと呼ばれる大型のルアーもこのベイトタックルで使用します。

ベイトタックルは、リールの項目で詳しく述べますがキャスティングが難しく、はじめは練習が必要不可欠です。入門者にはスピニングタックルが扱いやすいのですが、最終的にはバスフィッシングに使うルアーすべてを楽しむためにも、両方のタックルを使えるようになってもらいたいと思います。

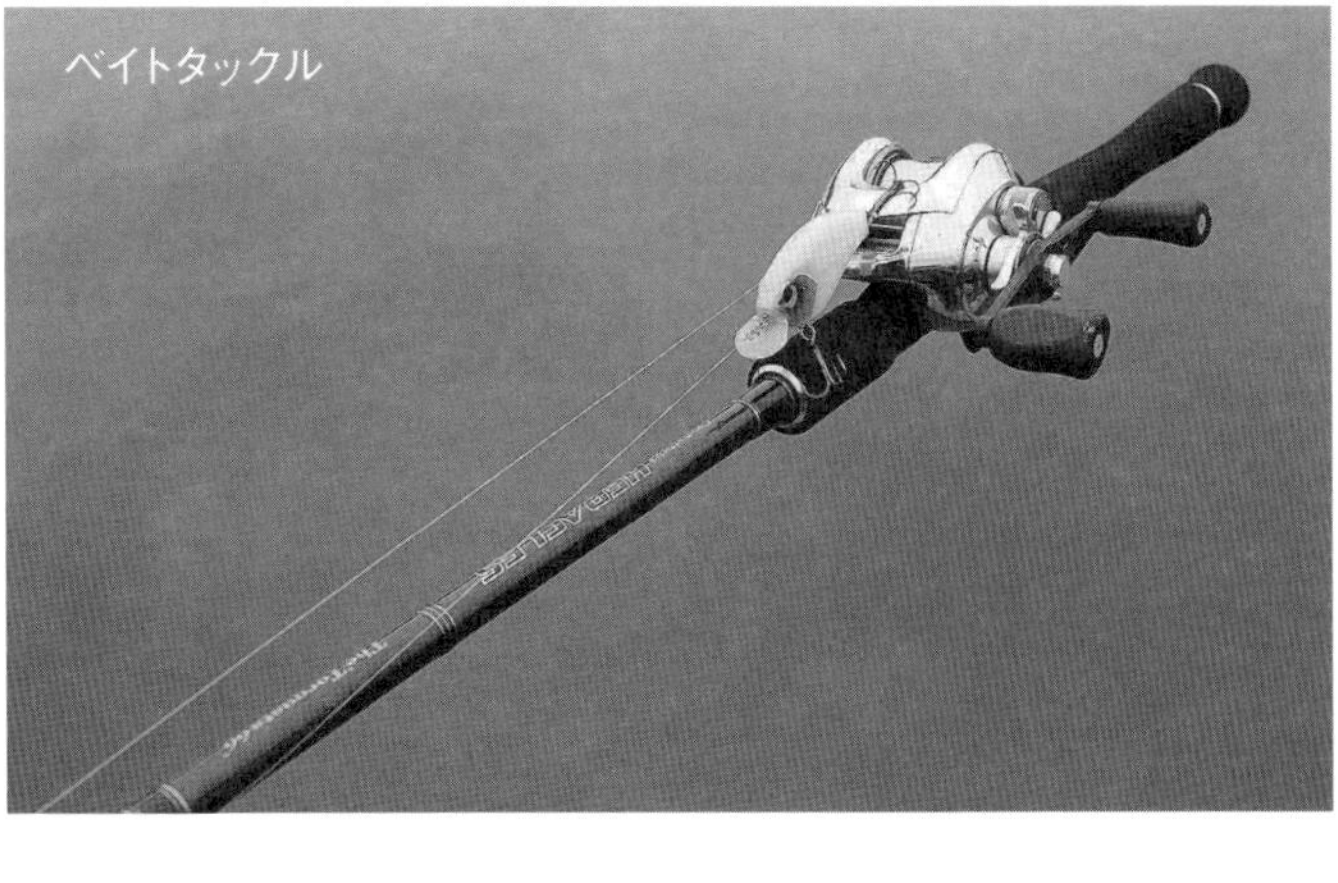
ベイトタックル

ロッド選びのベーシック1

ロッドアクションを構成する4つの要素とは？

スピニングロッドの例。TCSS － 64UL(UL)

HCSS － 70UL(UL)

バスロッドは各メーカーからさまざまな製品が市販されています。初心者の方はどれを選べばよいのか、そもそも何が違うのか迷うところでしょう。

バスロッドはスピニングもベイトロッドも、次の4要素を、使用状況を考えて組み合わせることで目的にかなったロッドが生み出されています。

- **長さ（ft＝フィート、in＝インチ）**
- **パワー（硬さ）**
- **アクション（調子＝曲がり方）**
- **素材**

ロッドの長さとパワー

順番に長さから見ていきましょう。

基本的には7ft前後の長いロッドは遠投能力に優れ、比較的広範囲の釣りが得意です。フッキングしたバスを、長さを利用して障害物やカバーから引き離す点でも有利です。一方で細かい繊細なアクションを必要とする場合は取り回しが利きにくくなります。

反対に短い6ftクラスのロッドはピッチング等でのスピーディーな手首の返しや、正確なキャスト、繊細なアクションを行ないやすいのが特徴です。しかし遠投能力ではロングロッドに劣り、フッキング後はランディングまで素早さが要求されます。

次はパワーです。パワーが増すほど使用できるルアーのウエイトが重くなり、対応するラインも太くなります。

バスロッドでは一番パワーの低い（軟らかい）ものを「ウルトラライトパワー」と呼びます。ロッド上の表記は「UL」です。以下は表をご覧ください。実際には、表記の数字以上に前後の幅を広く使うことが可能です。

アクションと素材は次項です。

ベイトロッドの例。HCSC－60UL/MST(UL/M)

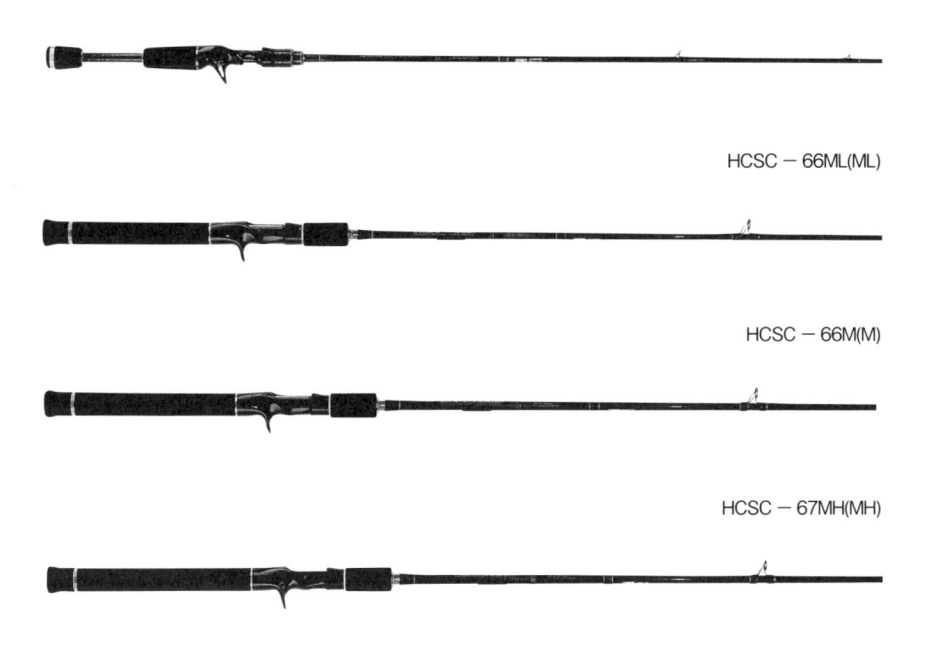

HCSC－66ML(ML)

HCSC－66M(M)

HCSC－67MH(MH)

HCSC－69H(H)。P46、47ともロッドはすべてエバーグリーン

パワー	適合ルアーウエイト（g）	適合ライン（lb）	推奨リグ・タックル・ルアー等
ウルトラライト（UL）	0.9～5	3～6	ライトリグ全般。スピニングロッドが主流
ライト（L）	1.8～7	4～8	ライトリグ全般や小型プラグ。スピニングロッドが主流
ミディアムライト（ML）	5～14	8～14	ライトワームリグ全般、クランクベイトや小型スピナーベイト、トップウォーターのベイトロッドが主流。一部スピニングロッド
ミディアム（M）	7～21	10～16	ワームリグ全般、スピナーベイトやプラグ全般。ベイトロッドが主流
ミディアムヘビー（MH）	7～28	12～20	ワームリグ全般、ラバージグ、ハードベイト全般。ベイトロッドが主流
ヘビー（H）	9以上	16以上	カバー対応ワーム、ジグ全般。ビッグベイト、フロッグ。ベイトロッドが主流

ロッド選びのベーシック2

ビギナーにお勧めの最初の1本とは

ロッドの曲がり方

前項の4つの要素の続きです。ロッドに負荷を掛けたときの曲がり方を、テーパー（またはアクションとも）と呼びます。テーパーとは、本来はロッドの部位による太さの違いを表わす言葉ですが、調子（＝曲がり方）とほぼ同義でも用いられています。曲がる位置の違い（ロッドのどの部分が最も曲がるか）で、相性のいいルアーやシチュエーションが変わってきます。

　ロッドのテーパーは3つあります。

・ファストテーパー
・レギュラーテーパー
・スローテーパー

　ファストテーパーはロッドの先端（ティップ）側が最も曲がります。ティップが曲がることで繊細なアクションがつけやすいテーパーです。ピッチングなど近距離のキャストがしやすいのも特徴です。バイトのときに食い込みやすく、ワームリグやラバージグなどのボトムフィッシングに向きます。しかしそのぶんキャストは難しく、ロングキャストにはコツを要します。

　レギュラーテーパーは、具体的にいうと「バスロッド入門テーパー」。ファストテーパーはロッドの先端部分、スローテーパーは胴（バット）がよく曲がります。レギュラーテーパーは、その中間的な部分に曲がりの頂点がきます。クセのない曲がり方で、比較的どのルアーにも適用できるテーパーです。

　スローテーパーは、ロッドの胴部分から弧を描くように曲がり、ルアーの重みをしっかりと乗せてキャストしやすいのが特徴。全体的に曲がるので軽いプラグなどのキャストコントロールが楽です。クランクベイトなどでロッドの曲がりがバスの重みを吸収してバラシが軽減するメリットはありますが、バイトが分かりづらく、フッキングも力強く大きく行なう必要が出てきます。

　一方で、ミディアムヘビーパワー以上で弾性率の高い素材を用いたスローテーパーのロッド（ティップからバットまで棒のように硬い）は、特にラバージグと好相性。ディープレンジやヘビーカバー内でジグを操作しやすく、フッキング性も良好です。

ロッドの素材

　ロッド作りを簡単に説明すると、マンドレルと呼ぶ芯金にシートを巻きつけて釜で焼くとサオになります。バスロッドの素材（シート）は、カーボンとグラスの2つに大きく分けられます。近年はほぼ見かけなくなりましたが、ボロンという素材もありました。

　現在はカーボン素材のロッドが主流です。強度があり、シートを薄く巻いて作れるカーボン素材は軽さと感度が大きな特徴です。

　グラスロッドはガラス繊維製のため、カーボンに比べると重さが増します。しかし、巻きモノと呼ばれるクランクベイト等のルアーを使っているときのバイト時の食い込みのよさは抜群です。状況によってカーボンとグラスロッドを使い分けることが大事です。

ロッドのテーパー

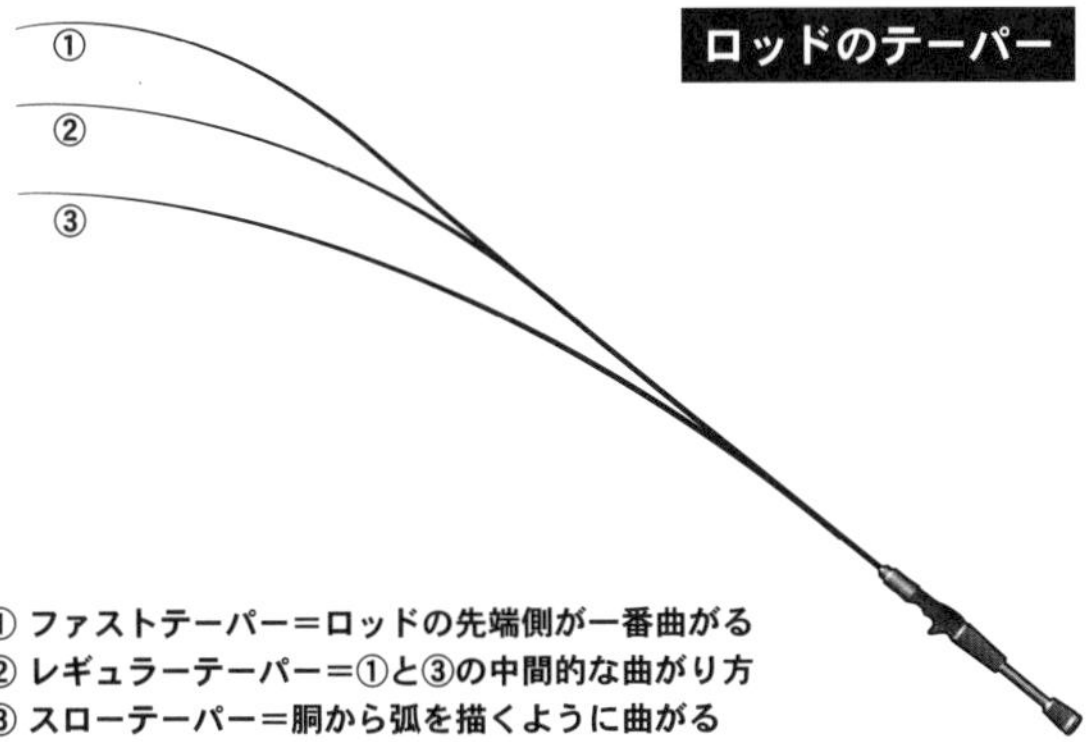

① ファストテーパー＝ロッドの先端側が一番曲がる
② レギュラーテーパー＝①と③の中間的な曲がり方
③ スローテーパー＝胴から弧を描くように曲がる

最初の1本は

　前項からの4つの要素を理解することで、1本のバスロッドが選択出来るようになるでしょう。それでもビギナーの方は、具体的にどのロッドを選べばよいか分からないのも事実。そこで、自分がまずどのようなバスフィッシングスタイルで楽しみたいか？　を明確にしておくことです。

「何でもいいからルアーでバスを釣りたい！」という人は、比較的キャストが簡単なスピニングタックルを選ぶとよいでしょう。「専門誌で見た、スピナーベイトとかいうヘンテコなルアーで釣ってみたい」と思った人はベイトタックルからスタートするのもアリ。このように、ある程度目的を持つとロッド選びがしやすくなるはずです。

　ボクからのお勧めです。

●スピニングロッド　6ft6in前後でライトパワー、ファストテーパー。素材はカーボン。

●ベイトタックル　6ft6in前後でミディアムパワー、レギュラーテーパー。素材はカーボン。

　これらが最初の1本として扱いやすいと思います。まずはここからスタートしてみてください。そして、ルアーの引き抵抗が重いと感じたら、次の1本はもう少し強いパワーを選べばいいし、軽いルアーが飛ばしづらいと感じたらパワーの弱いロッドを選ぶ。経験を積みながら、徐々にロッドの特性を理解していくことが大切です。

リール選びのベーシック1

スピニングリールは大きさと使用タックルの組み合わせで選ぶ

スピニングリールの特徴

釣り道具の中でも著しく進化を遂げてきたのがリールです。リールは機械ですから、精度や素材などを考えれば進化のスピードが速いのもそう不思議なことではありません。

ベールが特徴的なスピニングリール

バス釣りをこれから始めようと考えている入門者の方には、ロッドと同様、リールもまたどれも同じように見えてしまうことでしょう。初めてのリールはどのようにして選んだらよいのでしょうか。

バス釣りで使用するリールは、スピニングリールとベイトキャスティングリールの2タイプがあります。構造の違いから使用目的も変わってきます。

スピニングリールは、ラインを巻いてあるスプールが本体に固定され、それ自体でラインを巻き取ることは出来ません。ベールと呼ばれるアームが回転してスプールにラインを巻き付けていきます。

キャストするときは、ロッドを持つ手の人差し指にリールから出たラインを掛け、ベールを返してキャスティングの準備に入ります。そしてロッドを振りながら指に掛けたラインを放してキャストします。

スピニングリールは、ライントラブルが少ないためビギナーにとっては扱いやすく、軽量なルアーや細いラインの使用に適しているので上級者にとっても必須のリールです。

ベールでラインを巻き取る構造上、スピニングリールは巻き取る力はそれほど強くなく、引き抵抗の強いルアーやウエイトのあるルアーは扱いにくくなります。また、ラインを巻き取る際に角度が付き、ヨレが生じてラインにクセが付きやすくなるという欠点もあります。ただ、近年のスピニングリールはこの巻きグセやヨレを防止するラインローラーの性能が飛躍的に向上しており、ライントラブルは少なくなっています。

2000~2500番クラスで充分な機能を持つものを

バスフィッシングでスピニングリールを選ぶ基準は、リールの大きさ（スプールの径）です。軽量なルアーや細いラインを使用することを踏まえると、2000番から2500番クラスが適しています。

ロッドについても同じことがいえますが、特にスピニングリールに関しては価格と性能は比例します。価格が上がる＝パーツの素材や精度も上がるため、高性能で扱いやすいリールになります。手に持った感覚や使用時の感度、精度は、廉価版とハイエンドモデルとではまるで違います。

もちろん最上級のリールを使ったからといって、バスが釣れるとは限りません。しかし、よい道具を使えば少なからず上達は早まると思います。いきなり最上級モデルを、とはいいませんが、「ビギナーだから安物から」という考えでリールを選ぶのだけはやめましょう。個人的には、充分な機能を備えた2万円前後のリールを選ぶのが上達への近道だと思います。それに、このクラスのものを最初に買っておけば、上達してからも長く使うことができて結果的にお得です。

タックルの性能は充分
釣りに生かそう

リール選びのベーシック2

ベイトキャスティングリールはハンドルの左右に注意

バスフィッシングの醍醐味を味わえるリール

ベイトキャスティングリールは、スプール自体が回転して直にラインを巻き取る構造になっています。そのため巻き取る力が強く、ラインにヨレもかかりにくいので、スピニングリールよりも太いラインを巻くことができます。したがってウエイトがあるルアーや引き抵抗の強いルアーを扱うのに適しています。

複雑なカバーの釣りでもご覧のとおり

ただし、キャスティング時の扱いがやや難しく、バックラッシュと呼ばれるライントラブルを起こす心配があります。ビギナーにとってはこれがやっかいで、練習が必要となるリールです。

バックラッシュとは、ルアーをキャストしたときに飛んでいくルアーのスピードをスプールの回転速度が追い越してしまい、ラインがスプール内でふくれて絡まってしまう現象です。

バックラッシュを起こしてしまったら、ラインを手で少しずつ引き出して根気強く修復するしかありません。最悪の場合は修復出来ないこともあります。

それでも、バス釣りの醍醐味を味わうにはベイトキャスティングリールを扱えることが第一歩ともいえます。これには練習あるのみ。マスターすれば、スピニングタックルよりもむしろ簡単に、正確なキャストコントロールが付けやすく、太いラインが使えるので複雑なカバーも大胆に攻略することができるようになります。

ブレーキシステムを理解しよう

ベイトキャスティングリールはビギナーには扱いが難しいと書きましたが、近年はブレーキシステムの進歩で難関のバックラッシュもかなり起きにくくなっています。

ベイトキャスティングリールには複数のブレーキが搭載されています。メインとなるメカニカルブレーキは、スプールシャフト自体を締めつけ、回りにくくすることでブレーキをかけます。最初の設定は、クラッチを切ったとき

ベイトリールのハンドルは左右を変えられないので購入時には注意して選ぼう

マグブレーキ（上）と遠心ブレーキ（下）をそれぞれ搭載したベイトリール

にゆっくりとルアーが落ちる程度にしておきます。

　それでもバックラッシュを起こしてしまう場合は、もう少し締めて、軽くロッドを振るとルアーが落ちてくるくらいにして、ようすをみながら徐々にブレーキを緩めていきます。

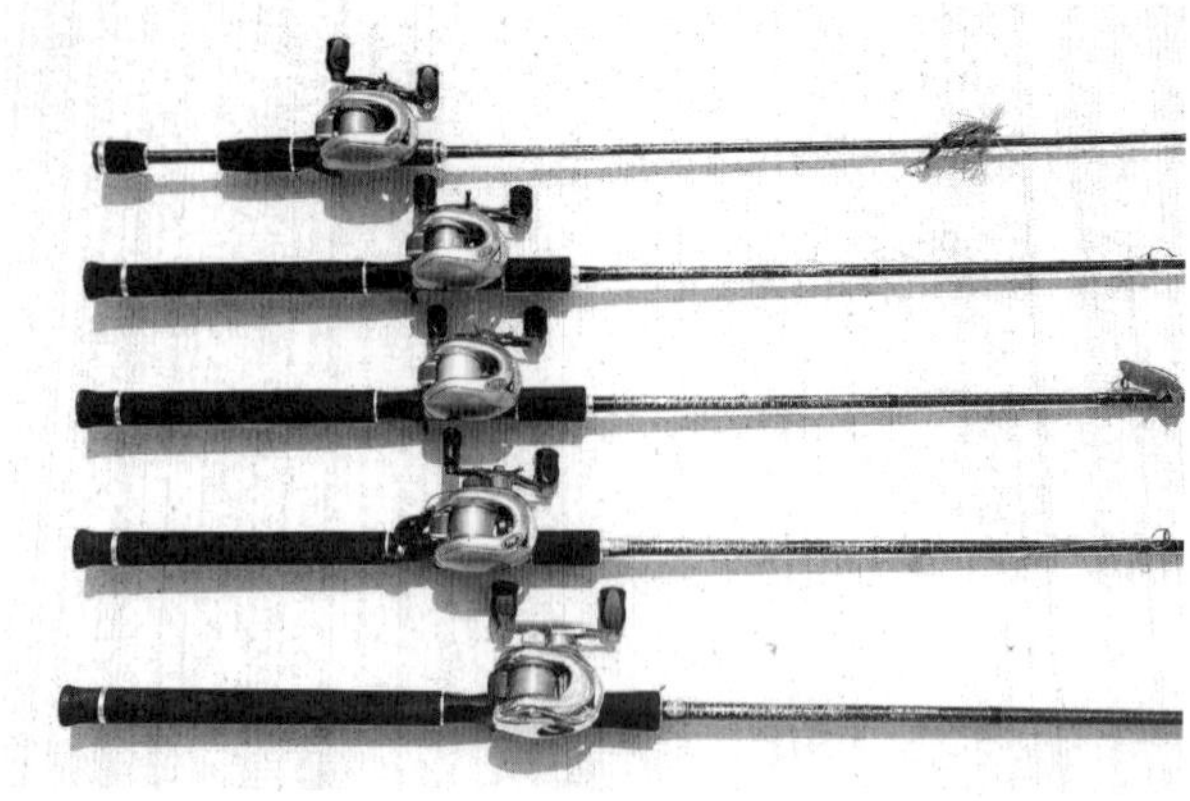

一口に「ベイトタックル」といっても、ウルトラライトからエクストラヘビーまで、組み合わせるロッドのパワーによって用途は多岐にわたる

　メカニカルブレーキに対して、補助的な役割をするのが遠心ブレーキやマグブレーキと呼ばれるものです。

　遠心ブレーキは、スプール本体に付いているブレーキブロックが回転による遠心力で外に広がり、ブレーキリング内面に接することによる摩擦力でスプール回転を制御するシステムです。基本的には軽い力でキャストしたときには緩く、強い力でキャストした場合は強くブレーキが効きます。ウエイトのあるルアーやロングキャストを必要とする状況に適したブレーキです。

　マグブレーキはマグネットの磁気を利用したもので、スプール本体についているプレートとダイヤル調整できるマグネットの磁気でブレーキをかけるシステムです。軽い力でも強い力でキャストしても同じブレーキ力が働くのが特徴です。

　たとえばダイヤルを最大値の10に設定した場合、最初からブレーキが強く利いているのでバックラッシュは起こりづらいが飛距離は出にくくなります。反対に1に設定すると、飛距離は出るが初期のスプール回転が早まり、キャスティングが難しくなります。

　マグブレーキは軽いウエイトのルアーや向かい風、キャスト抵抗のあるルアーに向いています。

　どちらのブレーキが優れているというわけではありません。ベイトリールに慣れてくると好みが出てきますが、はじめはどちらのブレーキにしても、メインとなるメカニカルブレーキの調整をきちんとするのが基本です。

ハンドルの左右に注意

　近年のバス釣りに使うベイトリールは、サイズはどれもほぼ同じです。変わりがあるとすればスプールに巻けるラインの量です。ロングキャストを考えているなら深いスプールを、ショートキャストや回転重視なら浅いスプール

ブレーキシステムを理解して使いこなせるようになればバックラッシュの不安もなくなる

を選びます。

　価格帯もスピニングリール同様、高価になると機能と性能（特にブレーキとスプールの回転性能）がアップします。こちらは3万円前後の価格を選択基準とすればよいでしょう。

　リールにはスピニング、ベイトリールともに右ハンドルタイプと左ハンドルタイプがあります。スピニングリールは左右を自由に変えられますが、ベイトリールはそれが出来ないので、ハンドルの左右は購入時に決めなければいけません。

　右か左かを選ぶのは、利き腕がどちらかになります。たとえば利き腕が右のアングラーは、キャストは右腕で行ないます。

　問題は、そのあとどちらの手でリールを巻くか？　です。きちんとロッド操作を行ないたい場合は、ロッドは利き腕で持ったまま、ハンドルは左巻きになります。

　反対にリールを巻くのも利き腕の右がよいアングラーの場合、左にロッドを持ち替えて右ハンドルで巻くことも出来ます。

　最終的には好みですが、テンポやスピーディーさを考えると、右投げ左巻きがロッドを持ち替えないぶん有利。ということで近年は、この組み合わせもだいぶ普及してきました。

ラインの種類と特徴

ナイロン？　それともフロロカーボン？

理想的なラインとは

バス釣りに限らず、釣りイト（ライン）は魚とアングラーを繋ぐ、いわば生命線です。簡単に切れてしまうラインではまったく用を成しません。

1日に何百、何千とキャストを繰り返し、カバーにも果敢にルアーを投げ入れていくバス釣りは、ラインにとって過酷な使用条件です。しっかりと専用の製品を選びましょう。

ではバス釣りの理想的なラインとはどのようなものでしょうか。まずはラインの素材です。主流はナイロンラインとフロロカーボンラインです。近年はPEライン（簡単にいうと細い繊維を編み上げたライン）が使われることも多くなりましたが、まずはナイロンラインとフロロカーボンラインの特性を理解しましょう。

伸びが長所にも短所にもなるナイロンライン

ナイロンラインは、軟らかくしなやかで伸びがあるラインです。リールを使うバス釣りでは、巻きグセが付きにくくトラブルの少ないナイロンラインは、ビギナーから上級者まで幅広く使われています。

フロロカーボンラインに比べてナイロンラインは比重が低く（1.3程度）、プラグ等のルアーの操作性に優れています。特にトップウォータールアーは、ラインが沈みにくいぶんルアーにアクションを付けやすいメリットがあります。

また、巻きモノと呼ばれるファストムービング系ルアーでも、ラインの伸びを生かしてバスのバイトを弾かずロッドに乗せることができるため多く使われます。

ラインに伸びがあるこの特徴は、感度という点ではフロロカーボンラインと比べて劣る部分があります。

たとえばボトムを探るワームリグ。ロッドへの伝達力が弱いぶん、ボトムの質の違いや変わり目は、分かりづらくなります。同じ岩にルアーが当たったとき、ロッドに感じる感触がナイロンラインでは「モソモソ」だとすると、フロロカーボンラインは「カンカン」と違ってきます。

さらに、ストラクチャーなどにラインが擦れたときの摩擦強度もフロロカーボンラインに比べて劣るため、太めのラインを選択する必要があります。

硬さが改良されて主役に躍り出たフロロカーボンライン

近年、バス釣りのメインラインになっているのがフロロカーボンラインです。イトの構造を簡単に説明すると、細い繊維状の束をまとめたイメージです。ナイロンラインと比べるとしなやかさは劣り、硬く高比重で沈みやすいのが特徴です。ボトムフィッシング（ワームリグ、ジグ系）に適し、摩擦に強いのでナイロンラインよりも強気で障害物を探ることができます。

フロロカーボンラインはその硬さからスプールに馴染みにくく、使用にはコツが必要とされてきました。特にスピニングリールでの扱いにくさは顕著でしたが、近年はしなやかでソフトな強いラインが開発され、ベイト、スピニングともに扱いやすいラインになっています。

ナイロン、フロロカーボンともにラインは消耗品です。釣行のたびに交換するわけではないですが、使うほどラインにはヨレが掛かったり摩擦によって劣化したりします。これらはトラブルの原因です。

最低でも2、3回の釣行ごとに新しいラインに交換しましょう。

フロロカーボンライン

ナイロンライン

PE ライン

シンカー

ワームに必須の小物。基本の形状は4種類

使用リグやシチュエーションに適した形状とウエイトを選ぶ

バス釣りでシンカー（オモリ）を使用するのは、おもにワームフィッシングをする場合です。

軽く、引き抵抗も小さいワームをそれ単体で操作するのは難しく、しかも本来のアクションも期待できません。おまけにシンカーなしでは、深いレンジやカバーの中へワームを送り込むことも非常に困難です。

シンカーを使うことでワームに自在にアクションを付けたり、ピンスポットを丁寧に探ったり、他のルアーでは難しい深いレンジを攻略したりすることが可能になります。

シンカーには大きく分けると4種類の形状があります。

●バレットシンカー

ピストルなどの弾丸の形をしたシンカーで、簡単にいえば中通しオモリ。テキサスリグやキャロライナリグで使用します。

バレットシンカーは形状的にすり抜け性がよく、カバーや複雑な地形を探るのにも適した、バスフィッシングの基本となるシンカーです。汎用性が高いウエイトは7gです。

●ダウンショットシンカー

近年いろいろな形状がラインナップ

右から、ダウンショットシンカー、ネイルシンカー、バレットシンカー、スプリットショット

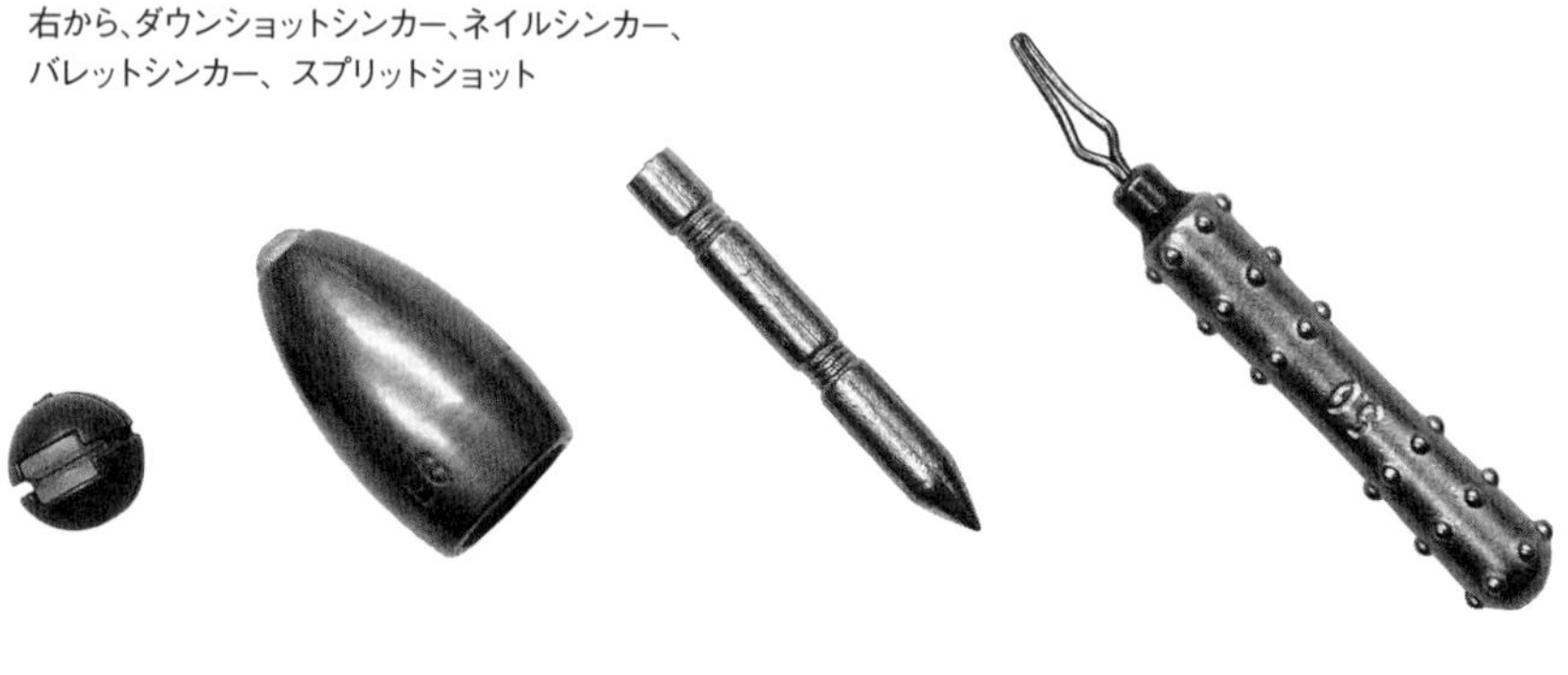

されるようになりましたが、基本はハリス止メやヨリモドシが頭部に付いた丸型のシンカーです。ほかに涙型、棒型などもあり、いずれもダウンショット専用シンカーです。

　これらの形状は使うシチュエーションに応じて使い分けます。たとえば素早くリグを沈めたい深場では棒型のシンカー。ボトムをしっかりと把握したい場合は丸型のシンカー。根掛かりを回避したい場合は涙型のシンカーといったふうに。スピニングタックルでは2g、ベイトタックルでは5gくらいが基準となります。

ワームの釣りでは、リグの選択と組み合わせるシンカーによって釣果が大きく分かれる

●ネイルシンカー

　ワーム本体に埋め込む細い棒状のシンカーで、主にネコリグに使われます。このシンカーもさまざまな形状がラインナップされており、ワームから抜けないように突起が設けられたものや、細身のストレートワーム用の細いものなどがあります。

　ネイルシンカーで気をつけたいのは、シンカーを刺し込むときに起こるワームの崩れや変形です。シンカーの形状によってはワームの形を崩してしまうこともあります。ワームの太さや素材（塩の混入量など）に合ったネイルシンカーを選びましょう。基本的なウエイトは1・2gです。

●スプリットショット（カミツブシ）

　主にスプリットショットリグ、またダウンショットリグにも使えるシンカーです。最近はスプリットショットリグを使うアングラーが少なくなったことで、専門ショップでもあまり見かけなくなりましたが、ノーシンカーなどで釣りをしていて、ちょっと速く沈めたくなったときなどにとても重宝します。何種類ものウエイトを揃える必要はありません。補助的な意味で用意しておきましょう。基本的なウエイトは1gです。

　これらの4種類のシンカーは、釣りをするシチュエーションや状況に応じてウエイトを使い分けますので、タイプごとに基本的なウエイトとその前後、とりあえず計3ウエイトを用意しましょう。

ワームのフック選び

フックは使用するワームとのバランスで選ぼう

左＝ストレートタイプ、中＝オフセットタイプ、右＝マスバリタイプ

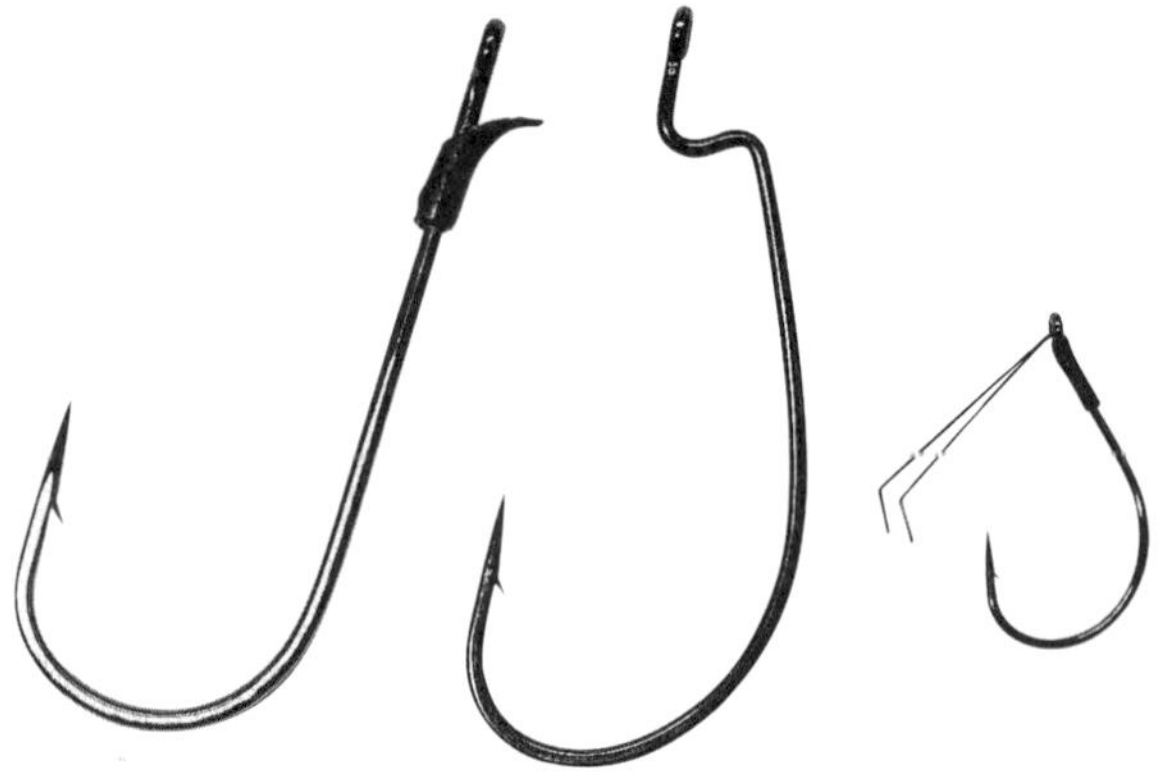

サイズと形状に注目

ワームフィッシングでは、フックはそれぞれのワームに合わせたものをアングラー自身が用意しなければなりません。ハードルアーのように本体とフックがセットになっていることは、ほとんどないからです。

釣りバリ＝フックは、魚との唯一の接点です。数ある形状とサイズの中から、ワームとのバランスを考え、ハリ掛かりしやすいものを選びましょう。

フックにはストレートタイプとオフセットタイプがあります。どちらのタイプも以前は主流でしたが、最近ではワームのズレが少ないオフセットタイプがメインとなってきています。

フック選びで大事なのは2点。1つはフックのサイズ。ここでは「フックの長さ、大きさ」です。もう1つはフックの形状。ここでは簡単に「フックの幅」とします。

フックのサイズは番手で表記されます。＃2、＃1、＃0、＃1／0、＃2／0、＃3／0、＃4／0、＃5／0といった具合で、この順番でフックサイズが大きくなっていきます（ここでは＃2が最小、＃5／0が最大）。

ワームにはさまざまな形や大きさがあります。ワームに対するフックサイズの基準は、ストレートタイプのワームとホッグ（クロー）系の2種類に大きく分けて考えます。

ストレートタイプのワームに対するフックのサイズ選びは、ワームの長さの1／3をカバーできるサイズを選びます。

ホッグ系のワームには、ホッグ全体（触覚も含む）の1／2サイズのフックをセットするのが基本です。

　そしてフックの形状です。フックの幅をゲイプと呼びます。ゲイプはバスをフックアップするためにとても重要。ワームに対してサイズは合っていても幅が狭すぎるフックを選んでしまうと、ワームからハリ先が出なくなりバスを掛けることが出来なくなってしまいます。幅が充分にあればフッキングしやすく、ワームのスイミング姿勢も安定します。

　ただし、カバー等の障害物攻略にお

ワームとフックのセット例。ワームとフックサイズ・形状のバランスに注意

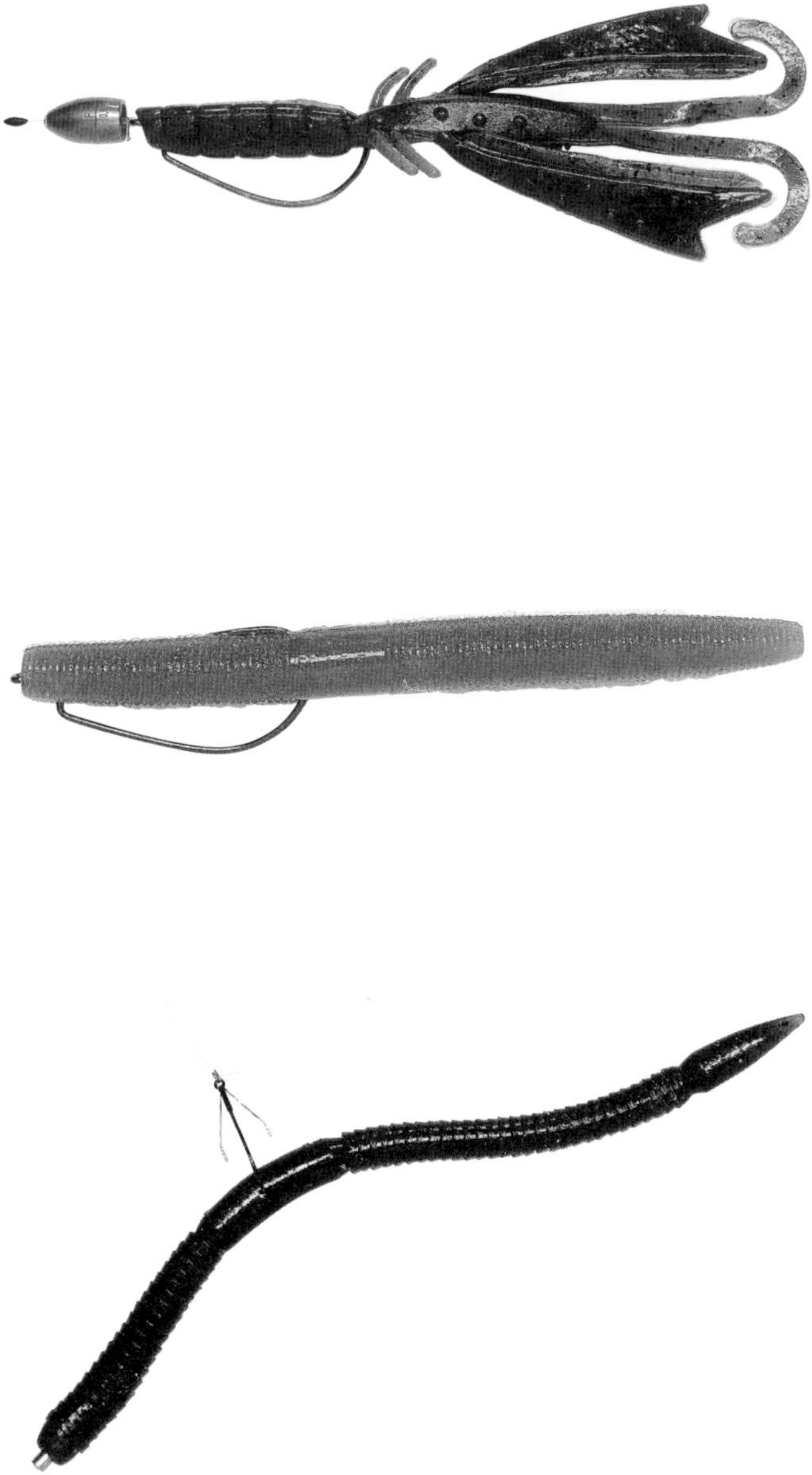

いてはワームからはみ出したフックのゲイプが邪魔になり、すり抜けが悪くなるという一面もあります。幅が狭ければ障害物を探りやすく、根掛かり回避能力も高いのですが、前記のとおりフックアップが難しい。ワームのスイミング姿勢も安定せず、回転を起こしやすくなります。

結論を書くと、ワームにフックをセットしたとき、ワームからはみ出ているゲイプに5㎜以上の余裕があれば問題なくフッキングできます。サイズとゲイプをきちんと考えてフックを選びましょう。

マスバリは「1㎝幅」が目安

このほかに、マスバリと呼ばれるフックがあります。おもにネコリグやダウンショットに使われるフックです。近年では根掛かり防止のためハリ先をガードするワイヤーなどがセットされたマスバリが主流になっています。

マスバリ選びで大事なことは「大きすぎず、小さすぎず」。曖昧《あいまい》な表現になってしまいますが、マスバリのフックセットの基本はチョン掛けです。フックを刺した位置と抜いた位置の幅が1㎝くらいになるフックを選びましょう。

最後に、フックは消耗品として考えましょう。いつまでも使い続けられる道具ではありません。少しでもハリ先が鈍ったら即交換。これは大切なバイトを釣果に結びつけるためにとても重要なことです。

ワームによくマッチしたフックをセットして、バス釣りを楽しもう

4章

DVD連動

釣果に直結！基本のロッド操作

フィールドで、アングラーの土台となるロッド操作。

最近のタックルは全般的に諸機能が素晴らしく、ビギナーでも扱いやすいものが多い。

しかし、実はこれが意外な「落とし穴」。

ロッドの性能に任せてキャストや操作をしていては、

すぐに目に見えない壁に突き当たってしまうだろう。

動画と併せてよく理解し、マスターしてほしい。

キャスト　オーバーヘッド

楽しいバス釣りは正確なキャストから

バスフィッシングは闇雲にルアーをキャストする釣りではありません。もちろんそれで釣れてしまうこともありますが、ルアーをスポットに正確にキャストすることからバスフィッシングは始まります。

キャスティングはそれ自体がバスフィッシングの楽しさの1つです。正確に投げられるようになるためにはビギナーは練習あるのみ。まずはこれから解説する3つのスタイルについて、きちんと基本を覚えましょう。

オーバーヘッドキャスト

ロッドを肩の真上から振るキャストです。まずロッドティップからルアーを10～20㎝タラします。ベイトキャスティングリールの場合はリールを内側に傾けます。上を向けたままだとキャストの振り切り後、手首が止まらず負担が大きくなるからです。

脇を少し開き、手首を後ろに返してロッドティップとルアーを後ろにもっていきます。垂らしたルアーを安定させ、腕全体で振り回すのではなく、肘から手首だけを使って前方へ振り切ります。コツは後ろに傾いた手首を、スナップを使って前方に返すことです。

注意点は、少し開いた脇を動かさず出来る限り固定してキャストすること。脇が大きく動いてしまうと左右のコントロールがずれてしまい、正確なキャストにつながりません。

目線はねらうスポットに注ぐ

ロッドを振り切る際にルアーをリリースする（指を離す）タイミングは、時計の文字盤でいうと最初は11～12時がよいでしょう。どうしても前でキャストしたくなってリリースタイミングが1～2時と遅くなると、ロッドの反発力にも遅れが生じてバックラッシュの原因となったり、ルアーが水面を叩いてしまったりします。

リリースのタイミングはルアーを自分の真上にキャストする感覚です。このとき目線はねらうスポットを見ています。そしてしっかりとルアーの重みをロッドのバット部分に乗せて振り切ります。

タックルのバランスにもよりますが、コントロールがばらついたり手首への負担が大きかったりする場合は、空いている側の手をグリップエンドに軽く添えるとフォームが安定します。

オーバーヘッドキャスト

①

周りを見て安全を確認しながら、ルアーがロッドティップに当たらないようにゆっくりと構えに入る

②

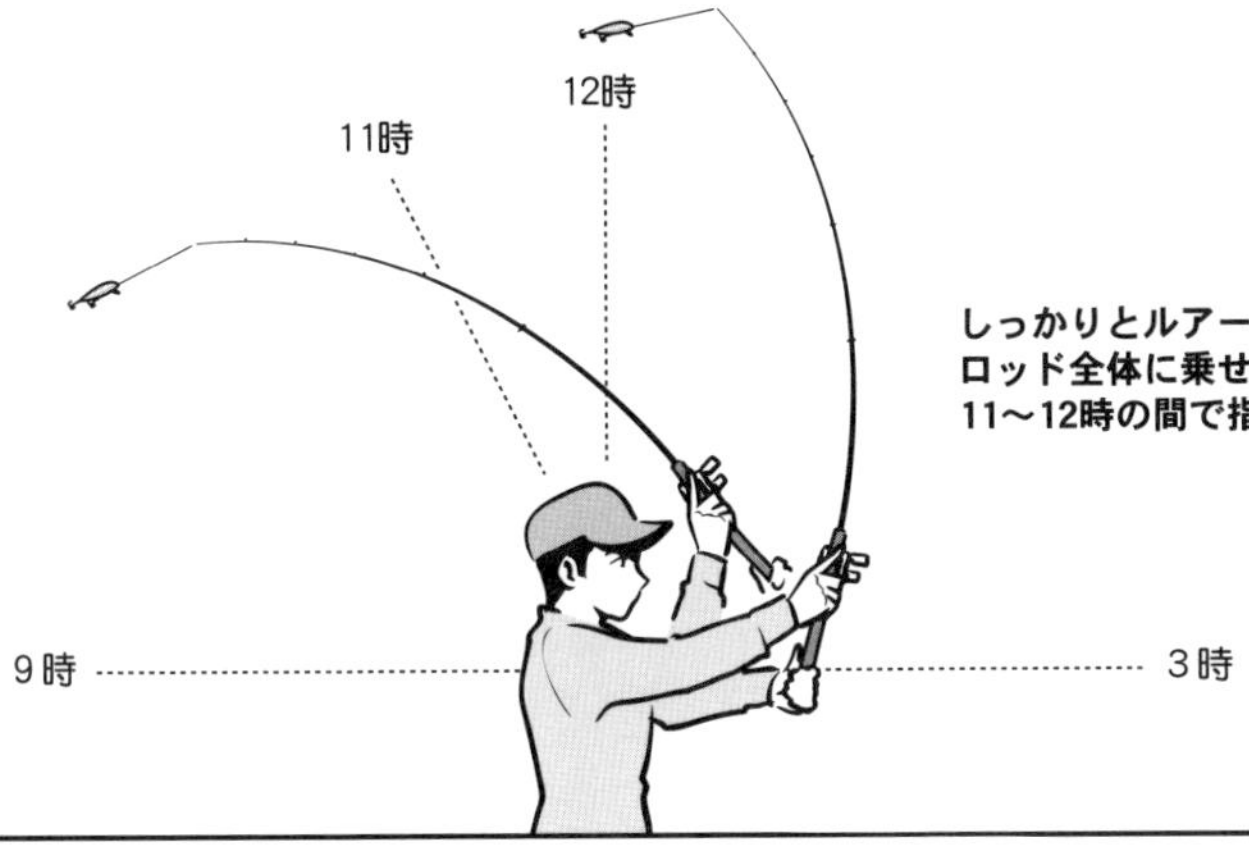

しっかりとルアーの重みをロッド全体に乗せて11～12時の間で指を離す

③

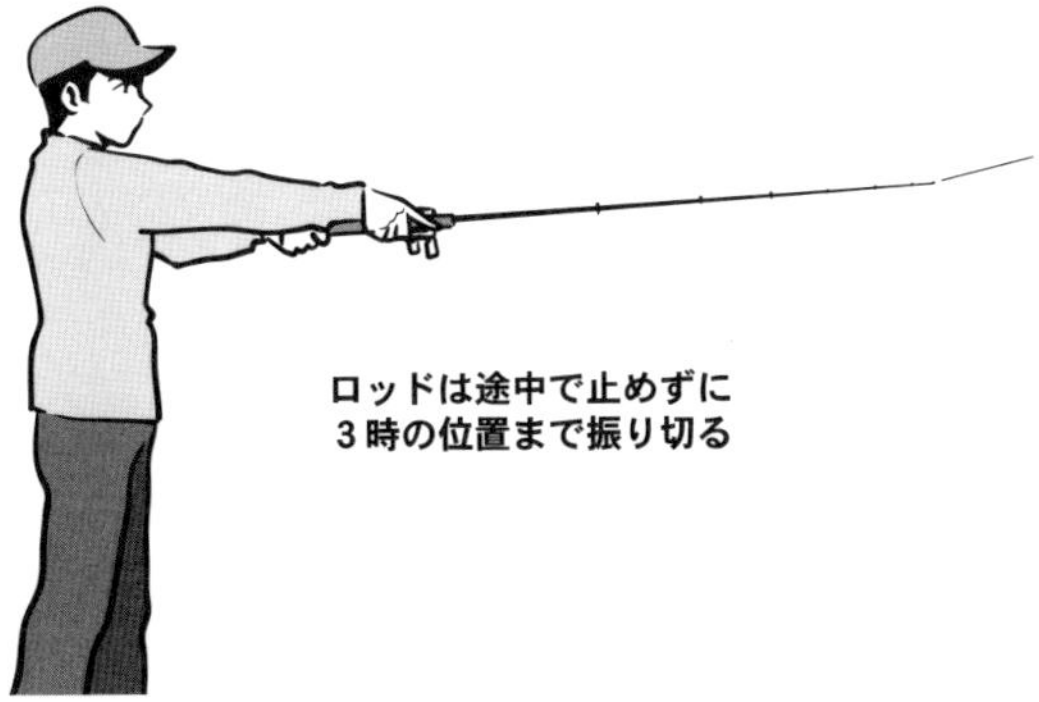

ロッドは途中で止めずに3時の位置まで振り切る

キャスト　サイドハンド

オーバーヘッドでは難しいシチュエーションで活躍

必ず周囲を確認してからキャストしよう

キャスト時は周りに注意！

真上の空間を利用するオーバーヘッドキャストに対して、文字どおり自分の真横から振り切るのがサイドハンドです。オーバーヘッドキャストでは難しい、木が大きくせり出したオーバーハングの下をねらうときや、向かい風が強いときなど、ルアーの軌道を低く抑える必要がある状況で多用します。ルアー着水後のラインスラックが少ないことも利点の1つです。

サイドで投げるときには、まずは近くに人がいないことを確認しましょう。最低でもロッドの長さの倍以上の広さが確保されていること。

ボートフィッシングでは、同船者との距離に注意を払ってください。

ロッドティップはねらうスポットに向けてピタリと止める

タラシは、オーバーヘッドよりも短く5㎝程度。リリーススポットは飛んでいくルアーの軌道を見ながら調整しましょう。サイドハンドでもロッドのバットにルアーの重みをしっかりと乗せることが大事です。

動作の間、リールは傾けず真上を向け、ロッドを振り切ったときに目差すスポットの向きでティップをピタリと止めるのがコツです。

オーバーヘッドキャストの頁では、空いた手を添えることで左右のコントロール精度を上げられると述べました。サイドハンドでは、これが上下のコントロール精度のアップに繋がります。

繰り返していいますが、サイドハンドでは周囲の確認を特に慎重に行なってください。

サイドハンドキャスト

①

ロッドを振り切る側の周りを確認して、必ずロッドの長さの倍以上の広さを確保する。
オーバーヘッドと同じくティップにルアーを当てないように

②

キャストの基本はオーバーヘッドと同じ。ロッドにルアーの重みを乗せ、空いている手をグリップに軽く添える

③

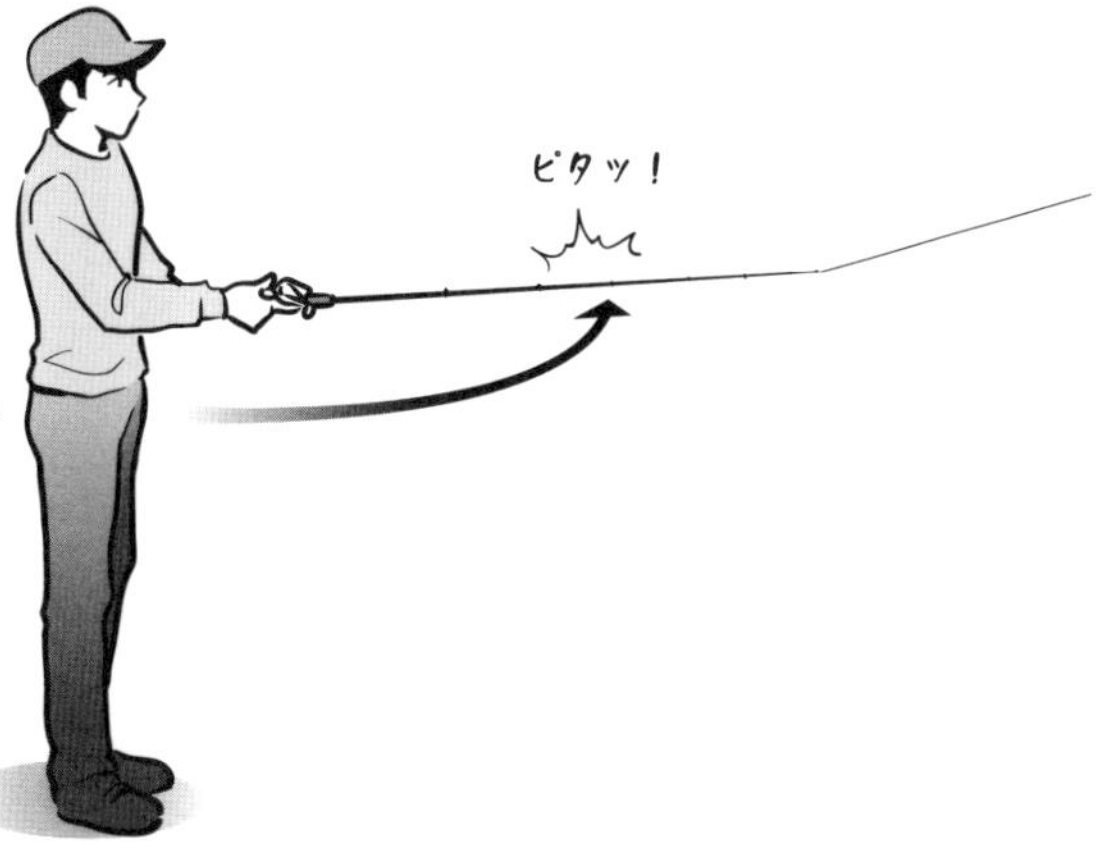

目差すスポットでロッドをとめる。このときリールは上側にある

キャスト　ピッチング

近くのピンスポットを静かにねらい撃つ

振り子のように下手からキャスト

バスフィッシングを楽しむうえで、このキャストもとても大事です。

ピッチングはオーバーヘッドのようにルアーを遠投するのではなく、近距離（おもに15m以内）のピンスポットをねらうためのショートキャスト。目に見える近くの障害物などに静かにルアーをプレゼンテーションしたいときや、連続するカバーなどを手返しよく撃ちたいときに多用します。

ピッチングで大切なのは、手首の返しです。ルアーのタラシはティップからリールの少し上くらい。リールより下に長くタラシをとると投げにくいので注意。手首でロッドを返すのが難しくなり、腕全体で振り切る形になるとコントロールがバラつきます。

ロッドを持つのと逆側の手でルアーを持ち、ロッドティップを下げたら手首のスナップを使ってルアーを振り子のようにスポットへ振り込みます。

このとき、ロッドのグリップエンドを肘の内側に通すか、外側を通すかでピッチングの質が変わってきます。内側を通すと左右のブレが抑えられ、まっすぐな軌道でスポットをねらえます。逆にグリップを肘の外側に出すと、コントロールは難しくなりますが、手首の自由度が上がって、ピッチングの距離を延ばすのが簡単になります。どちらのフォームでも、慣れてしまえば精度と飛距離を両立できるようになりますので、お好みでどうぞ。

慣れてきたら徐々に飛距離を延ばす

オーバーヘッドキャストとは少し異なり、ピッチングでは脇は少し開きます。リリースするタイミングは、一度下げたティップを上に振り上げることでルアーの軌道は弧を描くので、ルアーが地面または水面ぎりぎり（弧の先端）に差しかかると同時にリリース。ルアーは水面の少し上を滑るように飛んでいきます。

最初はルアーの重みを利用し、振り子の要領でルアーをスポットへ送り込む練習をしましょう。慣れてきたら肘から手首を使って力を強くしていき、スピードと距離を延ばします。これもキャスティングの一種なので、最終的にはコンパクトなスイングの中でロッドを充分にしならせ、反発力を生かして投げられるようになりましょう。

ピッチング

①

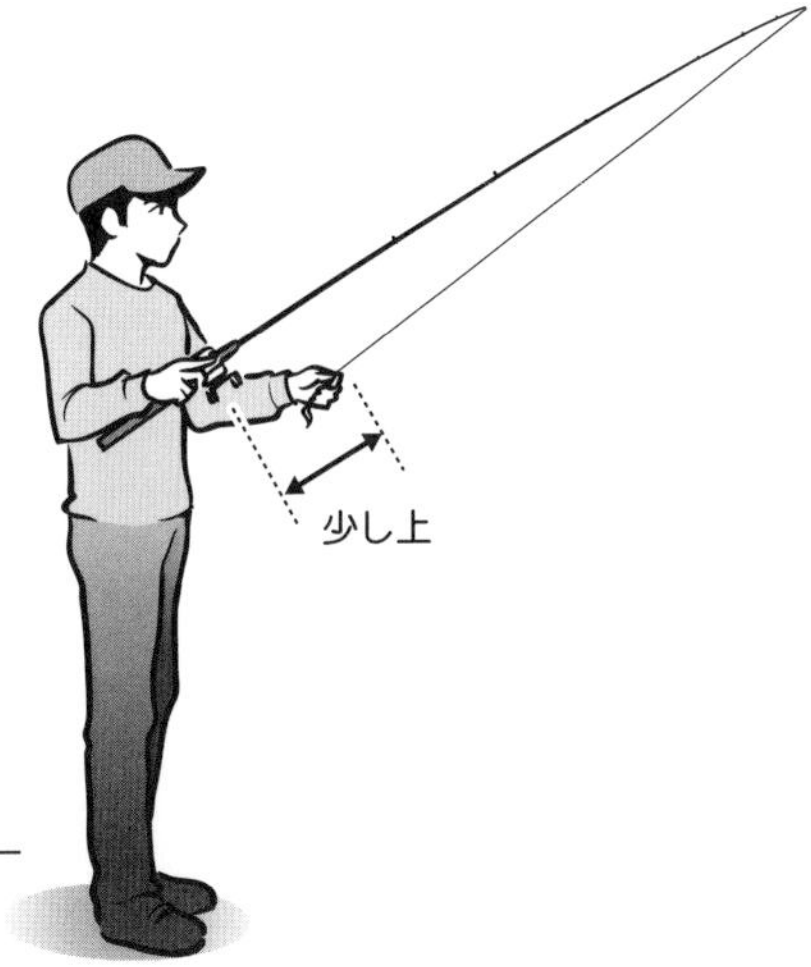

ルアーの垂らしは、リールの位置よりも少し上にくるように調整する

②

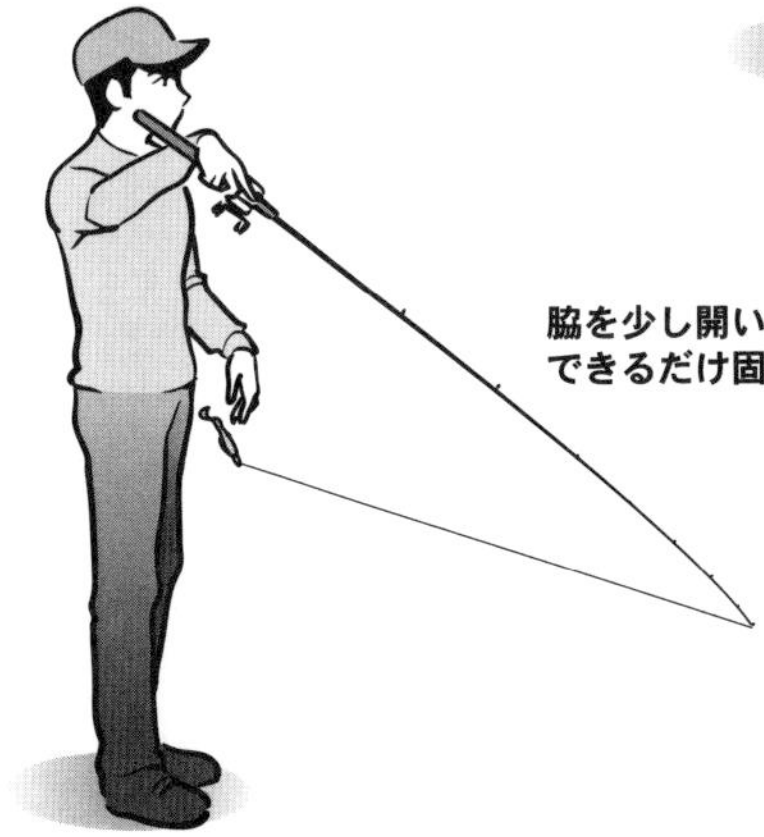

脇を少し開いて最後までできるだけ固定する

③

ルアーに勢いをつけるようにロッドを振り上げる

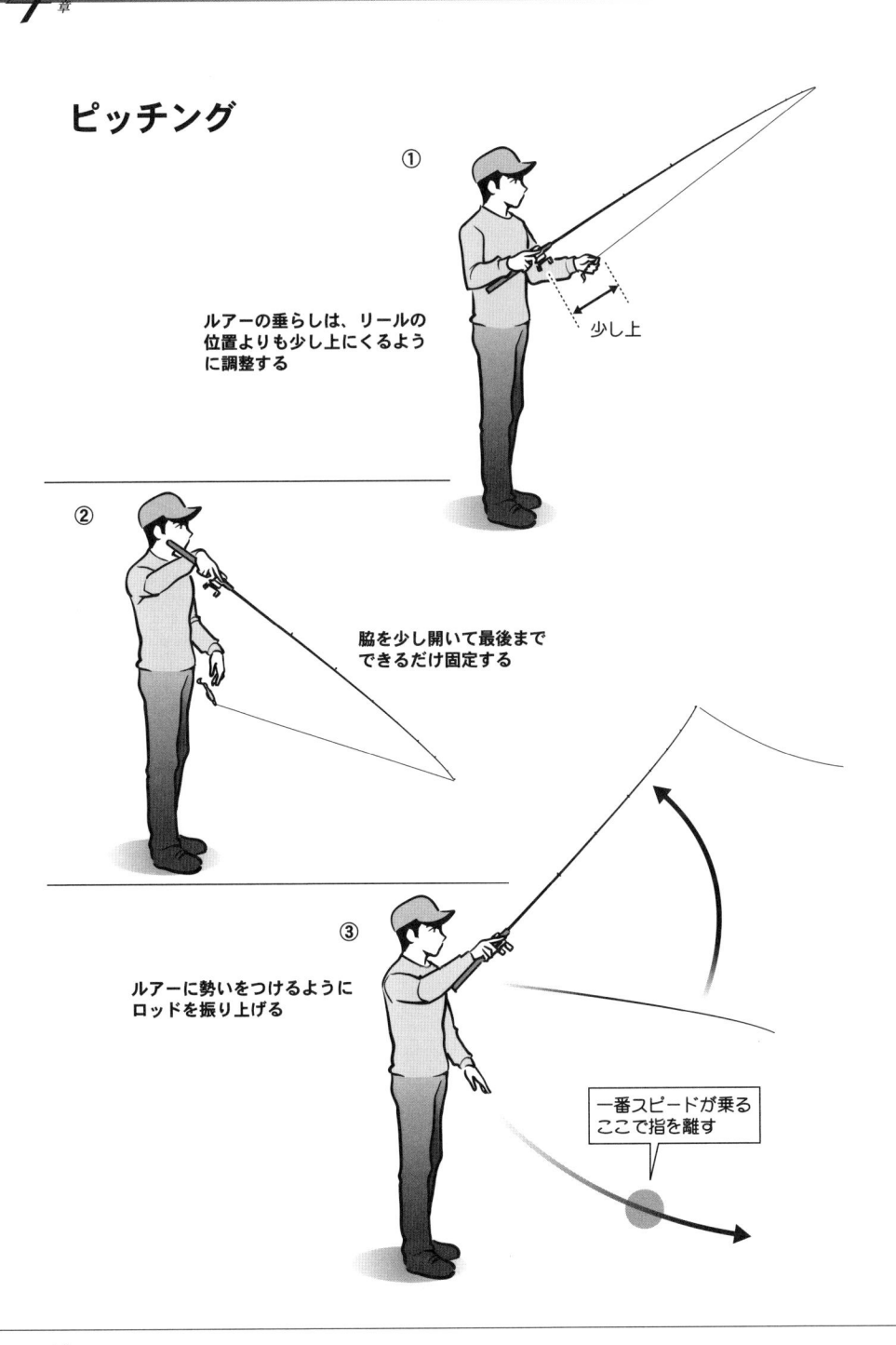

アクション　ストレートリトリーブ（ステディーリトリーブ）

ルアーフィッシングのリトリーブにおける基本中の基本

ロッドティップは下側に向けて構える

一定速度でリールを巻く意識を徹底しよう

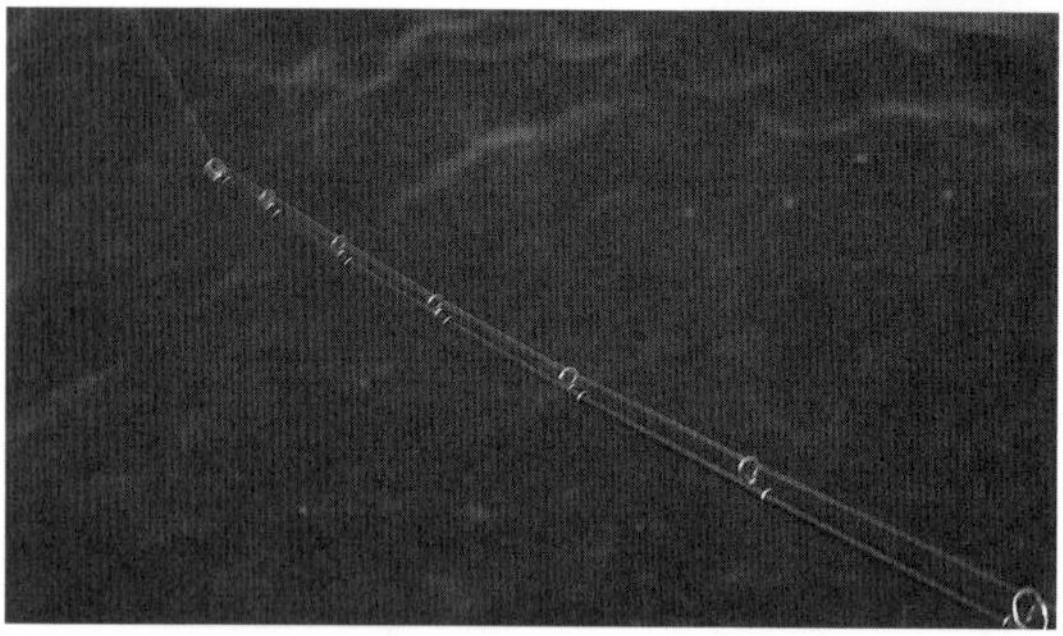
ロッドから伝わるルアーの振動を感じて「自分の中でのリトリーブの基準」を作ろう

スピードを変えずに一定の層を引く

その名のとおり、ただリールを巻くだけの単純な操作です。

ロッドを使ってルアーにアクションを加えることがないぶん簡単に思えるかもしれませんが、「一定速・一定層」のリトリーブは、実はけっこう難しいもの。ストレートリトリーブはルアーフィッシングの基本中の基本ですので、しっかり覚えましょう。

ストレートリトリーブは、簡単にいえばロッドワークを加えると本来の機能が低下するルアーに対して用いるリトリーブです。クランクベイトやバイブレーション、スピナーベイト、バズベ

リトリーブ

一定の速度で
ルアーを引くのが基本
ルアーを上下させない（レンジを変えない）。
ルアーの重み（振動）をしっかりと感じ取ること

イトなどがそれに当てはまります。

　キャスト後、沈んでいくスピナーベイトやバイブレーションの場合、まず目的のレンジまでルアーを沈めて、そこからリーリングを始めます。引くことで潜っていくクランクベイトの場合も、バスのいるレンジ（水深）がハッキリ掴《つか》めているときは、目的の深さまで一気に巻いて潜らせ、そこからリーリングスピードを固定します。

「一定速」をキープするのがストレートリトリーブですが、同時にルアーによっては「一定層」もキープできるようになれば完璧です。

　シンキング（＝沈む）ルアー（スピナーベイトやバイブレーションなど）の場合、リールを巻いていてルアーが浮き上がってきてしまうようならリーリングスピードを下げ、反対にルアーがどんどん沈んでいってしまうようなら速く巻くことでルアーを引く層を一定に保つことができます。

　自分が使っているルアーの特徴をよく把握して、それぞれに適したリーリングスピードを身体で覚えていきましょう。

　アレコレ浮気せず、タックルやルアーを固定して、同じ道具立てで釣りをするようにすると早く感覚を掴むことができます。

それぞれのルアーに適したリトリーブでバスを誘い出そう

アクション　トゥイッチング

連続動作で逃げ惑う小魚を演出

ミノーやシャッドと相性抜群

ロッドの反発力を使ってルアーを右へ左へとダートさせる（跳ねさせる）のがトゥイッチングです。特にトゥイッチングに適したルアーは、ミノーやシャッドです。

このアクションを続ける連続トゥイッチではパニック状態の小魚を演出出来ます。ルアーに反応を示さなかったバスに食べるスイッチを入れてしまうアクションです。また、ストレートリトリーブ中にここぞ！　と思えるところでトゥイッチングを入れる複合的なアクションも効果的です。

アクションのつけ方は、ロッドティップを水面近くに下げて構え、そこからロッドを持つ手の手首だけを力強く一瞬シャクります。

瞬間的に曲げられたロッドは反発力で素早く戻ろうとします。このときラインは少し弛《たる》みます。次の手首の返しのときにこのラインの弛みを瞬間的に張る勢いでロッドをまたシャクります。これをテンポよく2、3回繰り返すことでルアーが左右に切れのよいダートを起こしてくれるのです。

連続トゥイッチではこの動作をさらに続けて行ないます。ラインの弛みが出てくるのでフケをリールで巻き取りながら行ないますが、リーリングはイトフケを取るだけで、ルアーを引っ張ってしまわないようにするのがコツです。

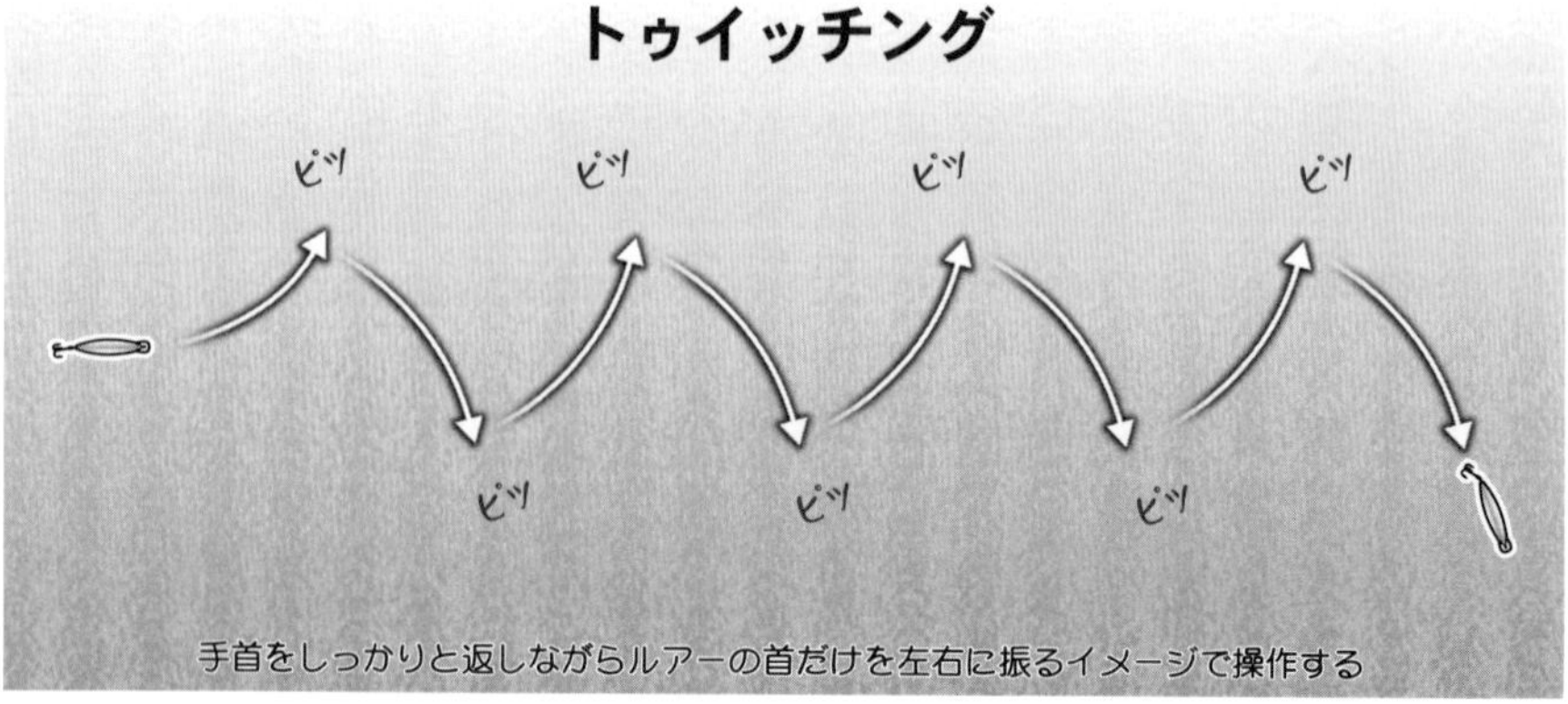

手首をしっかりと返しながらルアーの首だけを左右に振るイメージで操作する

ロッドティップを下げた構えから、ロッドを持つ手の手首を使って力強く一瞬シャクる。この動作を2、3回繰り返す。さらに続けて行なうと連続トゥイッチとなる

アクション　ジャーキング

サイズ・ウエイトのあるルアーを大きく左右にダートさせる

主にベイトタックルで使用

ジャーキングは、動作を一見すると、トゥイッチングとの違いが分かりづらいアクションです。

トゥイッチングとジャーキングの違いを分かりやすくいうと、1つは使用するルアーの違い。トゥイッチングは、ミノーやシャッドなどスピニングタックルを使うライトなルアーで多用します。もちろんベイトタックルで使うルアーでもトゥイッチングは行ないますが、基本的にピッピッと切れのよいシャープなダートアクションをさせるときにトゥイッチングを使います。

ジャーキングは、主にベイトタックルで扱う比較的サイズやウエイトのあるミノーやシャッドで行ないます。サイズのある10～15㎝のミノーはジャークベイトと呼ばれているほどです。

ジャーキングのアクションも左右にルアーをダートさせます。ただしトゥイッチングのようにピッピッとシャープにではなく、ブリブリッと強めのダートアクションを起こすのが特徴です。

手首を返さず腕全体でシャクる

もう1つの違いはロッドワーク時の力の掛け具合です。使用するルアーが大きいとトゥイッチングのような手首の返しやシャクリだけではアクションを出しづらく、アピールも少なくなっ

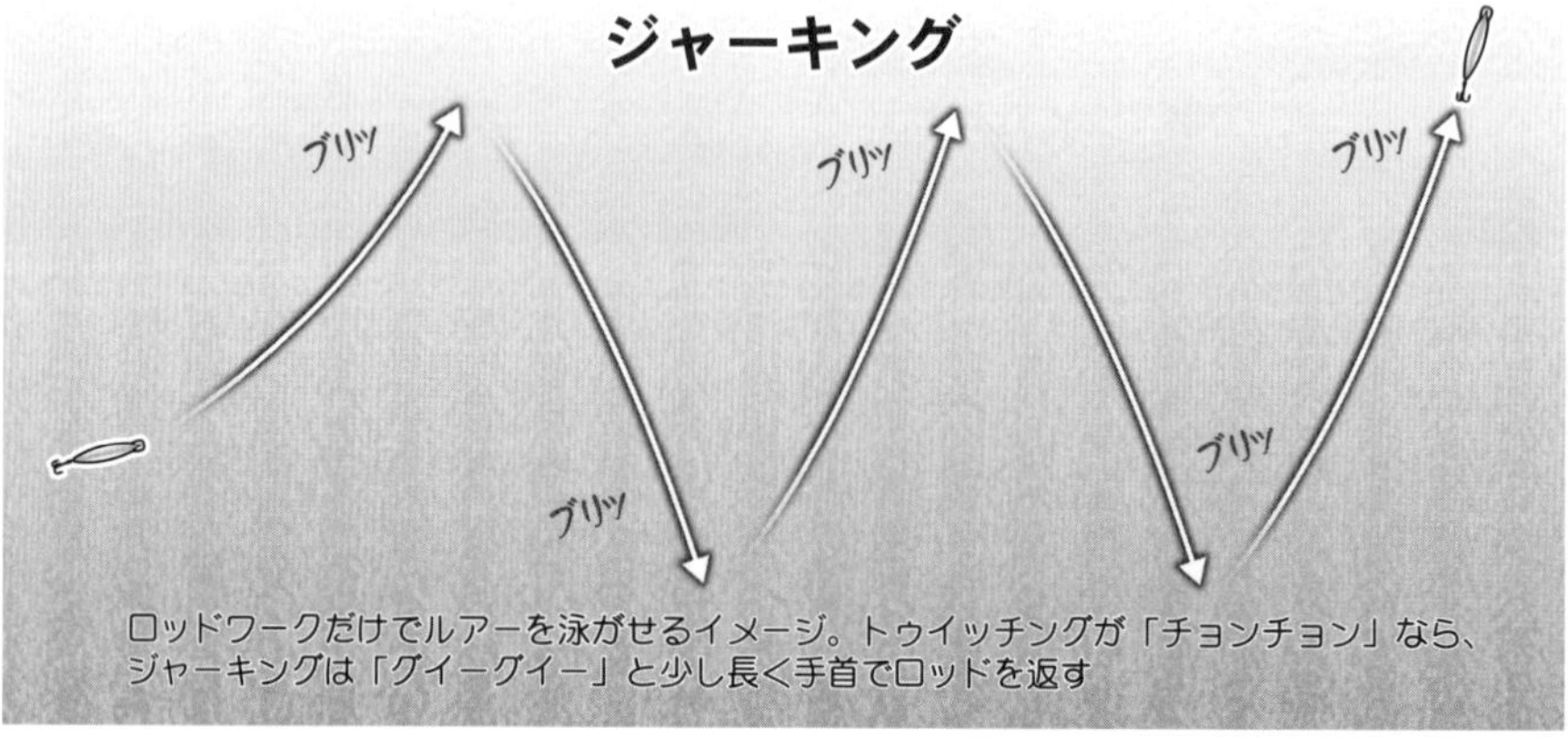

ロッドワークだけでルアーを泳がせるイメージ。トゥイッチングが「チョンチョン」なら、ジャーキングは「グイーグイー」と少し長く手首でロッドを返す

てしまいます。そこでジャーキングでは少し力が必要になります。

ジャーキングのロッドワークは、トゥイッチングのように手首を使わず固定し、腕全体で鋭くシャープにグイグイとシャクリを入れてジャークベイトを左右にダートさせます。連続的なジャークは行ないません。

グイグイとジャークしたあとは、たるんだラインのフケを巻き取りまたジャーク、と繰り返すのが基本です。

ジャーキングでは、トゥイッチとは異なり、手首を使わず腕全体で鋭くシャープにシャクリを入れる

アクション　ズル引き

ワームフィッシングにおける基本中の基本

ボトムの質が分かる＝釣りのヒントを得られる

　タイトルのとおり、ズル引きはバス釣りにおいて大変有効なアクションです。ワームフィッシングには中層スイミングというテクニックもありますが、基本はボトムを取ること。まずはワームリグをボトムに到達させることから釣りが始まります。

　ズル引きアクションをマスターすると、ボトムの質を感じ取れるようになってきます。モソモソと感じたらボトムは「砂や泥底」。ゴリゴリやコンコン、キンキンと感じたら「岩や何か沈んでいる物」。そしてバスは隠れられる場所と硬い底質を好む魚です。このように底質をサーチ出来ることで釣りのヒントが見つかります。

必ずボトムを感じながら引くこと

　アクションの付け方はいたって簡単。ワームリグ全般とラバージグをキャスト後、きっちりとボトムまで沈めます。着底したらラインのフケを巻き取りながら、ロッドを水平前方にもっていきます。そこからさらにロッドを真上方向へ、ゆっくりとルアーでボトムを感じながら立てていきます。ロッドが真上に到達したら、引いてきたぶんだけロッドをまた前方水平位置までラインを巻き取りながら倒していきます。これがズル引きアクションの1ストロークです。

　気を付ける点は2つ。必ずボトムを感じながらロッドで引くこと。分かりづらい場合はより重いシンカーを使うなどして、確実にボトムにルアーを当てて引いてくることです。

　もう1つは、ロッドが真上まできたら引くのを終わりにすること。それ以上やると、バスからのバイトがあってもフッキングするための幅がありません。無理に合わせるとロッドの破損にもつながるので、必ずロッドの引き幅は真上までにしましょう。

　ズル引きには、ロッドを寝かせて横方向に引く方法（水平引き）もあります。風が強いとき、使用するシンカーのウエイトが軽いときに有効な方法です。この場合も前方が12時だとしたら3時の位置までロッドを引いたら終わりで、また前方12時から始めます。

　水平引きはボトムが分かりやすいのですが、根掛かりやすいという欠点もあります。

ズル引き

必ずボトムを感じながら、ゆっくりとロッドワークでルアーをズル引く。何か硬いものに当たったら、そこでシェイキングするのも効果的。その後はまたズル引きに戻る

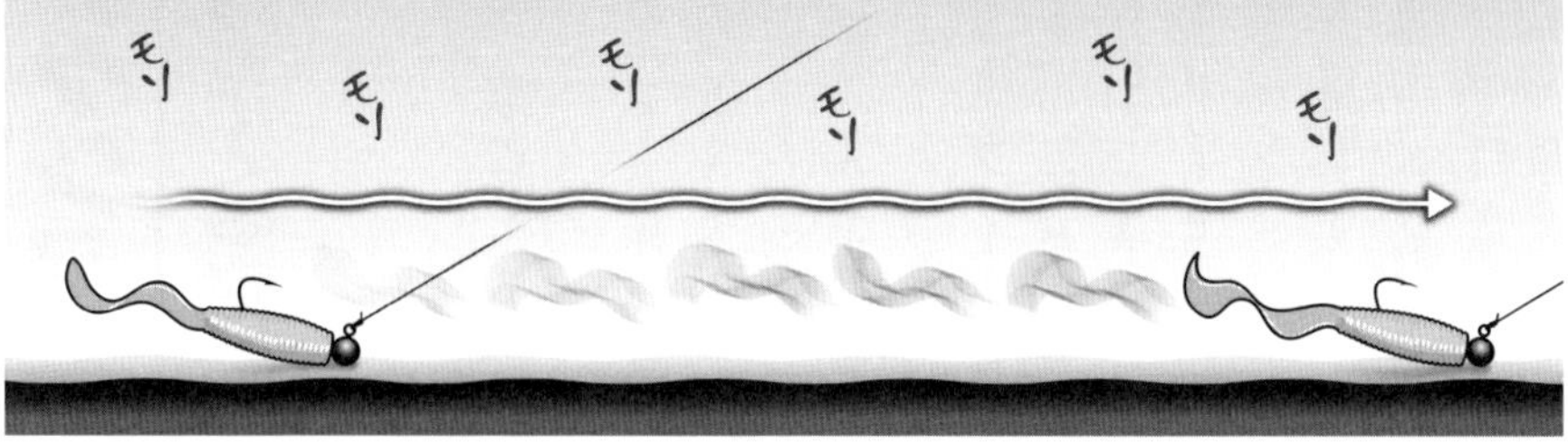

ボトムを常に感じながらロッドを立てていく。ロッドが真上まできたら引くのは終わり

DVD収録

アクション　リフト&フォール

「落ちてくる物に興味を示す」習性のバスにアピール

跳ね上げて、落とす

沈むタイプのルアーを使ったアクションです。字のごとく持ち上げて落とす。スピナーベイトやバイブレーション、冬シーズンに強いメタル系ルアーを始め、もちろんワームリグやラバージグにもこのリフト&フォールは有効なアクションです。ルアーが泳いだと思ったら、いきなり止まって落ちていく。動きに緩急があるリフト&フォールはリアクション要素が強く、コンディションの悪いバスにも効果的です。

　バスは上から落ちてくる物に非常に興味を示します。跳ね上げたルアーで存在感をアピールし、落として口を使わせる。レンジを広範囲に探れることから、初めてのフィールドでのサーチ的なアクションにもなります。

　アクションの付け方は、ルアー着底後、弛んだラインのフケを巻き取り、ロッドは前方水平に構えます。ここからロッドを真上まで起こしてルアーをボトムから跳ね上げます。真上の時点でルアーはフォールを始めるので、弛んだラインを素早く巻きながらロッドを元の位置に戻します。この動作をルアーが足元に来るまで繰り返します。

ルアーは長くボトムに置かない

　注意する点はリフトとフォールにそれぞれ1つずつあります。まずリフト

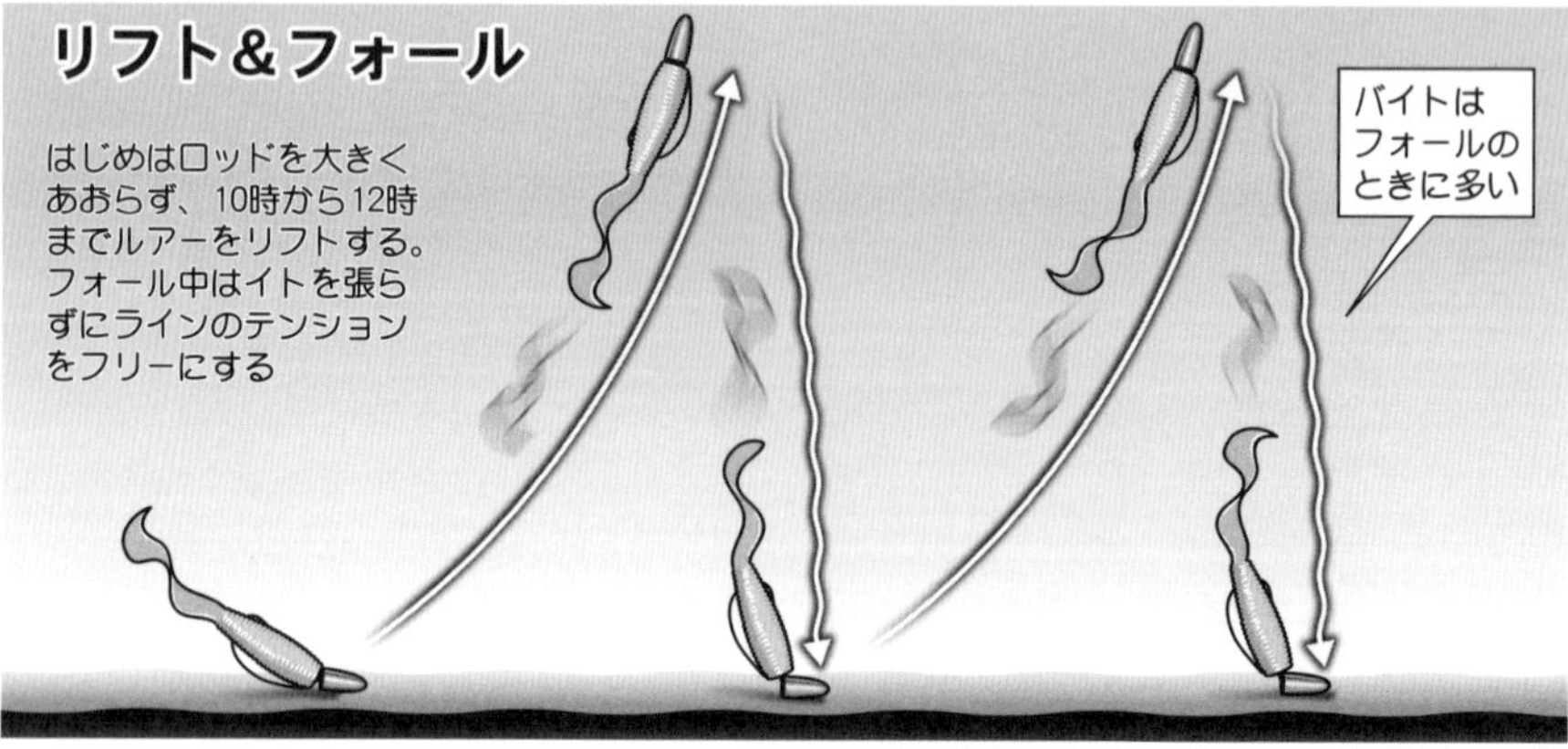
リフト&フォール
はじめはロッドを大きくあおらず、10時から12時までルアーをリフトする。フォール中はイトを張らずにラインのテンションをフリーにする
バイトはフォールのときに多い

させるときは、ロッドを煽《あお》るスピードをゆっくりにしないこと。ゆっくりだとルアーは跳ね上がらず、ボトムを這うズル引きアクションになってしまいます。バイブレーションやメタル系ルアーはトレブルフックが付いているため、ボトムに長く置いて横倒しになると根掛かってしまう恐れがあります。スピードをつけたリフトを心がけましょう。

　そしてフォール時は、水面に浮いているラインの動きを注視すること。ラインが水中に引きこまれていくのが止まったときが、ルアーが着底した合図です。前述したようなトレブルフック付きのルアーを使っている場合は、この合図を確認したら速やかに次のリフトに移ってください。

　また、フォール中の水面に浮いたラインの動きの変化でバイトが分かることもあります。スルスル引きこまれていたラインがスッと加速したり、逆に、止まるはずのないところでラインが引き込まれなくなったり。こうした変化を見て取ったら、素早くイトフケを巻き取り、ロッドに魚の反応が伝わってきたらしっかりアワセを入れましょう。

スピーディーにロッドを真上まで起こすことでルアーをボトムから跳ね上げる（※DVDではルアーをリフトした後、ロッド位置をキープしてカーブフォールさせる方法を紹介しています）

▼

アクション　ボトムバンピング

ワームリグの「王道」アクション

ウエイトのあるジグやワームリグをボトムで跳ねさせる

ワームリグの基本アクションがズル引きだとすれば、ワームリグを意識的に動かす王道アクションがボトムバンピング。比較的ウエイトのあるジグやワームリグなどをボトムで跳ねさせるアクションです。

ボトムバンピングは、リズミカルにボトムを跳ねさせることによって甲殻類（エビやザリガニ）が跳ねて逃げ惑う動きや、ベイトフィッシュがボトムをついばむ動きを演出します。ズル引きのようにボトムを引きずり続けないことで、ハードボトムなどでの根掛かりを大幅に減らす効果もあります。さらに、ウイードエリアや泥底などルアーが潜り込んでしまう場所では、ボトムバンピングによるルアーの跳ね上げによってアピールできるという利点もあります。

アクションの付け方は、リフト&フォールに近い感じですが、違うのはルアーがボトムに着底したら手首を使い、ルアーを跳ね上げることを意識して小刻みにロッドティップを「チョンチョン」と煽る点です。これをリズミカルに行ないます。

慣れてきたらアクションにメリハリを

最初はウエイトのある10g前後のル

ボトムバンピング

ワームリグをボトムで跳ねさせるテクニック。ロッドティップを使い、ルアーを「ポンポン」とホップさせる。必ず跳ねたあとのボトム着底を確認しながら次のホップ動作に入ること

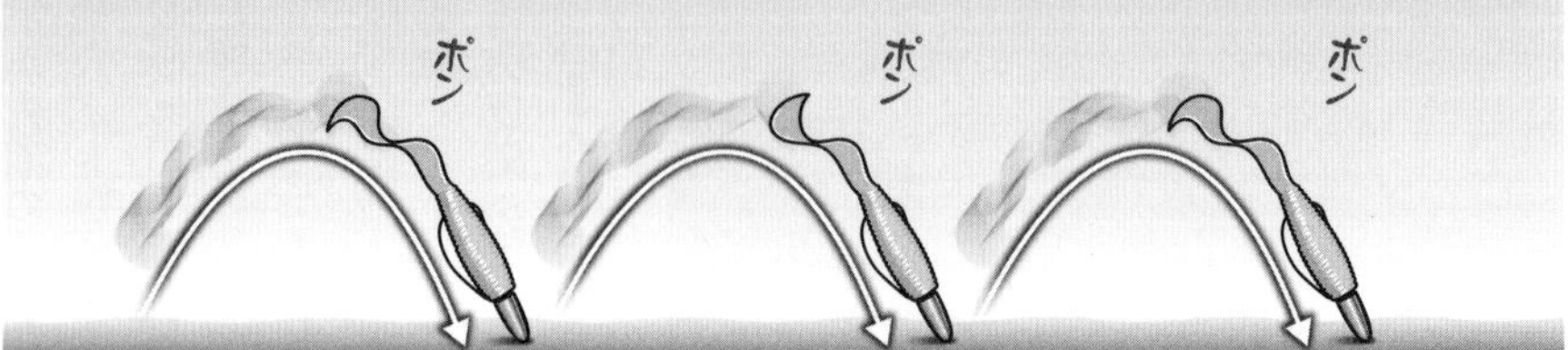

アーから始めましょう。軽いルアーでリズムよくロッドを煽ると、ルアーが沈み切る前に次の跳ね上げを行なうことになってしまい、ボトムを叩かなくなるからです。確実にルアーがボトムに着底したのを確認しながら次の跳ね上げを行なうことを意識するようにしましょう。

慣れてきたら単調に行なっていたボトムバンピングに変化をつけてアクションさせていきます。たとえば2回跳ね上げたあとにボトムでステイを入れたり、ズル引きから跳ね上げてみたりといった具合です。

ボトムバンピングもアクションのメリハリがとても大切です。このことを忘れないようにしましょう。

リフト＆フォールと似ているが、ルアーがボトムに着底したら手首を使い、ルアーを跳ね上げることを意識して小刻みにロッドティップを「チョンチョン」とあおる。この動作をリズミカルに行なう

アクション　シェイキング

リグを移動させず一点でバスを誘う

ワームリグやラバージグで多用

シェイキングとはルアーを小刻みに文字どおり振動させるアクションで、「ここぞ!」と思えるスポットで威力を発揮します。

リーリングやズル引きが広範囲に散ったバスを捜しながらバイトさせるアクションだとすれば、シェイキングは出来る限りリグを移動させずに一点でルアーを操作し、そこにいるであろうバスにバイトさせるための操作方法です。

シェイキングはハードベイトのようにリトリーブすれば自発的にアクションを起こすルアー用のアクションではなく、主にダウンショットやネコリグ、テキサスリグなどのボトムを中心に探る根掛かりしにくいワームリグや、ラバージグで多く使います。

手首だけで　ロッドティップを震わせる

アクションの付け方は、リグを出来る限り移動させずにワーム自体を動かすため、ラインは張らず緩めずのテンションを保ちながら、ロッドティップを手首だけで震わせるように行ないます。初めはロッドの角度を10〜11時に保ちながらシェイキング。風の強いときなどはロッドを寝かせてアクションさせます。

シェイキングは基本的に、バスのい

風が強いときはロッドを寝かせて操作する

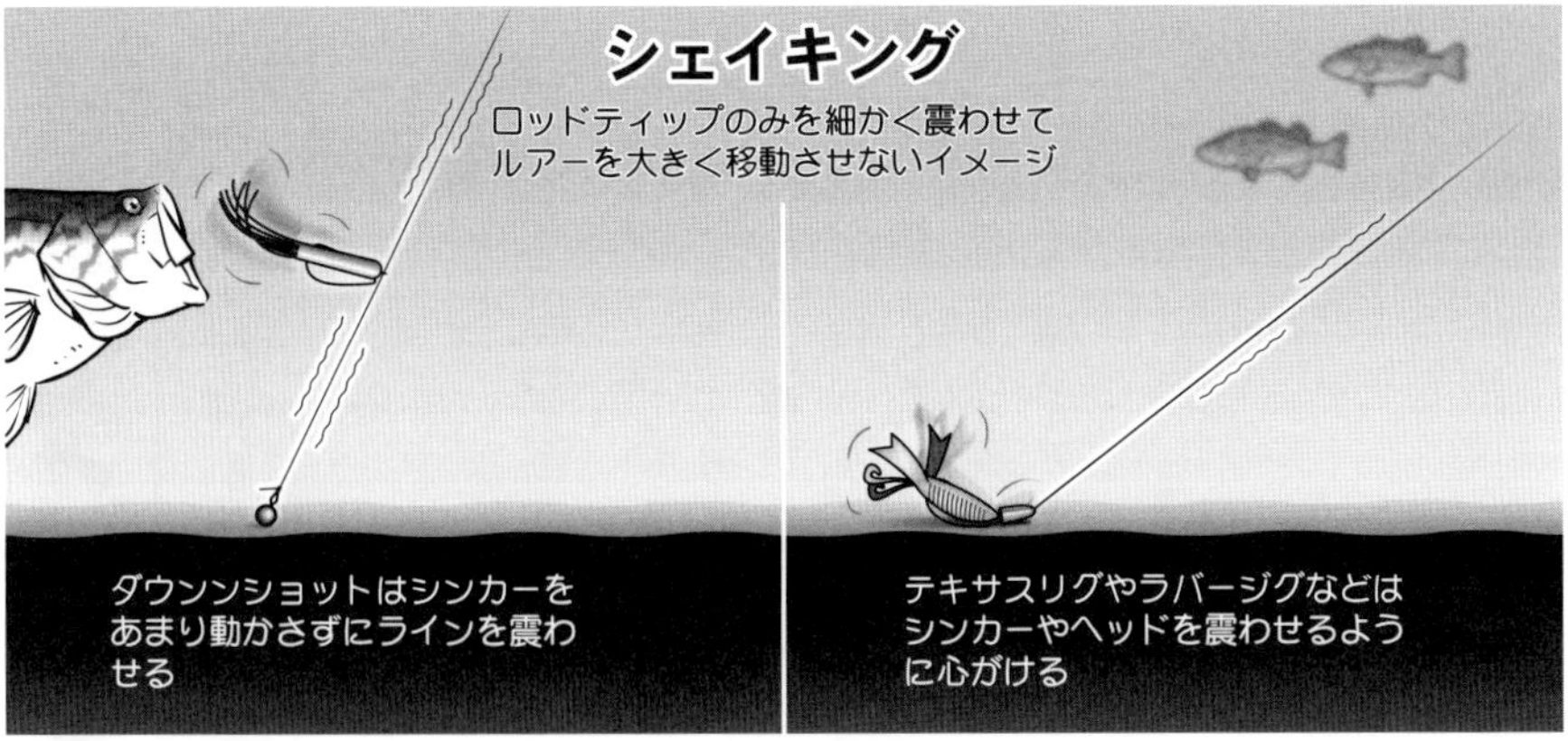
シェイキング
ロッドティップのみを細かく震わせて
ルアーを大きく移動させないイメージ
ダウンンショットはシンカーを
あまり動かさずにラインを震わ
せる
テキサスリグやラバージグなどは
シンカーやヘッドを震わせるよう
に心がける

るスポットが明確だったり、そのうえでバスの活性が低かったりするときに効果的とされています。ところが近年のバスは一点でのシェイキングを嫌う場合もあります。そこで「ここぞ!」というスポットでのシェイキングに反応がないときは、「リグを移動させながらのシェイキング」という複合アクションでバスを誘い出す方法もあることを覚えておきましょう。

張らず緩めずのラインテンションを保ちながら、ロッドティップを手首だけで震わせるように操作する

アタリとフッキング

バスがルアーに食ってきた信号をいかにして逃さず、合わせるか

最も多いのはロッドから伝わる反応

バスがルアーに食いついてきたときの反応をバイトやアタリと呼びます。これにはいくつかの種類があり、最も多いのがロッド（ロッドティップ）から伝わってくるバイトです。

ロッドに伝わるバイトのパターンはさまざまです。使うルアーやリグ、バスのコンディション次第でたくさんの反応がロッドを通して伝わってきます。バスの活性が高いときやリーリング主体のハードルアーを使っているときは、ロッド全体がグイッと持っていかれるようなバイトが出ることもあります。ワームリグやラバージグがメインの場合、ロッドティップだけに「クンッ」「コンッ」と軽い感触のバイトが出るときもあります。

ラインに出るバイトは違和感に注意

ラインだけに出るバイトもあります。これを察するには少し経験が必要ですが、注意しながらラインの動きを見ていれば分かります。弛んだフケのあるラインが急に「ピンッ」と張られたり、逆にテンションの掛かっているラインが着底でもないのに急にフケたりするバイトもあります。

少しでも「あれ?」と感じたら、バスからの反応と思うように心がけることです。

「バスからのバイトがあった、もしくはあったかもしれない」と感じたら、まずは聞きアワセという動作でバスがルアーをくわえているか確かめてみましょう。ロッドをゆっくりと立ててラインを軽く張ってみます。バスがルアーをくわえていればそこで「グイ」「クンクン」とロッドティップに動きが出ます。あわてずゆっくりとバスかそうで

ベイトタックルでのフッキング例。リールを胸元に引き寄せ、ロッドを大きくしならせる。腕だけや手首だけでのフッキングはバラシの元

はないのかを判断し、それからフッキングを行ないます。

基本のフッキング動作は2種類

バイトを感じたらフックをバスの硬い口にしっかりと掛けなければいけません。これをフッキングまたはアワセと呼びます。フッキングをきちんと行なわないと、バスとのやり取りの途中で簡単にフックが外れバスを逃してしまいます。

ハードルアーを使ったリーリング主体の釣りでは、リールを巻き続けることでバスの口にフックが軽く半掛かりするバイトがあります。これを向こうアワセといい、間髪入れずにロッドをあおるようにして完全にフッキングさせればOKです。

少しコツがいるのがワームリグのフッキングです。アワセを行なうタイミングが重要だからです。

バイトがあったとき、早くフッキン

実戦でのフッキングシーン。どのシチュエーションでも、前頁と同様にリールを胸元に引き寄せ、ややのけ反り気味にロッドを大きくしならせて合わせている点に注目

グすると口からルアーがすっぽ抜けたり、逆に遅すぎると飲み込まれてバスに大きなダメージを与えたりしかねません。もちろん状況によってはバイト直後にフッキングする場合や、数秒待ってからフッキングすることもあります。

まず基本のフッキング動作をマスターしましょう。ワームリグのフッキングも大きく分けて2種類あります。瞬発的に力強くシャープに行なうフッキングと、スイープフッキングです。

前者はベイトタックルを主体とした、比較的パワーのあるロッドに太いラインを用いたタックルでのフッキングです。ロッド全体のパワーと反発力を利用して、バイト後、体を少しのけぞるようにロッドを後方へ大きく煽ります。このときのコツは、下半身を動かさず、リールを胸元に引き寄せ、ロッドを大きくしならせることです。腕だけや手首だけでのフッキングはしないように注意しましょう。

スイープフッキングは、主にスピニングタックルのようなパワーを抑えたロッドや、細いラインでライトリグを操作するタックルで行ないます。瞬発的に強くフッキングを行なうとラインブレイクを起こしてしまうため、ロッド全体を使って煽る距離を長くゆっくり取ります。「グイー」というイメージでフッキングするのがコツです。

シャープなフッキングが瞬発的なアワセでバスの口にフックを貫通させるのに対して、スイープフッキングはジワーッと長いストロークの中で貫通させます。バスをロッドにゆっくりぶら下げるようなイメージです。

フッキングをしっかりと決めてバイトしてきたバスを確実にものにしよう

One Point

最初に覚えるノットは２つ。ルアーとラインはクリンチノットかユニノットで結ぼう

クリンチノット

①

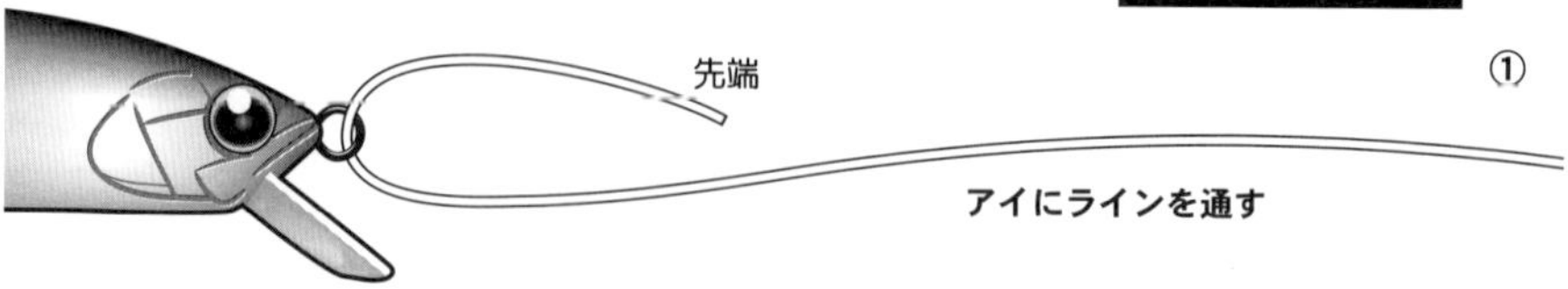

アイにラインを通す

②

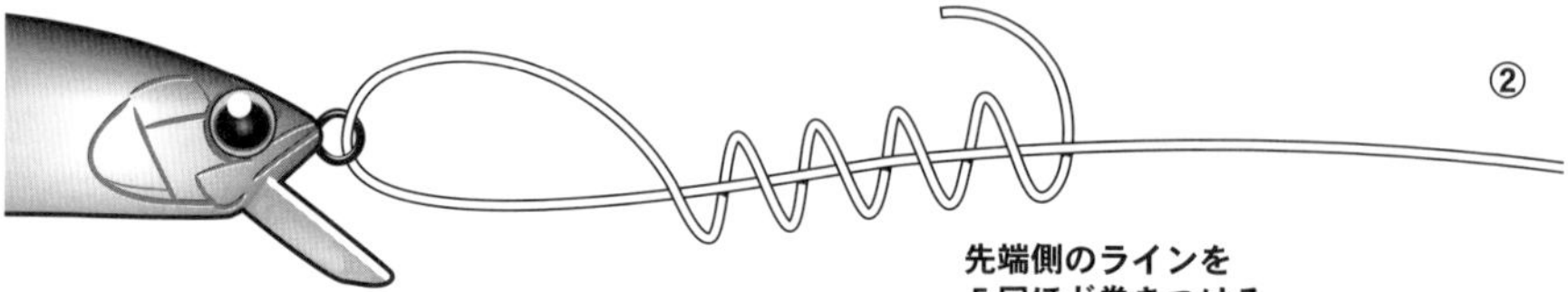

先端側のラインを
５回ほど巻きつける

③

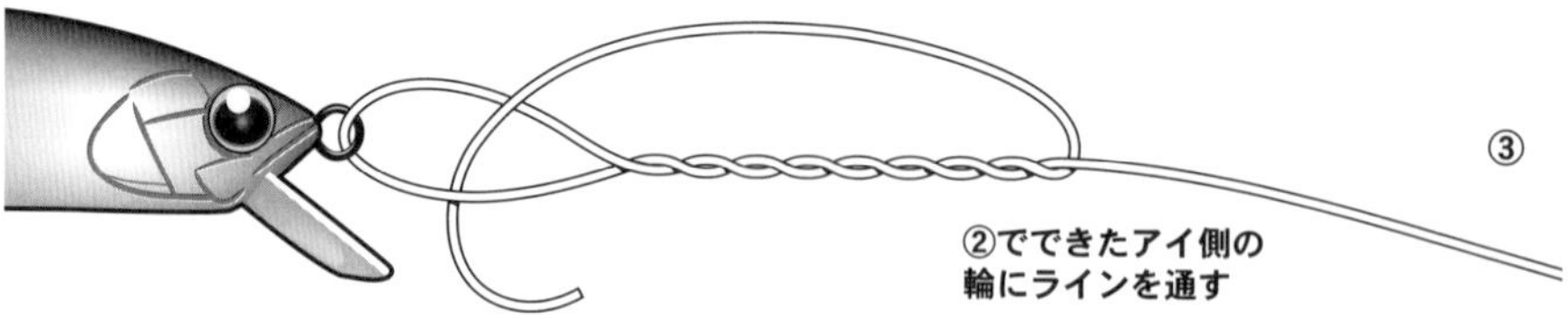

②でできたアイ側の
輪にラインを通す

④

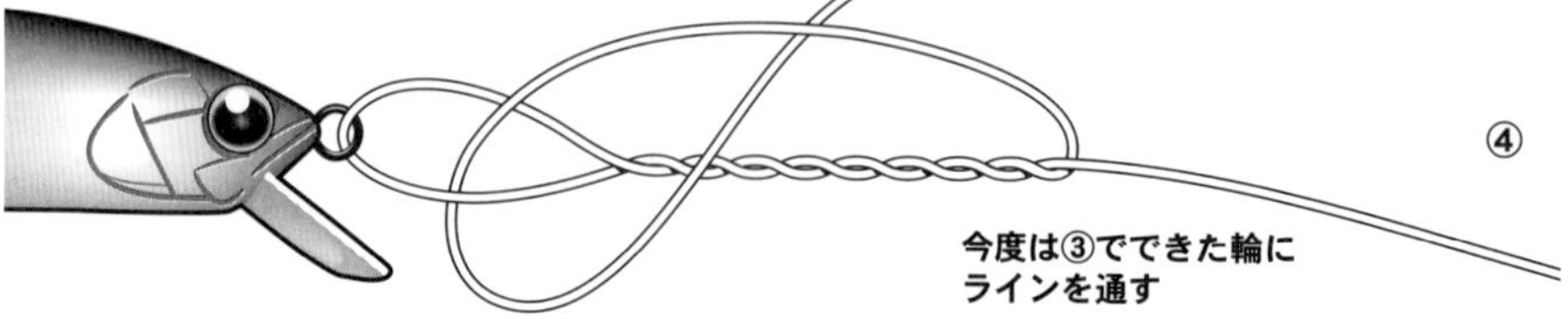

今度は③でできた輪に
ラインを通す

⑤

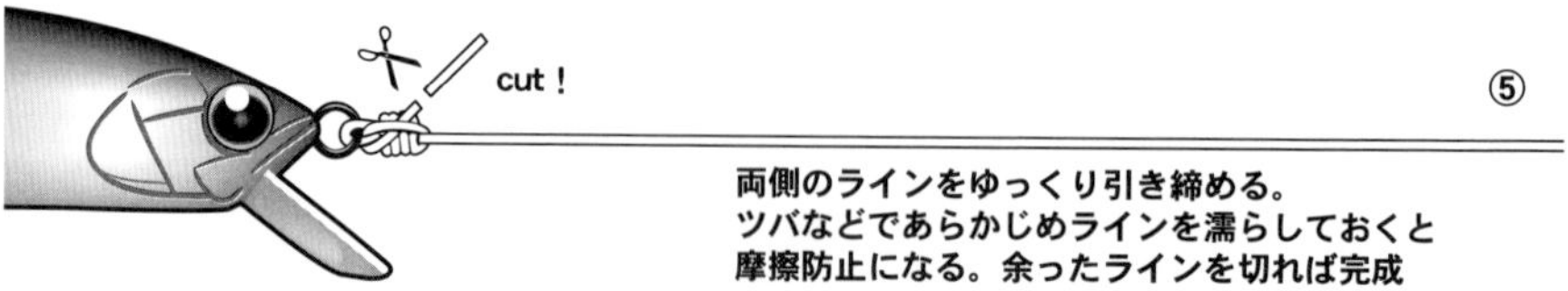

両側のラインをゆっくり引き締める。
ツバなどであらかじめラインを濡らしておくと
摩擦防止になる。余ったラインを切れば完成

アイとラインの太さの差が大きな場合は、ユニノットがよりおすすめだ

ユニノット

①

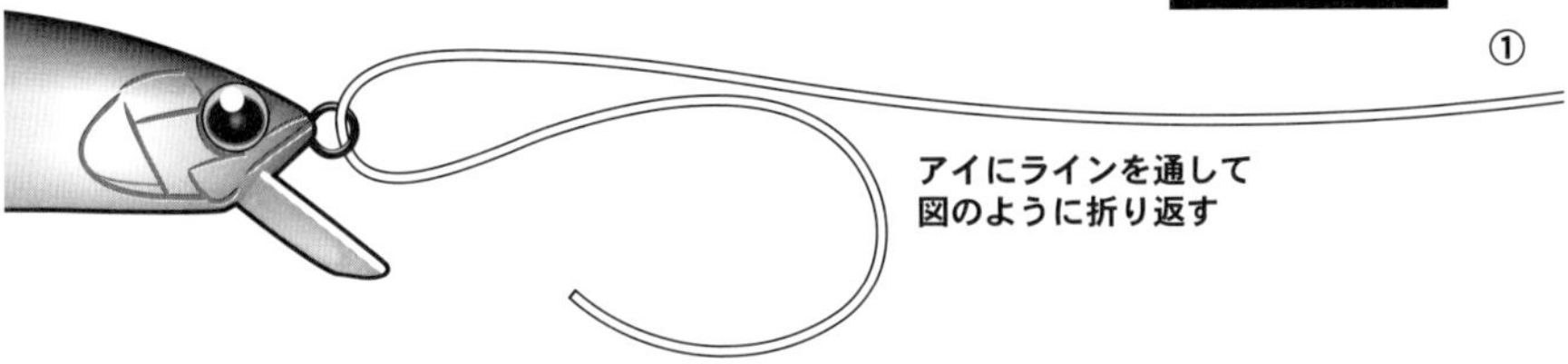

アイにラインを通して
図のように折り返す

②

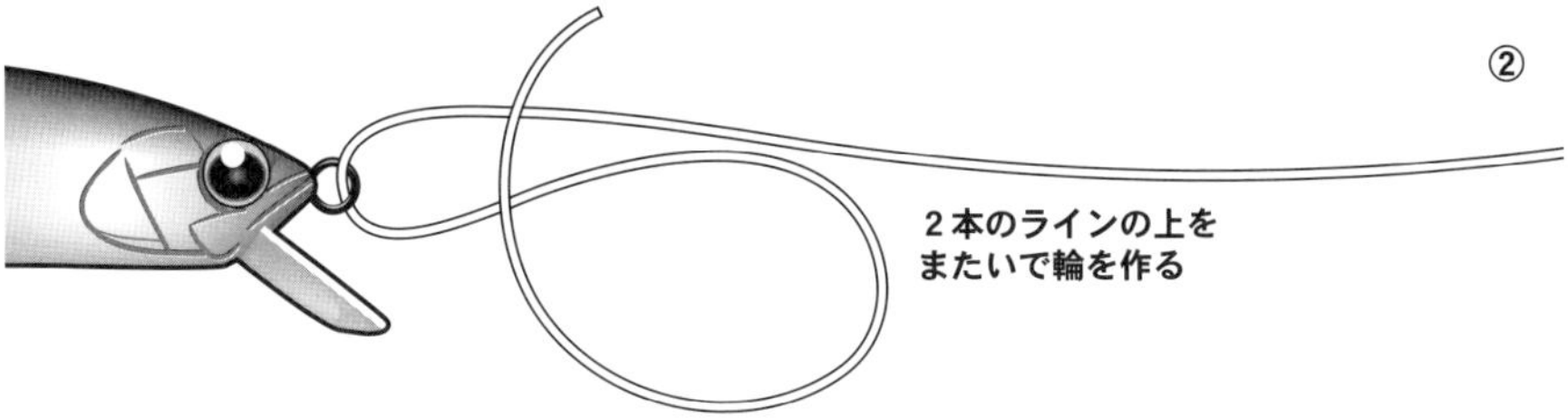

2本のラインの上を
またいで輪を作る

③

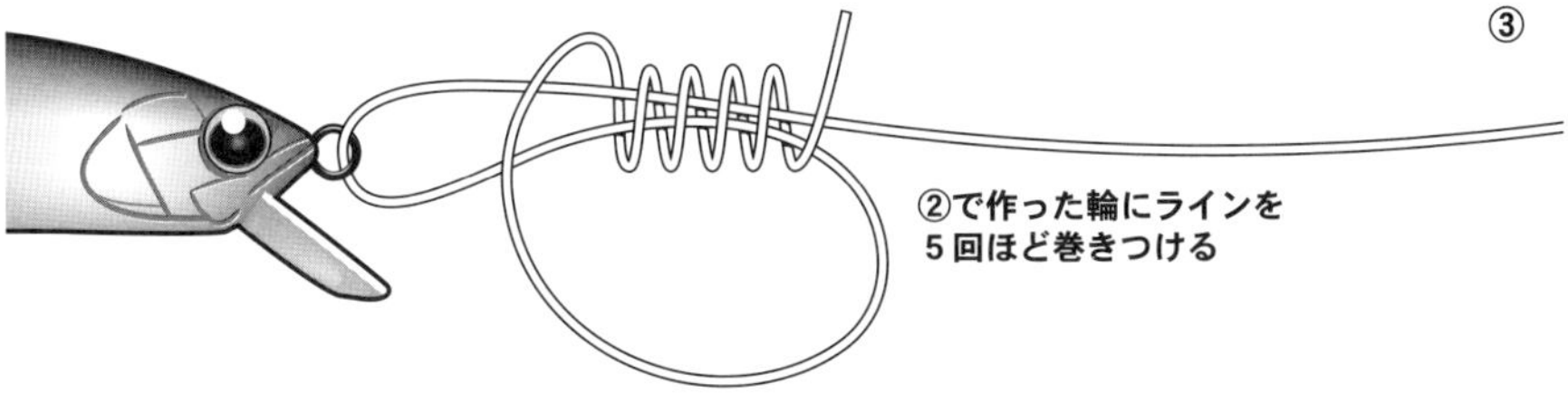

②で作った輪にラインを
5回ほど巻きつける

④

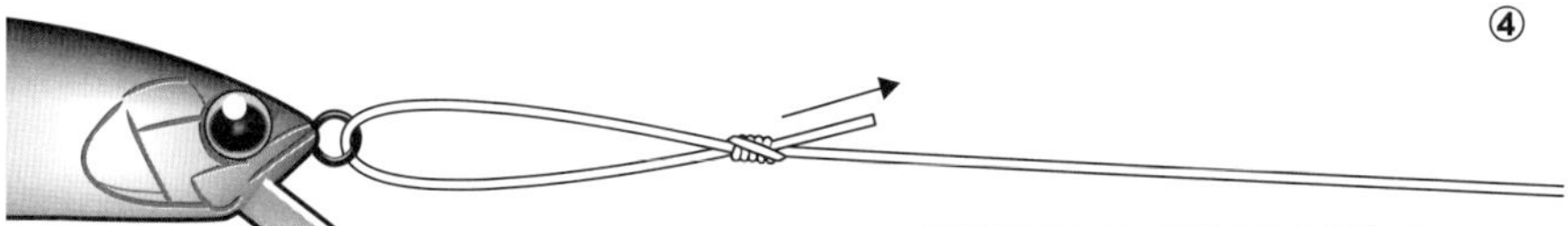

先端側のラインを軽く引き締めて
結び目を作る

⑤

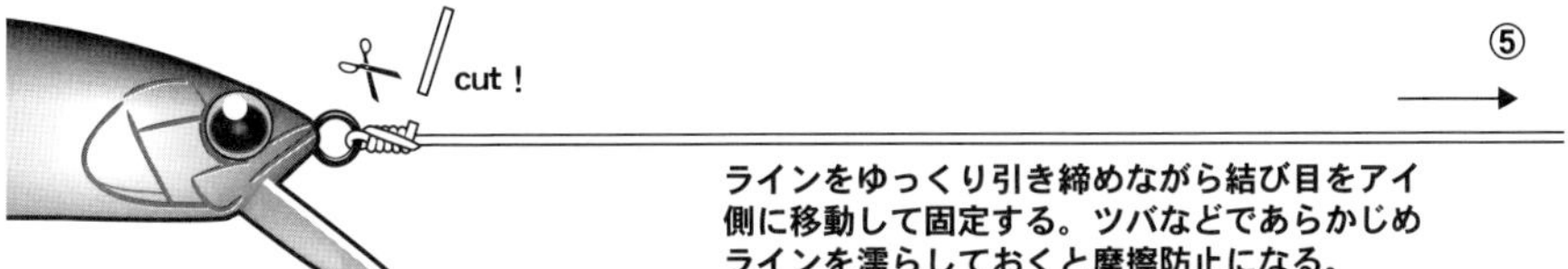

ラインをゆっくり引き締めながら結び目をアイ
側に移動して固定する。ツバなどであらかじめ
ラインを濡らしておくと摩擦防止になる。
余ったラインを切れば完成

電車結び

リールの下巻きとラインを結ぶときや、フィールドで応急的に
ライン同士を結ぶ必要があるときに便利なノット

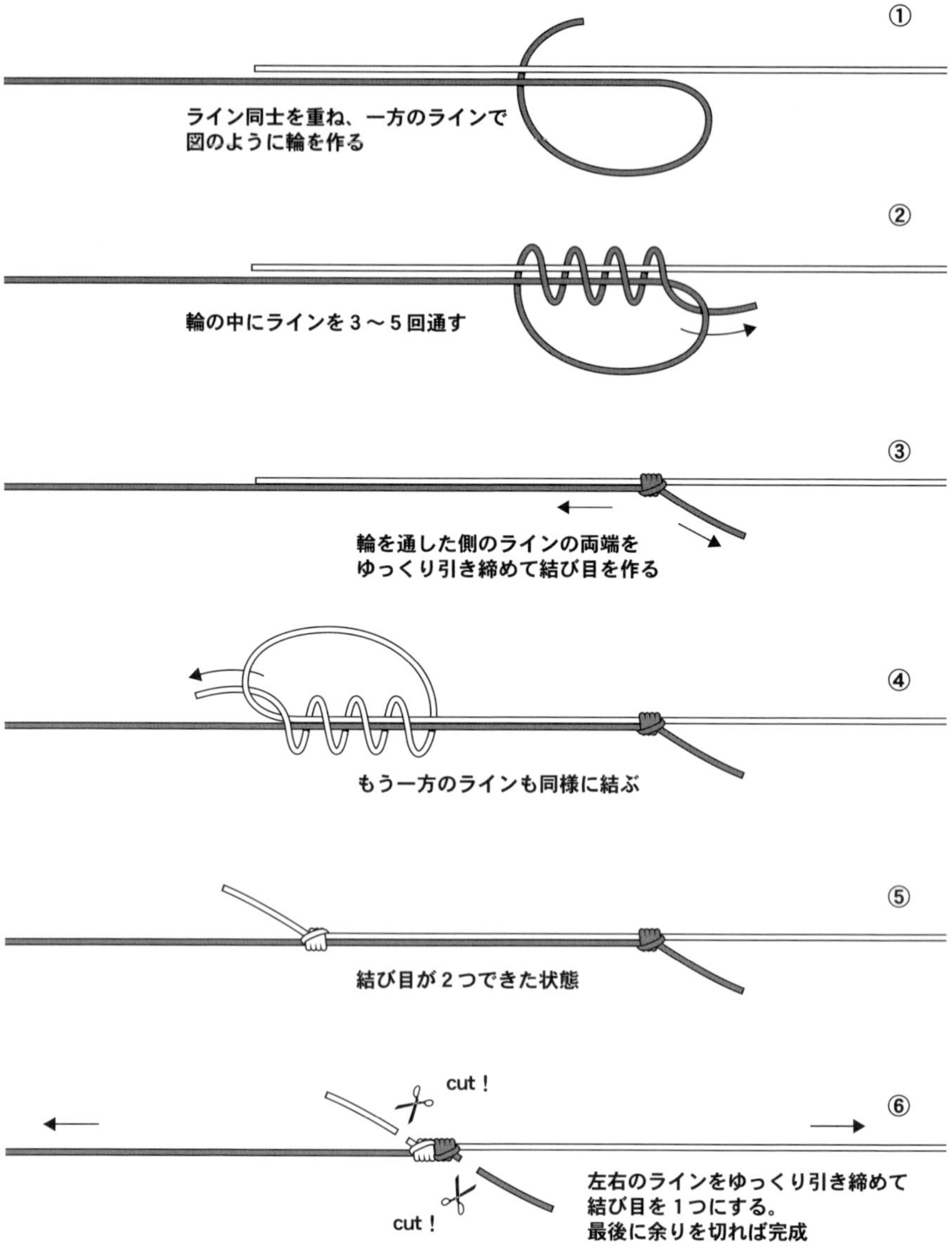
①
ライン同士を重ね、一方のラインで
図のように輪を作る
②
輪の中にラインを３～５回通す
③
輪を通した側のラインの両端を
ゆっくり引き締めて結び目を作る
④
もう一方のラインも同様に結ぶ
⑤
結び目が２つできた状態
⑥
cut！
cut！
左右のラインをゆっくり引き締めて
結び目を１つにする。
最後に余りを切れば完成

5章

マストのルアー&リグとアクション

シーズンを通してバス釣りを楽しむうえで、
基本となるルアーのタイプとリグを紹介しよう。
数え切れないほどたくさんあるように見えるルアーも、
それぞれの特徴と有効な使い方を理解することで、
どのルアーを持参すべきか、またフィールドでも
何をキャストすべきかが分かってくるはずだ。

ペンシルベイト

トップウォーターの基本的な存在

光の少ない条件下で活性の高いバスに

トップウォータールアーは、文字どおり水面で操作するルアーのことです。水面を割ってルアーに派手に飛びつくバスのアタックは、この釣りの醍醐味の1つ。操作するルアーを目で見られる楽しみもあり、トップウォーター専門でバス釣りを楽しんでいるアングラーもいるほどです。

しかし、このルアーは使うタイミングが限定されてしまう面があります。朝夕や光の弱い曇り空、雨の日などが基本的な使用条件で、バスがベイトフィッシュを追いかけているなど、活性が高い季節に面白いゲームです。

トップウォータールアーはいくつかのタイプに分かれますが、基本となるのがこのペンシルベイト。水面で派手に演出できる他のタイプに比べると一番おとなしく見えてしまいますが、右へ左へ首を振りながら水面を滑り泳ぐさまは、まさに「泳ぐ小魚」。アングラー次第でさまざまな演出方法を生み出すことの出来る一番ベイトフィッシュライクなルアーです。

2種類のアクションと姿勢

ペンシルベイトには、大別するとそれぞれ2種類のアクション（＝動き。ウォーキング・ザ・ドッグとスキーイング）と、浮く姿勢（垂直タイプと斜めタイプ）があります。

ウォーキング・ザ・ドッグとは字のごとく、散歩中の犬が道を右へ左へとジグザグに進むように、ペンシルベイトの首を左右に振らせること。スキーイングも左右への動きはウォーキング・

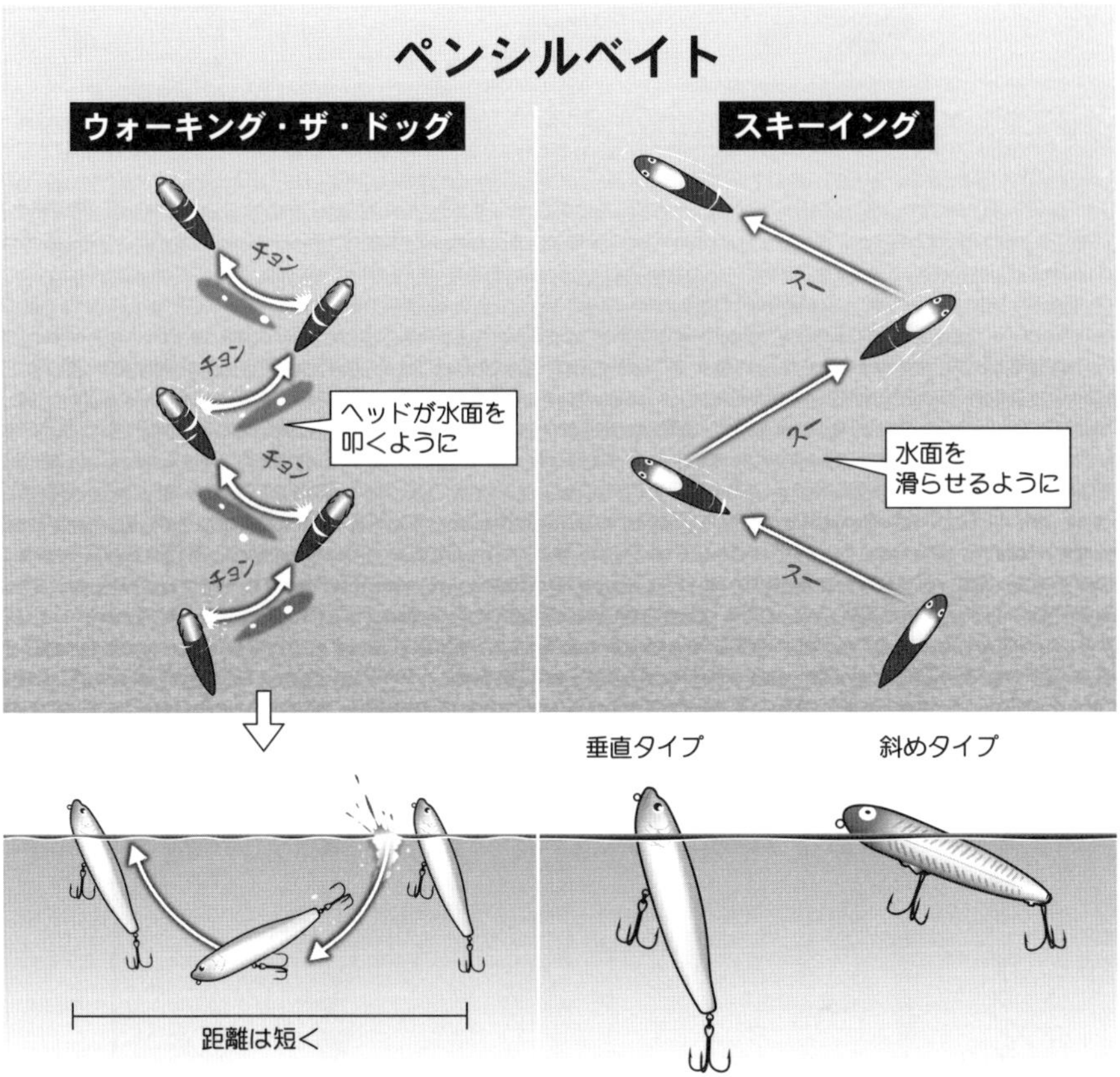

ザ・ドッグといっしょですが、1回1回のスライド幅が広く、水面を滑るようなアクションをこのように呼びます。

　これら2つのアクションは、ペンシルベイトの浮き姿勢に大きく影響されます。浮き姿勢が垂直のタイプはウォーキング・ザ・ドッグ向き。断続的にトゥイッチして、やわらかい水しぶきを上げながら細かく首を振るようにアクションさせるのがコツです。

　斜めに浮くタイプはスキーイングを得意とします。浮く姿勢上、水面を滑らせることがビギナーでも簡単に出来ます。手首でルアーを引く感じで、ペンシルが水面を左右どちらでも滑り出したら引くのを止め、惰性でルアーを滑らせる。これを繰り返すだけです。

　トップウォーター全般にいえることですが、ルアーの動きを目で確認しながら操作に強弱をつけて、さまざまなアクションを生み出していくのも楽しみの1つです。

ポッパー
トップウォーターの人気者

ポップ音と泡のイメージ次第で使い方が変わる

口を大きくパカッと開いた風貌《ふうぼう》から「かわいい!」と、ビジュアル先行で好きになるアングラーも多いのでしょうか。ポッパーは、トップウォーターの中でも一、二の人気を争うルアーです。操作が簡単なこともありますが、大きな口から発生する「ポコッ」というポップ音、やわらかい水しぶきや泡など、ルアーを操作している感覚に楽しさが感じられることも人気を集める要因でしょう。

　ポッパーで大事なのは、ポップ音と水しぶきと泡。これらをどのようにイメージするかで使い方は変わってきます。「水面に落ちた虫?!」「他のバスの捕食音をイメージしたポップ音?!」。水面に落ちた虫をイメージするのなら、アクションは手首をチョンと軽く返すゆっくりテンポ。ポップ音をやわらかく、できるだけポッパーの移動範囲を大きくしないことがコツになります。「チョポ」「ポコ」的なポップ音です。

　他のバスの捕食音をイメージする場合は、手首の返しを強く、グイと返す少し早いテンポにします。「ボコ!」「ボワ!」的なポップ音です。

　アングラーの手首の返しの強弱に

ポッパーは使っているだけでも楽しいルアー

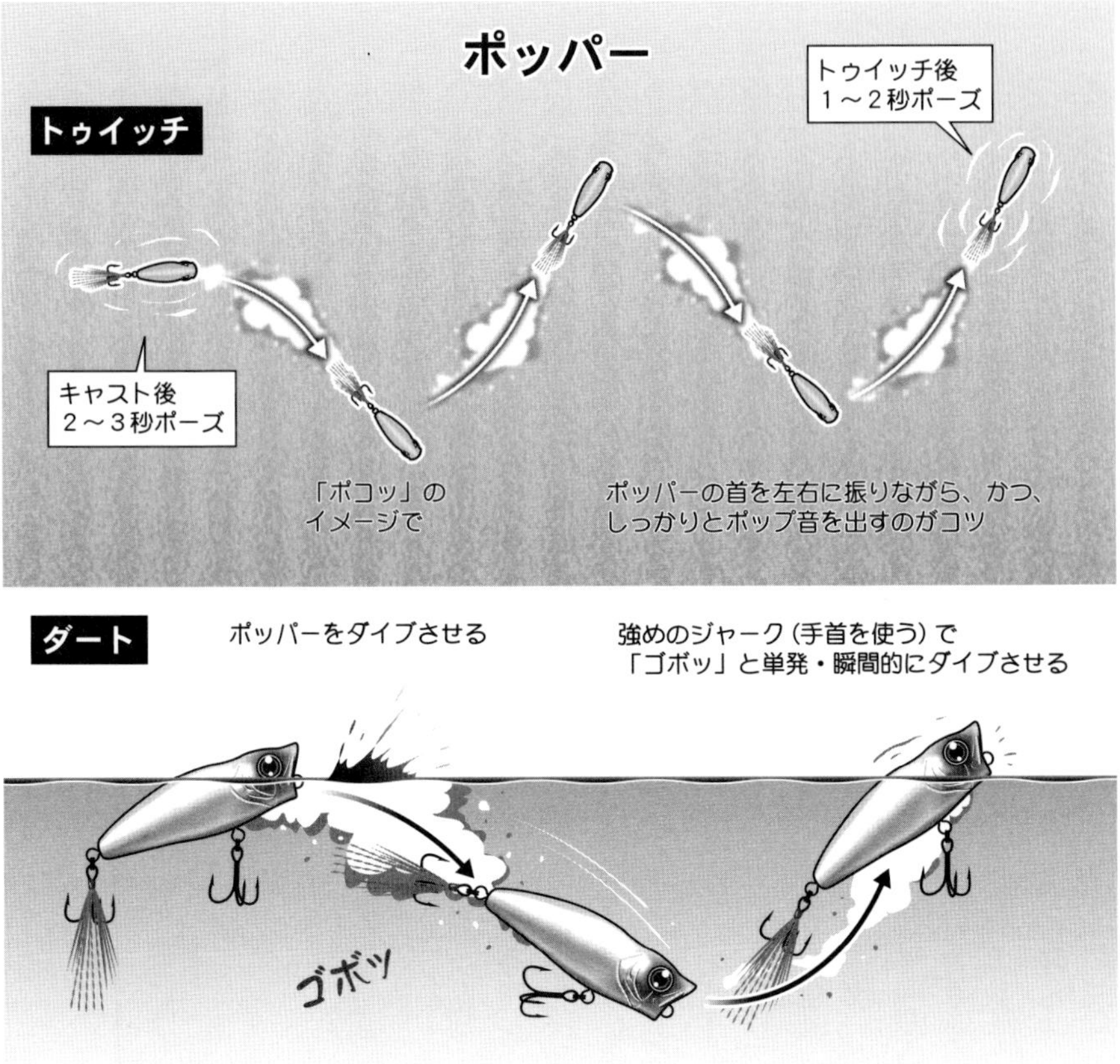
ポッパー
トゥイッチ
トゥイッチ後
1～2秒ポーズ
キャスト後
2～3秒ポーズ
「ポコッ」の
イメージで
ポッパーの首を左右に振りながら、かつ、
しっかりとポップ音を出すのがコツ
ダート
ポッパーをダイブさせる
強めのジャーク（手首を使う）で
「ゴボッ」と単発・瞬間的にダイブさせる
ゴボッ

よってさまざまなポップ音を作り出し、使う場所やイメージ次第で虫や小魚、バスの捕食音まで表現できる。これがポッパーというルアーの特徴です。

「ポーズ」を忘れずに

操作でもう1つ大事なのが、メリハリをつけたアクション。断続的にポップした後の「ポーズ（止める）」が、ポッパーで釣るための基本です。

ポッパーにはリアフックにフェザー（羽毛）が付いている製品が多くあります。その理由はさまざまですが、主にアピールのためとか、アクション後のポーズ時にバスがバイトするマーカーなどとされています。

トップウォーターゲームは、ルアーの動きが見える釣り。特にポッパーは、使いやすさとポップ音が操作する楽しさを倍増させてくれます。でも、きちんとポーズを入れることも頭に入れて置いてください。

スイッシャー

金属のプロペラ効果でバスを誘う

シングル?それともダブル?

水を受けて金属のプロペラが回るその音と、プロペラから発する水しぶきでバスを水面に誘い出す単純明快なルアー。ビギナーでも分かりやすいトップウォーターが、スイッシャーです。

単純なだけにビギナーにおすすめともいえますが、「ただ引いてるだけ」感や「見た目のアクション」が単調なので、だんだん飽きてしまったり、使いどころが分からずにボックスの中で眠らせてしまうアングラーも多いようです。

スイッシャーには、ボディーの後ろだけにプロペラが付く「シングルスイッシャー」と、ボディーの前後に付く「ダブルスイッシャー」の2種類があります。

このプロペラ、数が多い少ないだけではなく、それぞれに特徴や使いどころがあります。

繰り返しますが、スイッシャーの特徴は金属音と水しぶきです。アクションはリーリングだけですが、このリーリングに強弱のメリハリを付けることで金属サウンドの音色を変化させ、バスを水面に誘い出します。ゆっくり巻けば「シャラシャラ」、速く巻けば「ジャー」的なイメージです。

アクションは
ステディーリトリーブと
ストップ&ゴーが基本

スイッシャーのアクションの付け方は、一定リトリーブとメリハリをつけたストップ&ゴーが基本です。

・シングルスイッシャー

ただ巻きが基本ですが、ペンシルベイト的な首振りも得意。トップウォー

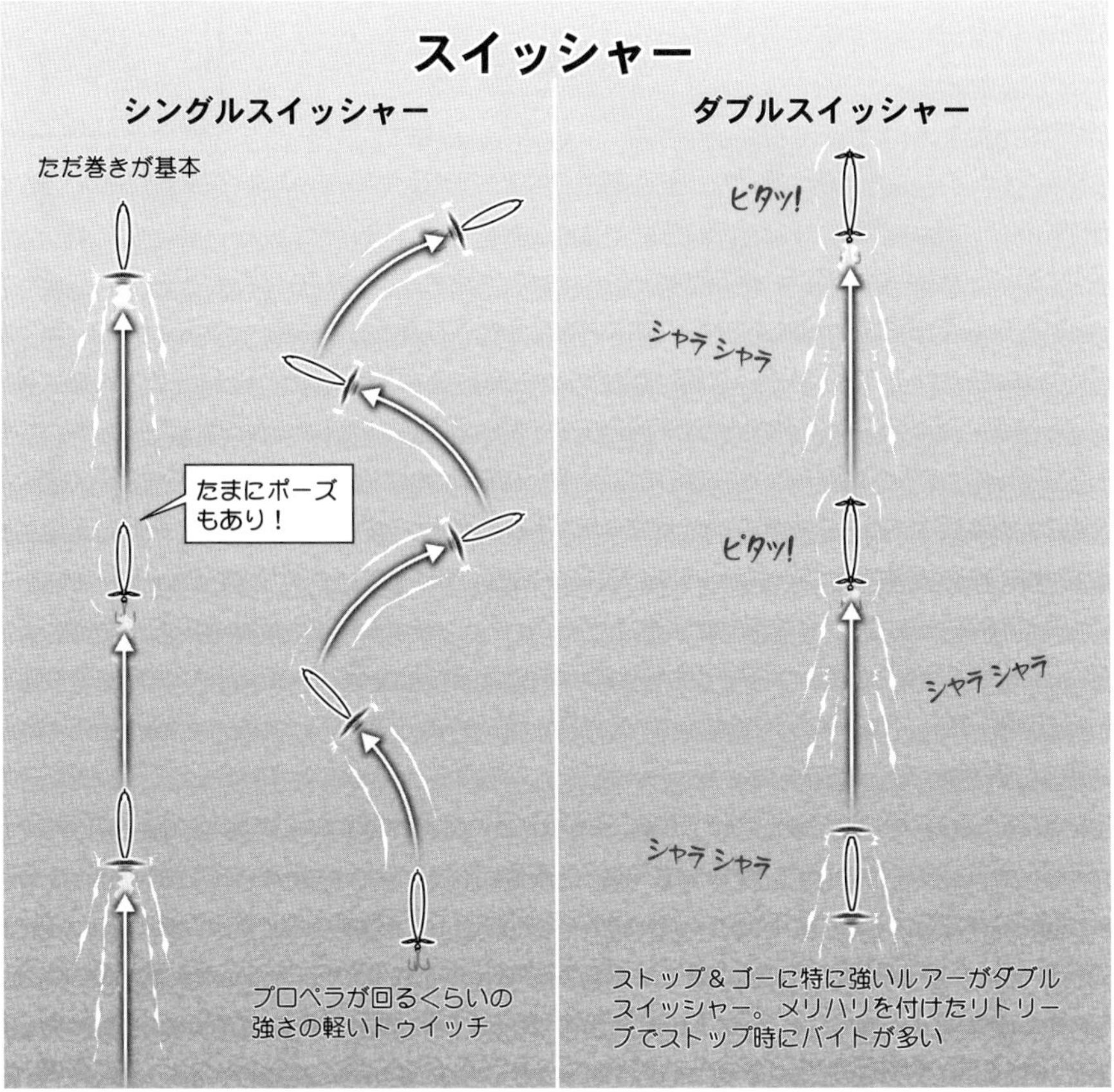
スイッシャー
シングルスイッシャー
ただ巻きが基本
たまにポーズもあり！
プロペラが回るくらいの強さの軽いトゥイッチ
ダブルスイッシャー
ピタッ!
シャラ シャラ
ピタッ!
シャラ シャラ
シャラ シャラ
ストップ＆ゴーに特に強いルアーがダブルスイッシャー。メリハリを付けたリトリーブでストップ時にバイトが多い

スイッシャーはルアーを目で追いながらリトリーブできる

ター系のルアーが苦手な波立つ水面時にも、金属音と水しぶきで大きくアピールしやすいタイプです。

・ダブルスイッシャー

主にストップ＆ゴー・リトリーブで使用。前後のプロペラが水流を相殺して細かい波動を作り出すため、波立つ湖面ではペラが飛び出しやすい。穏やかな湖面や静かな朝方、ゆっくり丁寧にリトリーブすると効果的。

また、裏技として、虫をイメージした超スローリトリーブで、ペラがカチャカチャとゆっくり回るアクションも効果があります。

ノイジー

個性際立つ騒がし系トップウォーター

水をつかむアクション

近年のノイジー系ルアーには、「この形が基本」という法則がなくなっています。それほどまでに、トップウォーターを専門に行なっているアングラーの製作した個性豊かなノイジーが数多く存在しているのです。

それでも、古くから親しまれているノイジーももちろんあります。今回は、翼のような金属の羽（ウイング）を持つ定番的なノイジー、「クレイジークローラー」を例にとってみましょう。

ウイングが水を大きくかき回すそのアクションは、使っていてとても楽しいものです。

しかも、使い方は簡単。スローリトリーブで、しっかりと水をつかむアクションが基本となります。水泳のクロールを思わせる、かわいらしいばたつきアクションは、見ていてクセになる面白さ。そしてこの大きな波動がバスへの強烈なアピールとなり、まるでバスが怒っているかのような激しいバイトが出ます。

定番のムシパターンと理外の魔力

もう1つのアクションとして、ウイングにしっかりと水をつかませて小刻みにシェイクし、移動距離を抑えて水面に細かい波紋を広げる操作方法があります。これによって水面でもがくセミなどの虫を演出するのも、このルアーの得意技です。またこのとき、アングラーには聞こえにくいですが、ウイングが発する小さな金属音もバスの興味を惹《ひ》いているはずです。

さらにノイジーは、基本的なトップ

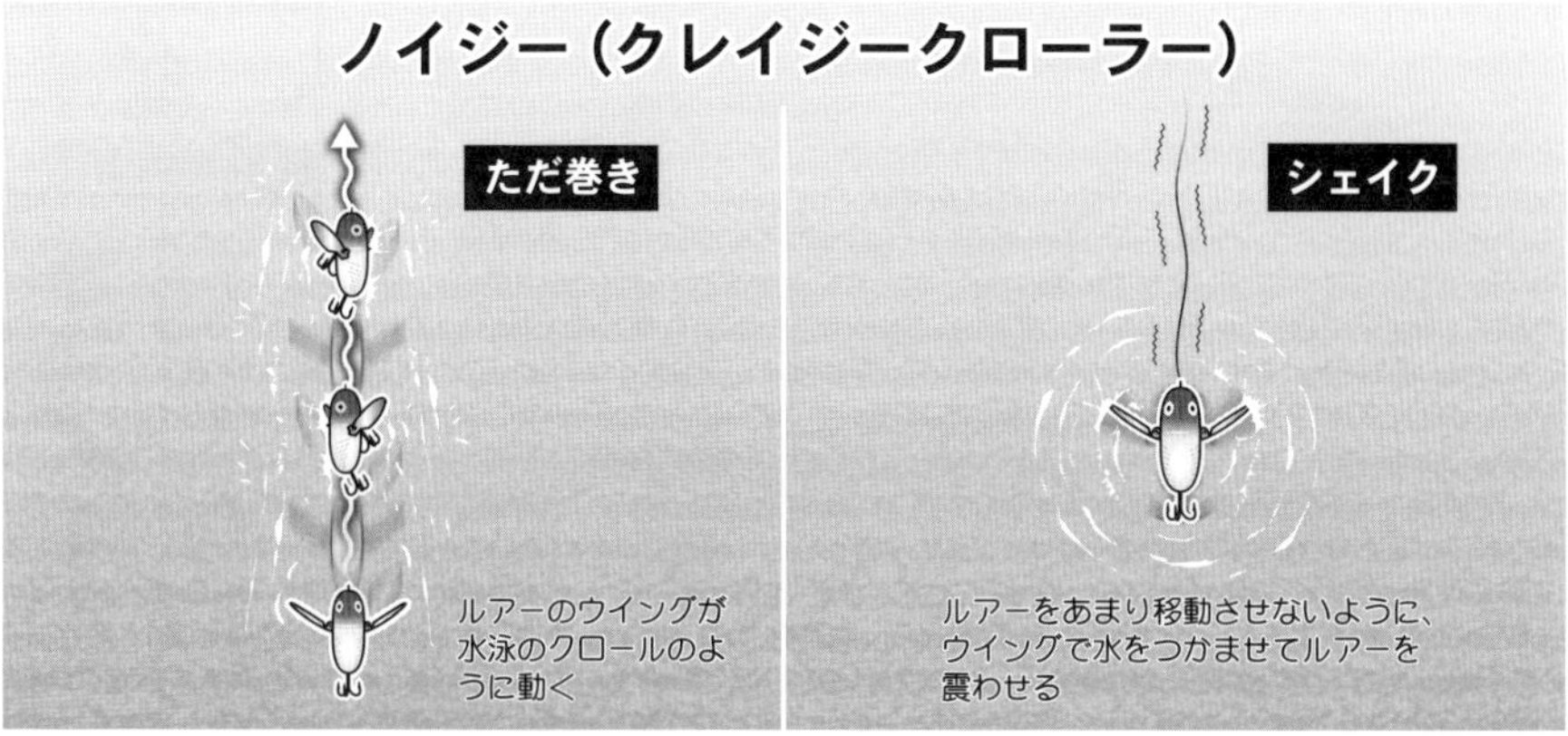
ノイジー（クレイジークローラー）
ただ巻き
ルアーのウイングが水泳のクロールのように動く
シェイク
ルアーをあまり移動させないように、ウイングで水をつかませてルアーを震わせる

ウォーターの季節や枠を越えて、理解不能なタイミングでもバスに水面を割らせる魔力も持っています。そういうルアーであることも、頭の片隅に留めておいてください。

水面に張り出した樹木の下は、まさにノイジーのシチュエーション

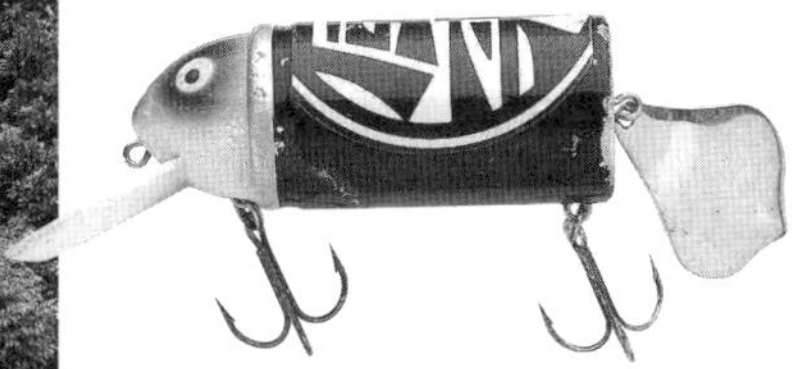
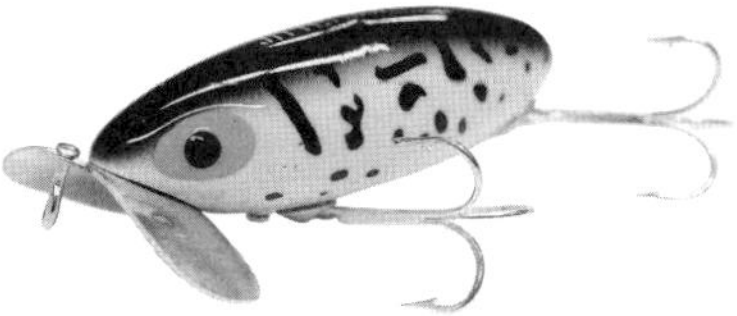
ノイジーのバリエーションは幅広い。上＝ビッグバド、下＝ジッターバグ

ミノー

フィッシュイーターを魅了

サイズ・リップ・浮力をチェック

　バスの代表的なエサはといえば、すぐ思いつくのが小魚とエビ類。中でも見た目が小魚そっくりなミノーは、ビギナーがもっとも投げていて安心できるルアーなのではないでしょうか。

　ひと口にミノーといっても、大小さまざまなサイズやリップの角度、浮力の違いがあります。まずサイズを選ぶ基準ですが、基本は自分が行くフィールドに生息するベイトフィッシュを参考に、それよりも少し大きめか小さめを選択すること。ドンピシャなサイズを選びがちですが、あえてそうしないことで多数のベイトフィッシュとの違いをアピールしてバイトを誘います。

　次にミノー選びで注意しなければいけないのは、リップの角度と浮力です。リップの角度はボディーに対して開くほどウォブリングが強くなる傾向があり、操作的にはトゥイッチングに向くようになります。反対にボディーとリップの角度が狭くなるほどローリングが強調され、そうしたミノーにはジャーキングやストレートリトリーブを得意とするものが多く含まれます。

　このリップ角度は目で見て分かりますが、浮力についてはパッケージ等をしっかり確認して目的のタイプを選ぶことが大切です。

ミノーは魚食魚のバスに対して最大公約数的ともいえるルアーのカテゴリーだ

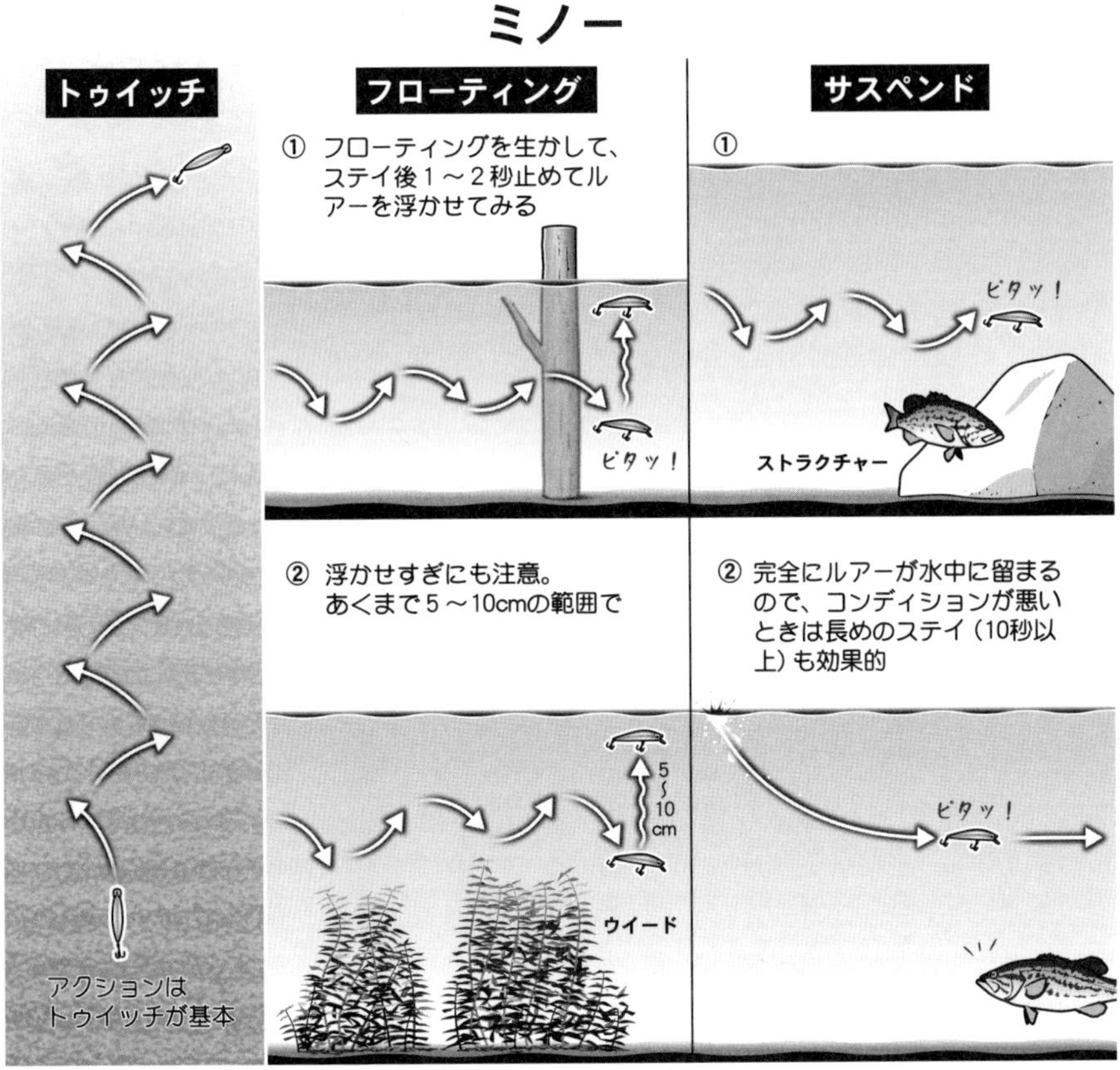
ミノー
トゥイッチ
アクションは
トゥイッチが基本
フローティング
① フローティングを生かして、ステイ後1～2秒止めてルアーを浮かせてみる
ピタッ！
② 浮かせすぎにも注意。あくまで5～10cmの範囲で
5～10cm
ウイード
サスペンド
①
ピタッ！
ストラクチャー
② 完全にルアーが水中に留まるので、コンディションが悪いときは長めのステイ（10秒以上）も効果的
ピタッ！

高活性時はフローティング、低活性時はサスペンドタイプが有効

ミノーの浮力は次の3タイプです。

・フローティングタイプ
・サスペンドタイプ
・シンキングタイプ

バスフィッシングでは、フローティングとサスペンドタイプの2種類が多くラインナップされています。両者の違いは、ミノーを水中で止めたときに浮くか、静止状態になるか。使い分けの基本は、シーズン真っ只中のバスの活性が高い6～10月はフローティングタイプを、寒い季節やバスが活動しにくいタイミングではサスペンドタイプを使ってバイトをしやすくします。

トゥイッチやジャーク、ストップ＆ゴーが基本のアクションとなります。

逃げ惑う小魚や弱った小魚をしっかりとイメージして、時にはメリハリを付けるのがコツです。

シャッド
ビギナーにも使いやすい万能タイプ

冬～春先の定番ルアー

小魚をイミテートしたミノーや、丸っこいクランクベイトの中間的な位置づけとなるのがシャッドタイプです。

　アクションそのものはタイトウォブリング、小刻みなアクションです。そして、基本的にサイズ、手返しの早さ、フィールドを選ばない万能タイプなので、ビギナーにも使いやすいルアーです。

　しかし、近年は1年を通しての出番は少なくなりつつあります。シャッドそのもののアクションが冬～春先のなかなか口を使わない低活性のバスに対してとりわけ有効なため、その時期の定番ルアーとなっているからです。

　低活性時期のアクションとしては、

・スローにリトリーブをして、活性の低いバスがルアーを追跡しやすくするアクション。

・ボトムノック後のステイ（2～3秒）。

　この2種類のアクションで厳寒期の最終兵器的な存在となっています。

シャッドは冬の定番ルアーの一つ。それ以上にフィールドを選ばない万能タイプでもある

シャッド

スローリトリーブ

一定のスピードで、ルアーの振動をロッドティップで感じながら

ボトムノック後のステイ

しっかりとルアーをボトムまで潜らせ、ルアーが何かに当たったら２～３秒ステイ

トゥイッチ

ロッドティップを細かく振りながら、２回トゥイッチ・１～２秒ステイが基本

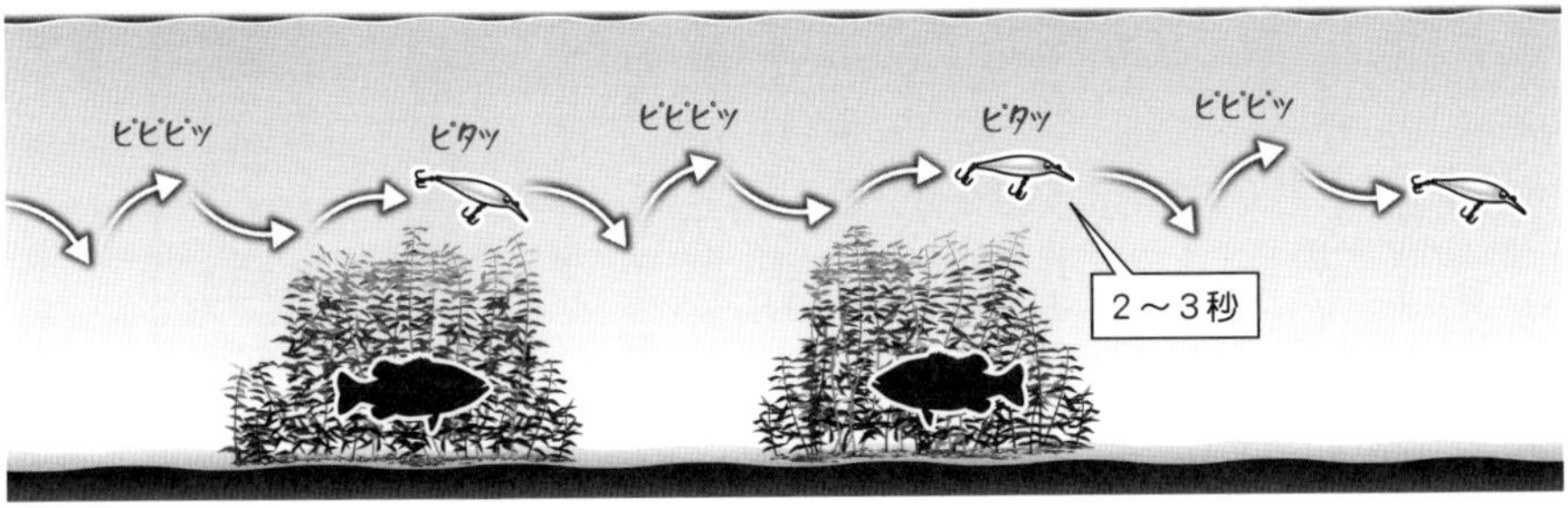

最大のアクションはイレギュラーダート

シャッドにもフローティングとサスペンドタイプがあります。アクションはミノーに近い操作を応用することができますが、シャッド自体が得意とする最大のアクションは、断続的なトゥイッチによるイレギュラーダートにあります。小魚が逃げ惑うさまや、パニック状態の小魚を演出することができるのが特徴です。特に秋口や春先に効果的で、「ピピピッ」とトゥイッチダートさせた後、ストップを入れるアクションです。

最終兵器的な感のあるシャッドですが、裏を返すとそれだけよく釣れるルアー。1年を通して使いやすいパイロットルアーなのです。

クランクベイト

巻くだけでねらいのレンジをきっちり引ける

シャローランナー

リップと「最大深度」に注目

クランクベイトはブラックバスを釣るうえでとても楽しく、かつ重要なルアーです。特徴的なラウンドボディーとリップの組み合わせにより、水の抵抗を受けるとルアー自身がアクションを起こしてくれます。基本的に巻くだけの単純なルアーであり、アングラーは目的の水深まで潜ってくれるクランクを選んだら、あとはリーリングするのみ。それだけで、トップウォーターから水深6m超の深場まで、レンジを刻みつつバスの反応を探ることが可能です。

ショップへ行くとさまざまなクランクベイトを目にします。一見するとどれも同じようですが、よく見るとリップに違いがあります。クランクベイトはリップの大きさと形選びが重要です。ここをよく理解して選ぶことが大事です。

リップで注目したいのは「大きさ」と「形」です。

基本的にはリップが大きくなる、または長くなるほどクランクベイトは深く潜っていきます。

クランクベイトのパッケージにはたいていそのルアーが潜る最大深度が明記されています。自分がねらいたい水深に合わせたリップを選ぶことで、釣り場ではただ巻くだけでそのレンジに到達してくれます。

ウォブリングとウィグリング

クランクベイトはただ巻くだけでアクションを起こしてくれると書きました。もちろんそれだけでも効果を発揮します。しかし、同じリップでも幅の違いによってアクションは変わってきます。リップの幅が広ければ水の抵抗を強く受けクランクベイトが大きく左右に首を振ります。これをウォブリングアクションといいます。ロッドへの振動も「ブンブン」と伝わります。

逆にリップが細くなると水の抵抗が少なくなりクランクベイトの首の振りが弱まります。これをウィグリングアクションといいます。また、ローリング状の動きも出てきます。ロッドに伝わる振動は「プルプル」と弱まります。

リップ選びのもう1つの要は、リップの形です。以下は基本的な形状です。

・ラウンド型リップ

先端が扇状に丸いタイプ。ボトムノック時のストラクチャーのすり抜けがよく、根掛かり回避能力に優れている。クランクベイトの多くのリップがこのラウンド型。ウォブリングアクションが基本です。

・リーフ型リップ

サーフボードのような形状をしたリップで、ウィグリング＆ローリングアクションが前提となる。水抵抗のキレがよく、ラウンドタイプに比べて潜行が速いのが特徴。水底が泥質だと刺さってしまうため、ボトムが硬い場所が得意なリップです。

・スクエア＆コフィン型リップ

先端が角ばっているタイプ。コフィン（棺桶）型も機能的にはスクエア型に属する。アクションはラウンドリップに似ているウォブリングアクション。リップが角ばっていることから、何かに接触したとき弾きやすく、立ち木や複雑なストラクチャーに対する根掛かり回避能力が優れています。

ねらいのレンジよりも少し深く潜るクランクを選ぶ

クランクベイトは、アングラーの意図的なアクションを作りだすよりもまず、フィールドのボトム付近やバスのレンジにしっかりと合わせることが大切です。

リップの長さの違いに注目。クランクベイトは基本的にリップの大きさ（長さ）と潜行深度が比例する。右頁写真と上＝シャローランナー、上から2、3番目＝ミドルダイバー、上から4、5番目＝ディープダイバー

シャローランナー

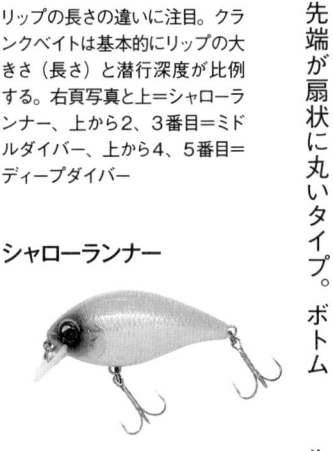

ミドルダイバー

ディープダイバー

レンジ分けとして、水面直下～1・5mまで潜るクランクベイトをシャローランナークランクと呼びます。1・5～3・5mまで潜るクランクベイトはミドルダイバークランク。3・5m以上潜るクランクベイトがディープダイバークランク。自分のねらいたい水深をカバーできるクランクを選ぶことです。

何度も書きますが、大切なのは選んだクランクベイトがどのレンジをカバーできているのかをしっかり把握することです。使ううえで最初にすることは、ボトムをトレースできるクランクベイトを選ぶこと。バスフィッシングの基本はボトムをまず取ること。クランクベイトも同じです。

ここで大事なのは、仮に水深1mの場合、1・5m潜るクランクを選ぶことです。クランクベイトはキャストした距離の約半分を巻いた辺りで最大深度に到達します。水深1mのボトムに対して最大深度1mのクランクでは、一瞬ボトムにコンタクトするだけだったり、キャストする距離が短ければ水深1mに到達しなかったりするからです。

少しでも長くボトムをトレースするには、ねらいたい水深よりも少し深く潜るクランクを選ぶのがコツです。

ねらいのレンジをきっちり引いてバイトを誘おう

基本はステディーな スローリトリーブ

任意のレンジをきちんとトレースするのが基本的な使い方ですが、クランクベイトは「ヒラを打つ」というアクションを備えています。これはクランクベイトがボトムや水中の立ち木などにコンタクトしてバランスを崩したところから姿勢を復元するまでのことを差します。

規則正しく泳いでいたクランクがバランスを崩す、このイレギュラーな動きにバスはバイトしてきます。つまり、クランクベイトをストラクチャー際に通して意図的にヒラを打たせることでバイトの確率をアップさせるのです。根掛かりの恐怖もありますが、リトリーブスピードを下げたり、止めたりしてクランクベイトの浮力を利用すれば根掛かりを回避することもできます。

基本的なアクションはステディーな

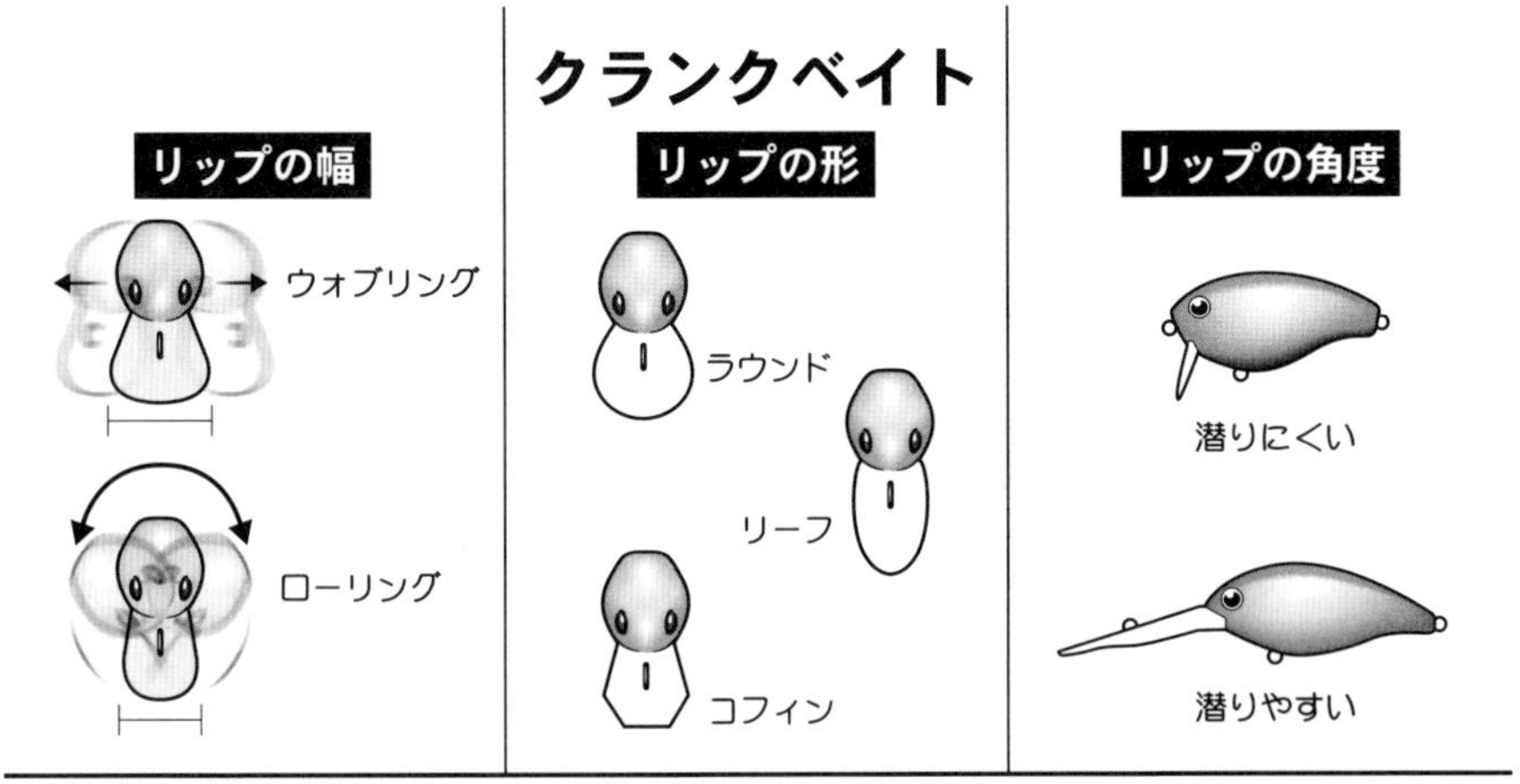

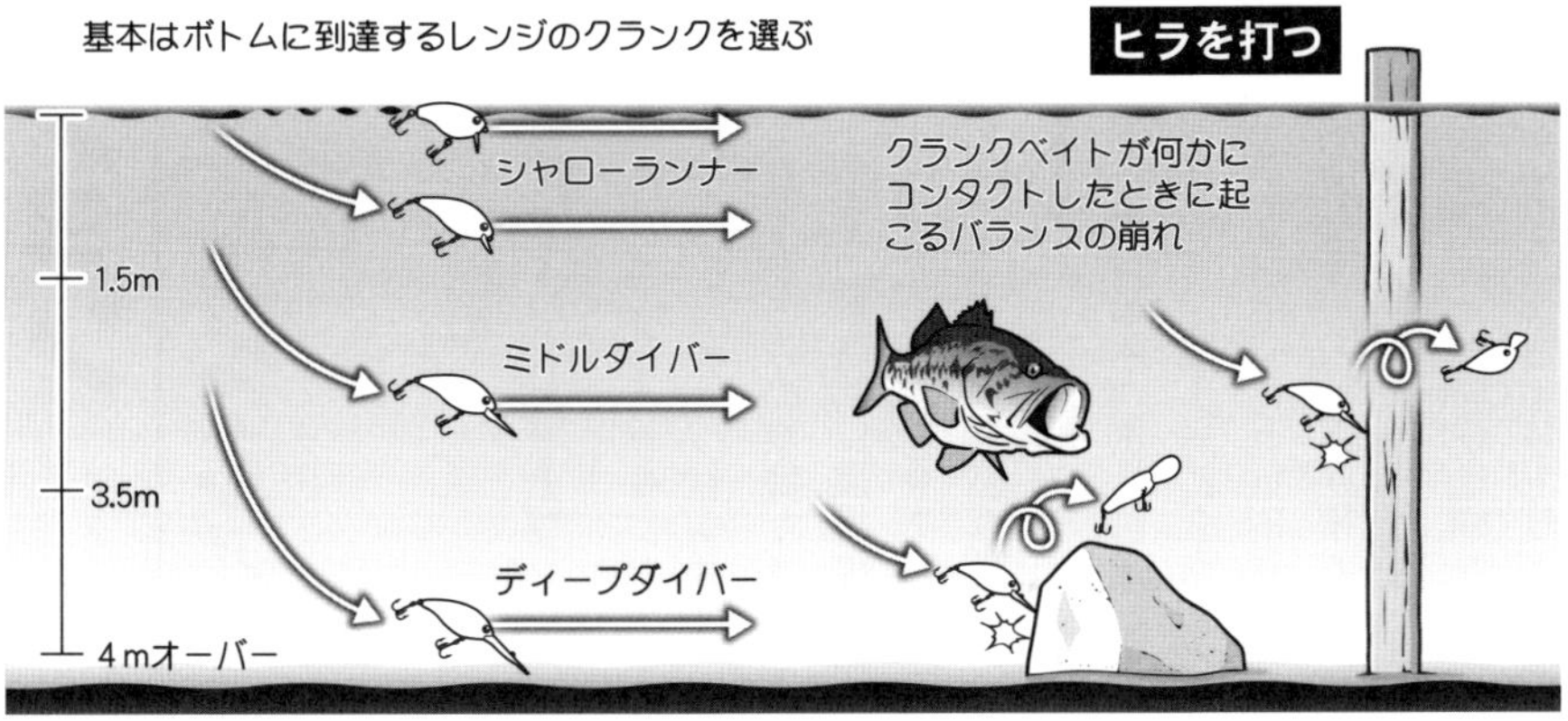

ストレートリトリーブ。巻くスピードを変えずにリトリーブすることが鉄則です。また、そのときのコンディションにもよりますがスローリトリーブやファストリトリーブも効果的です。

スローリトリーブとは、ゆっくり巻いてもロッドティップにしっかりと「ブルブル」感が伝わるぎりぎりのスピードです。急激な濁りや水温低下時に効果があります。

ファストリトリーブは速く巻くことですが、クランクが左右に泳いだり水面に飛び出したりしないスピードと考えてください。警戒心の強いバスや活性の低いときにファストリトリーブは効果的です。

ストップ&ゴーもクランクベイトの効果的な使用方法です。ボトムに複雑な障害物などが多い場合に有効です。何かにコンタクトしたらリトリーブを止め、浮力を利用してクランクを浮かせます。時間にして2~3秒止め、また巻き始めるテクニックです。

バイブレーション

遠投性能に優れるシンキングルアー

基本は中層のステディーリトリーブ

米国ではリップレスクランクベイトと呼ばれているバイブレーション。基本はリトリーブのみの単純な巻きモノ系ルアーです。形状的に遠投性能に優れ、頭（ヘッド）に受ける水流が左右に逃げる際にできる細かい振動でバスを誘います。

ヘッドに受ける水流抵抗の違いで振動が決まるので、購入時にきちんと見極めることが肝心。これは形状の違いで分けられます。ヘッドが平たい形状のものは振動が大きく、ファストリトリーブ向き。尖った形状は細かい振動を作りやすく、スローリトリーブでもしっかりバイブレーションを作り出します。

バイブレーションのほとんどはシンキングタイプです。肝心なのは、いかにしてアングラーの意思どおりに、バスのいるレンジにルアーを沈めてリトリーブするか。

基本は中層をステディー（一定の速度）にリトリーブします。初めてのフィールドやバスをレンジで捜す場合、シンキングの特徴を生かし、カウントダウンをきちんと行なってから使うと効果的です。

ここで大事なのは、

「着水から何秒沈めてから引いているか」

「ステディーなリトリーブをしているか」

この2点をきちんと確認、実践することです。バイブレーションには障害物などをかわすリップがないので、根掛かりを回避するためにも、重要な作業となるので必ず行ないます。

バイブレーション

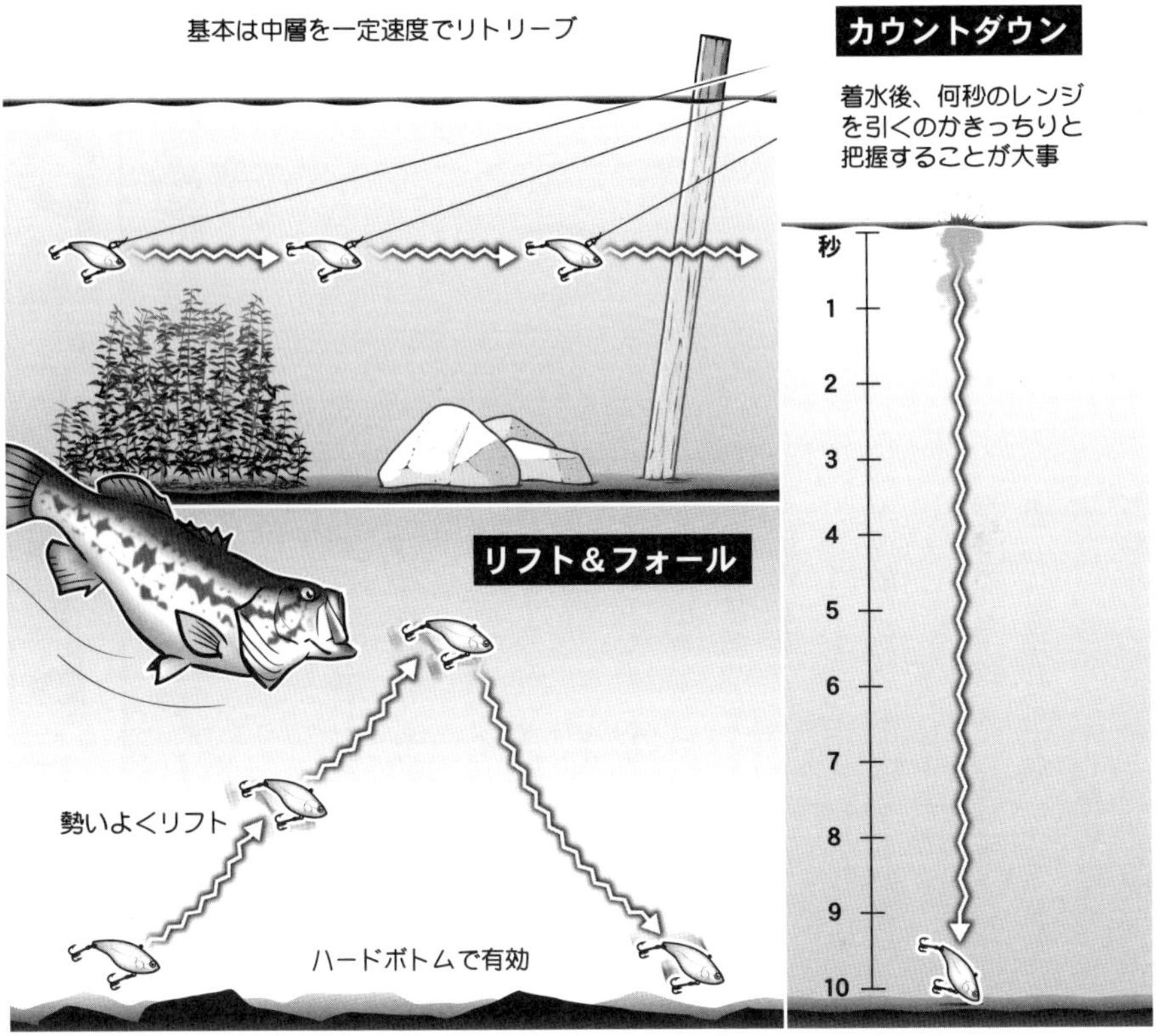

もう1つ、ボトム付近を探るテクニックとしてリフト&フォールがあります。バスの活性が低くなっていく秋の終わり頃に、ハードボトムエリアで有効なテクニックです。

ラトル？それともノンラトル？

バイブレーションには、ラトル内蔵タイプと内蔵されていないノンラトルタイプがあります。ラトルにはいくつかの素材があり、それぞれ音質に特徴があってバイブレーション選びの面白いところでもあります。水中で響くラトルサウンドは、バスへの重要なアピール要素ですので、効果的なサウンドを捜しましょう。

反対に、ノンラトルタイプはサウンドにプレッシャーを感じるようになってしまったバスに対して効果的ですから、こちらも必ず用意しておきましょう。

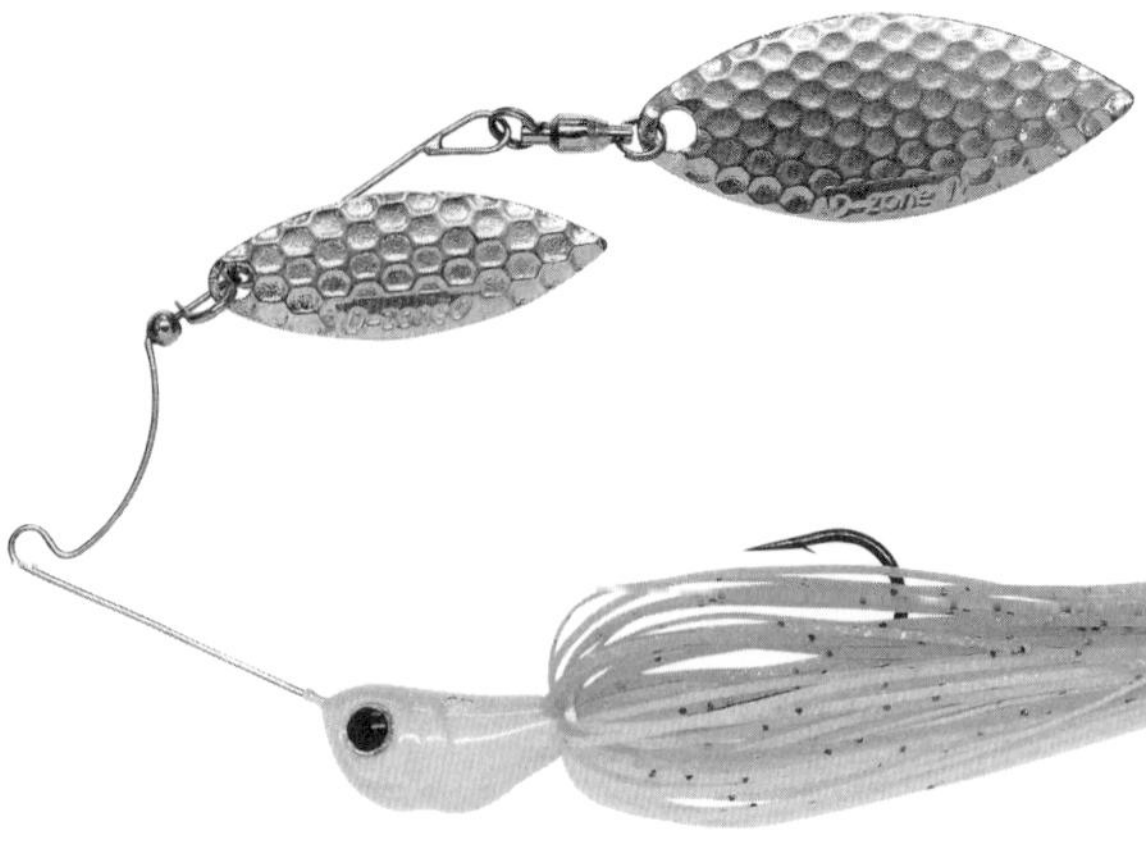

スピナーベイト
バス釣りに特化したルアー

アッパーアームがフックガードの役割を果たす

ルアーの中でも異色な姿、何をイミテートしたのか理解不能なのがスピナーベイト。しかしこのルアーには、バスを釣るために必要ないくつもの要素が1つにまとまっています。

・回転するブレードのフラッシング
・回転するブレードから発生するバイブレーション
・連動したヘッドスカートの揺れ

スピナーベイトは単純にリトリーブするだけで持っている要素を発揮できる、バス専用ルアーなのです。また、アームがフックガードの役割を果たし、他の巻きモノ系ルアーよりも根掛かり回避能力に優れます。エリアを選ばず効率的にチェックでき、パイロットルアーとしてとても人気があります。

スピナーベイト選びで大事なことはブレード選びでしょう。

・シングルウイロー＝1枚ブレードタイプ。リトリーブ抵抗が軽く、手返しがよい。比較的小規模なエリア向き。
・タンデムウイロー＝コロラドブレードとウイローリーフブレードがセットされたタイプ。リトリーブ抵抗は少し上がり、コロラドブレードによってバイブレーションが強く発生する組み合わせ。浮き上がりが早く、スローリトリーブやシャローを釣るのに向く。

ワイヤーベイトとも呼ばれるスピナーベイト。不思議な形をしているが、バスに特化した専用ルアーだ

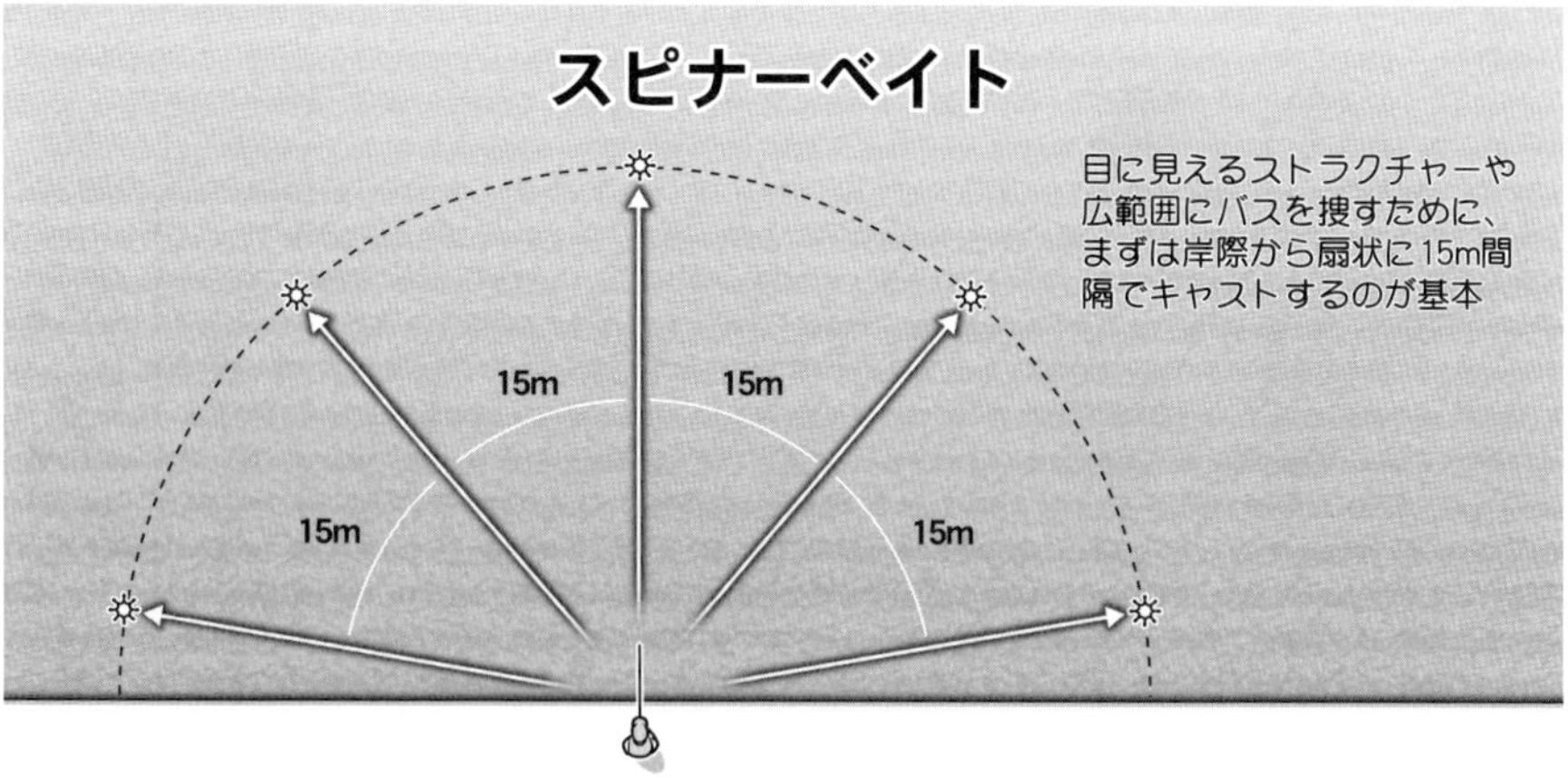
スピナーベイト
目に見えるストラクチャーや
広範囲にバスを捜すために、
まずは岸際から扇状に15m間
隔でキャストするのが基本
15m
15m
15m
15m

スピナーベイトは一定リトリーブが大前提。速く巻きすぎるとルアーが浮いてきてしまうので、まずは自分なりに一定のスピード感覚をしっかりと覚えるのがコツ

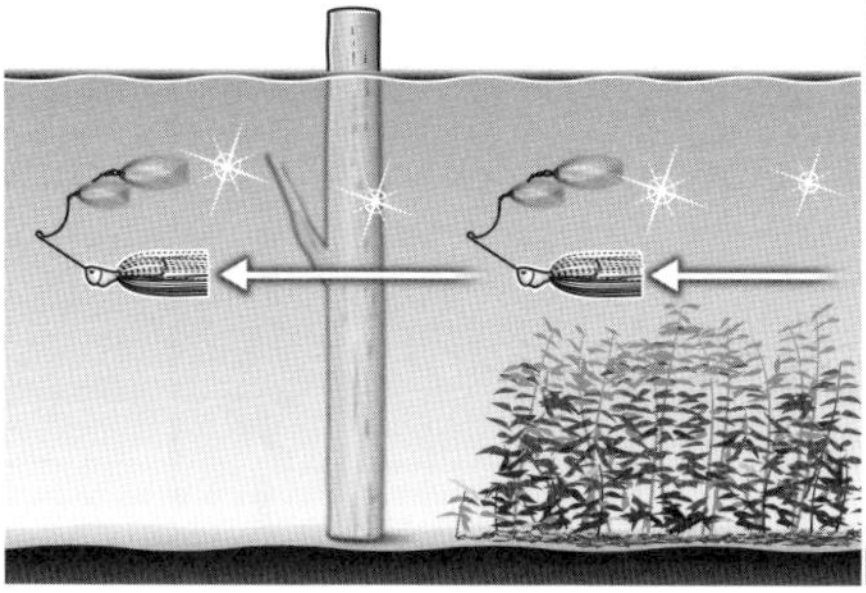

何かのストラクチャーに当たることを「ヒラを打つ」という。そのまま巻き続けるのもアリ、フォールが有効なときも

・ダブルウイロー＝ウイローリーフブレードが2枚セットされたタイプ。リトリーブ抵抗はタンデムウイローより若干弱め。フラッシング効果は一番高い。一定の速度で巻きやすい。

一定リトリーブと派生テクニック

シチュエーションを選ばないスピナーベイトの基本アクションは、一定のリトリーブ。そのほか引き波を作りながら水面直下をリトリーブするガーグリングや、ボトムスレスレをゆっくり引くスローローリングなどといった使い方もあります。またクランクベイトなどと同様、障害物などに当ててヒラを打たせるのも有効。カバーを思いっきりタイトにねらってみてください。

　スピナーベイトにはさまざまなウエイトがありますが、基本は1／4、3／8、1／2ozの3タイプ。まずは中間の3／8ozから使ってみてください。

バズベイト

トップウォーターのパイロットルアー

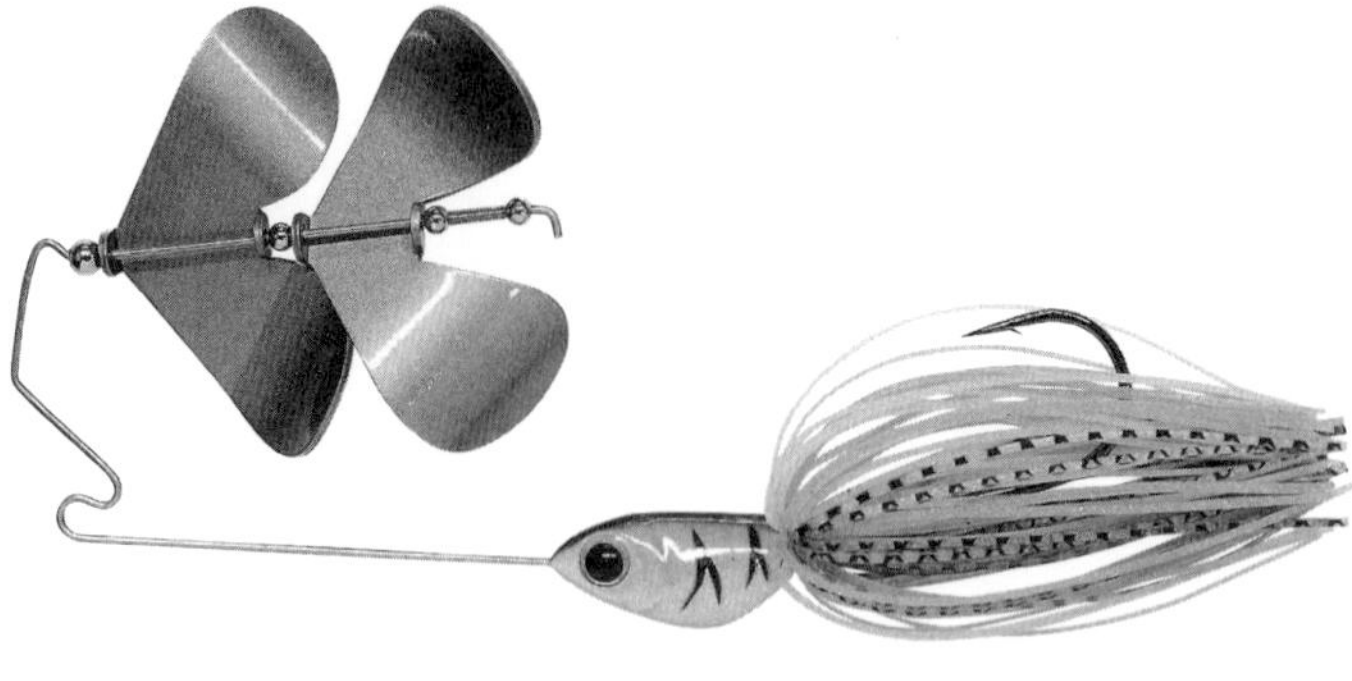

主流は2枚ペラ

バズベイトは、スピナーベイトと同じワイヤーベイトに属するルアーですが、サーフェス（水面）領域でアピールするタイプなので、トップウォータールアーとして解説します。

バズベイトは、おもにハイシーズン中、広範囲のシャローのバスをスピーディーに、かつ効率的に捜し出すパイロットルアーの代表格です。

各プロペラの羽根は2～4枚で、上下や横にペラが並んだダブルペラタイプもあります。ペラの枚数が多くなるにつれ、水面に浮上する立ち上がりが早くなっていく傾向があります。反対に、ペラの枚数が少なくなるほど立ち上がりは遅いですが、大きくペラが水をつかみスプラッシュを多く発生させます。

近年の主流は2枚ペラです。そしてこのペラのヒネリの向きによって、バズベイトはリーリング時に右カーブや左カーブを描きながら進みます。そのため、ねらう場所によって右曲がり・左曲がりを使い分けるという面白い使い方もあります。カーブの方向はペラで決まりますが、メーカーによっては左右両方に曲がるモデルをそれぞれラインナップしている場合もあります。

速やかにルアーを浮上させる

アクションは簡単。ペラが水面でギリギリ回る速度のリトリーブが基本です。キモは、どんな速さでもリーリングスピードを変えず一定に巻き続けること。そして、バズベイトで肝心なのは、ルアーを素早く水面に浮上させることです。そのためには、着水後直ち

バズベイト

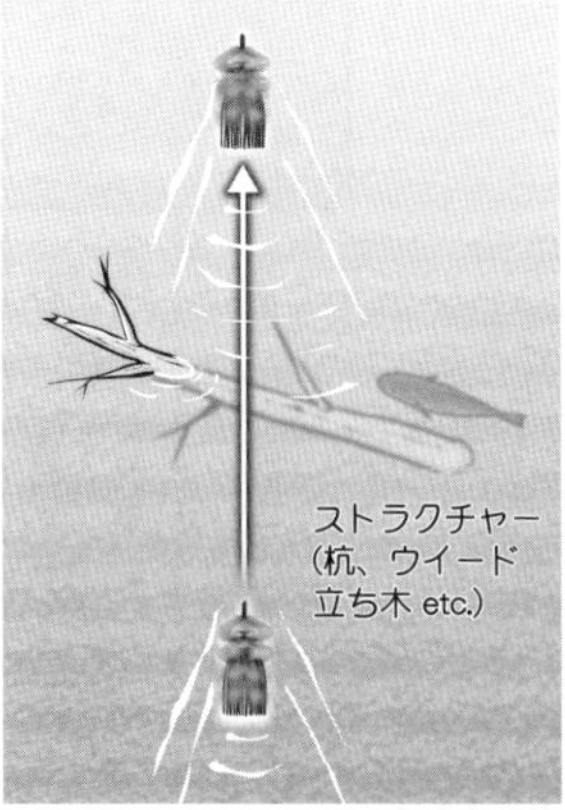
ストラクチャー
(杭、ウイード
立ち木 etc.)

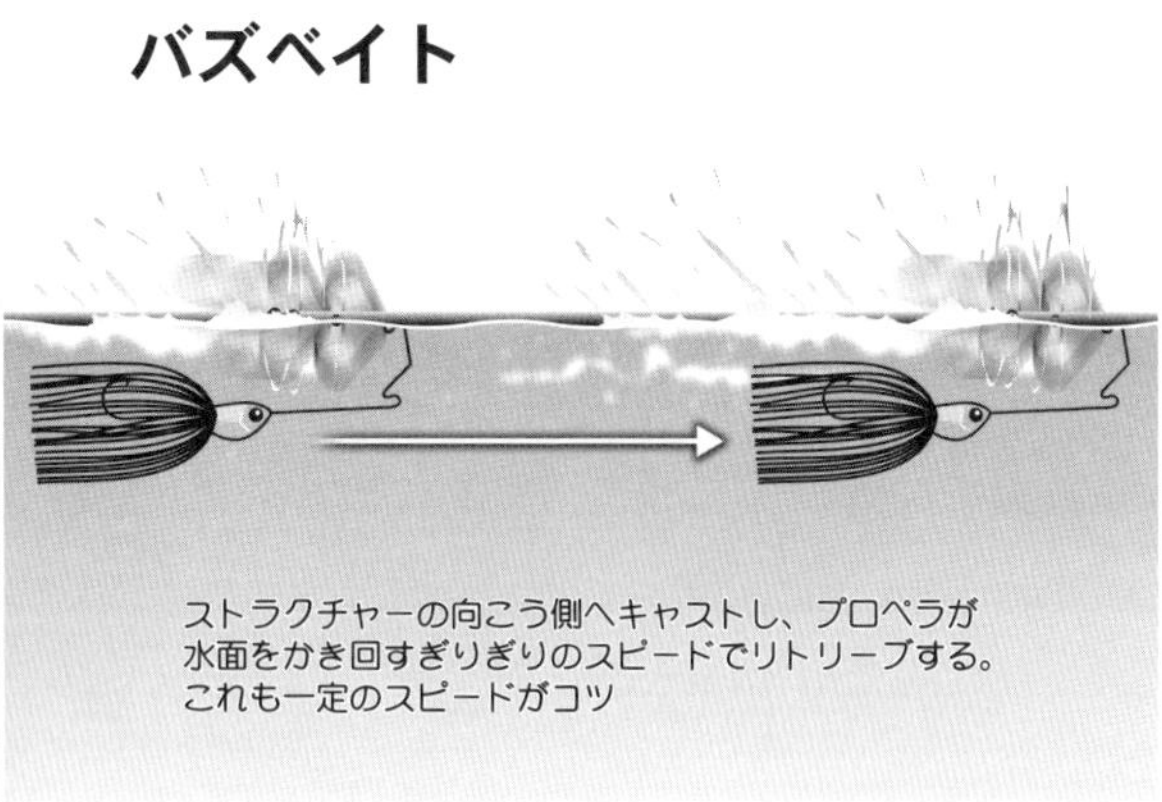
ストラクチャーの向こう側へキャストし、プロペラが
水面をかき回すぎりぎりのスピードでリトリーブする。
これも一定のスピードがコツ

にリーリングを始め、ペラを回して水を掴《つか》ませることです。あとは全体が傾いて泳いだり、スピードがばらついたりしないように注意して、一定のリーリングをするだけです。

バズベイトに関しては特に、1つのスポットやラインを一度通してバスが出なかったからといって諦めずに、ルアーを引く角度を変えて何度も通すこともキモです。それでいら立ち、怒り狂ったバスが飛び出してくる可能性がとても高いルアーだからです。

VARIVAS
バズベイトはサーフェスを意識しているバスに強くアピールする

フロッグ

カバーや障害物の中を直撃

初夏〜秋がおもな使用シーズン

フロッグは、軟らかな中空シリコン製ボディーのトップウォータールアーで、リリーパッドやアシ、密度が高いウイードなどの水生植物エリアを攻略するために誕生しました。

フックは上向きで、しかもハリ先がボディーにぴったりと沿わせてあるので、バスがくわえたときは中空ボディーがつぶれてフックが掛かる仕組みです。これは、バスがくわえなければハリ先は露出しにくいということでもあります。そのためフロッグは、ウイードレス性能やスナッグレス性能が非常に高く、あらゆる障害物やカバーを大胆に攻略できます。

とはいってもトップウォータールアーなので、出番はおもにバスの活性が高い初夏から秋まで。水生植物がびっしりと生えたシーズンが、フロッグの主役となる時期です。

アクションはストレートリトリーブ、ストップ&ゴー、ウォーキング・ザ・ドッグなど。これらとポーズを織り交ぜてバスを誘います。

リリーパッドやウイードの上にフロッグをキャスト後、葉の上をフロッグが歩いているかのようにストレートリトリーブ、もしくはストップ&ゴーアクションをします。スピードはゆっくりが基本。

リリーパッドもウイードも、必ずポケットと呼ばれる葉の隙間が存在します。その葉の隙間にフロッグが到達したら、水面でポーズ（ステイ）をします。隙間が広い場合、そこでウォーキング・ザ・ドッグをするのもバイトの誘発に効果的です。

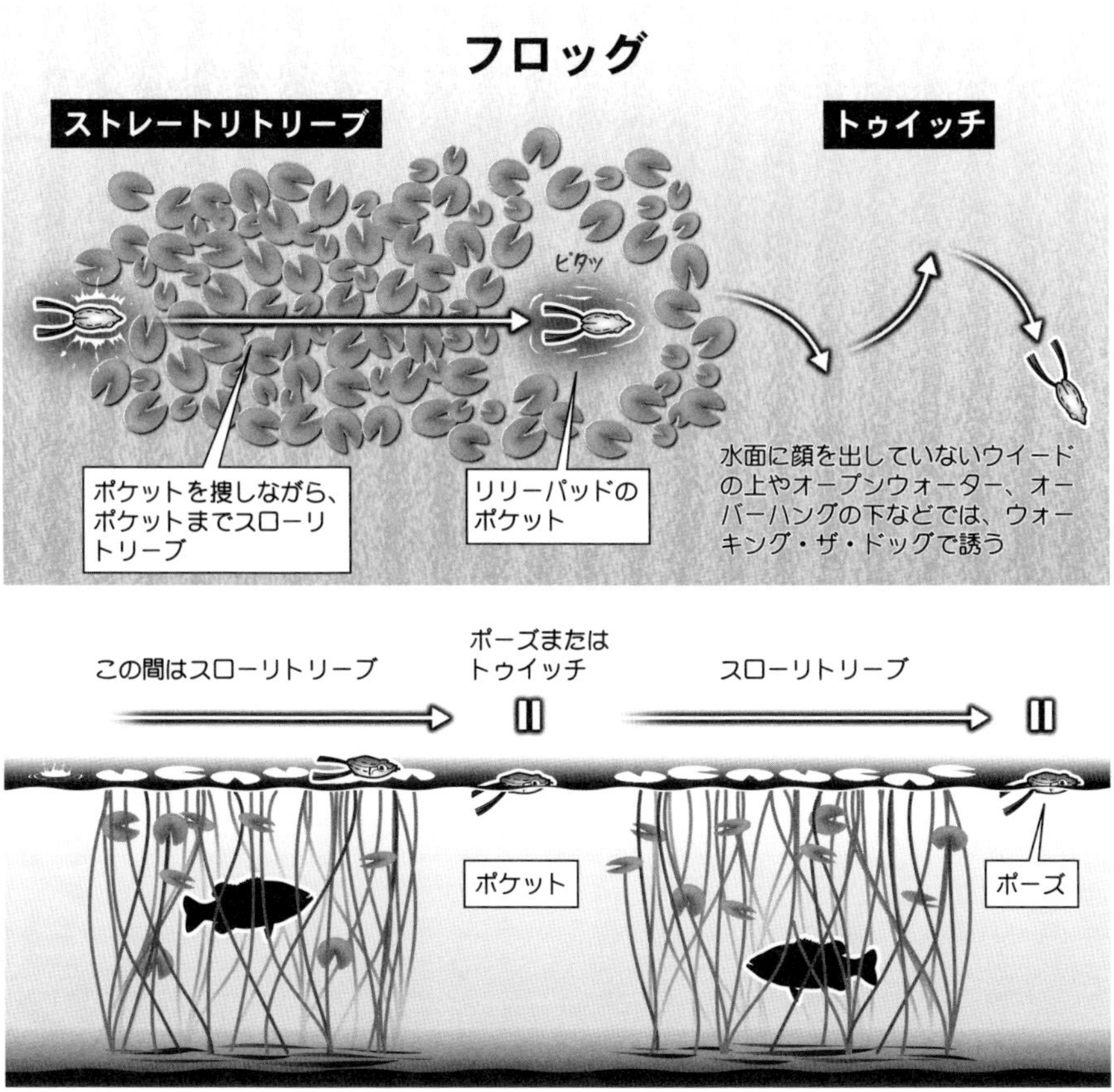
フロッグ
ストレートリトリーブ
トゥイッチ
ピタッ
ポケットを捜しながら、ポケットまでスローリトリーブ
リリーパッドのポケット
水面に顔を出していないウイードの上やオープンウォーター、オーバーハングの下などでは、ウォーキング・ザ・ドッグで誘う
この間はスローリトリーブ
ポーズまたはトゥイッチ
スローリトリーブ
ポケット
ポーズ

注意する点は、リリーパッド上で単調にリトリーブしないことです。たとえばポケットが見当たらないスポットでも、ストップ&ゴーなどのアクションでメリハリを必ず付けます。

タックルはパワフルなものを

フロッグは、オーバーハングの下やゴミ溜まりを探るのにも有効ですし、甘い着水音や柔らかな水押しを生かせば、オープンウォーターでほかのトップに出ないバスを誘うこともできます。

ただし、基本的には、密集した水生植物の中からバスを引っ張りだせるパワフルなタックルが必須です。専用ロッドもありますが、まずは7ft前後のヘビーパワーロッドに、フロロカーボンライン20Lbのタックルを用意しましょう。専用タックルを組むならラインは50Lb以上のPE（ブレイドライン）がお薦め。フッキングの成功率やアクションのつけやすさが魅力です。

メタルバイブレーション

冬季の「鉄板」ルアー

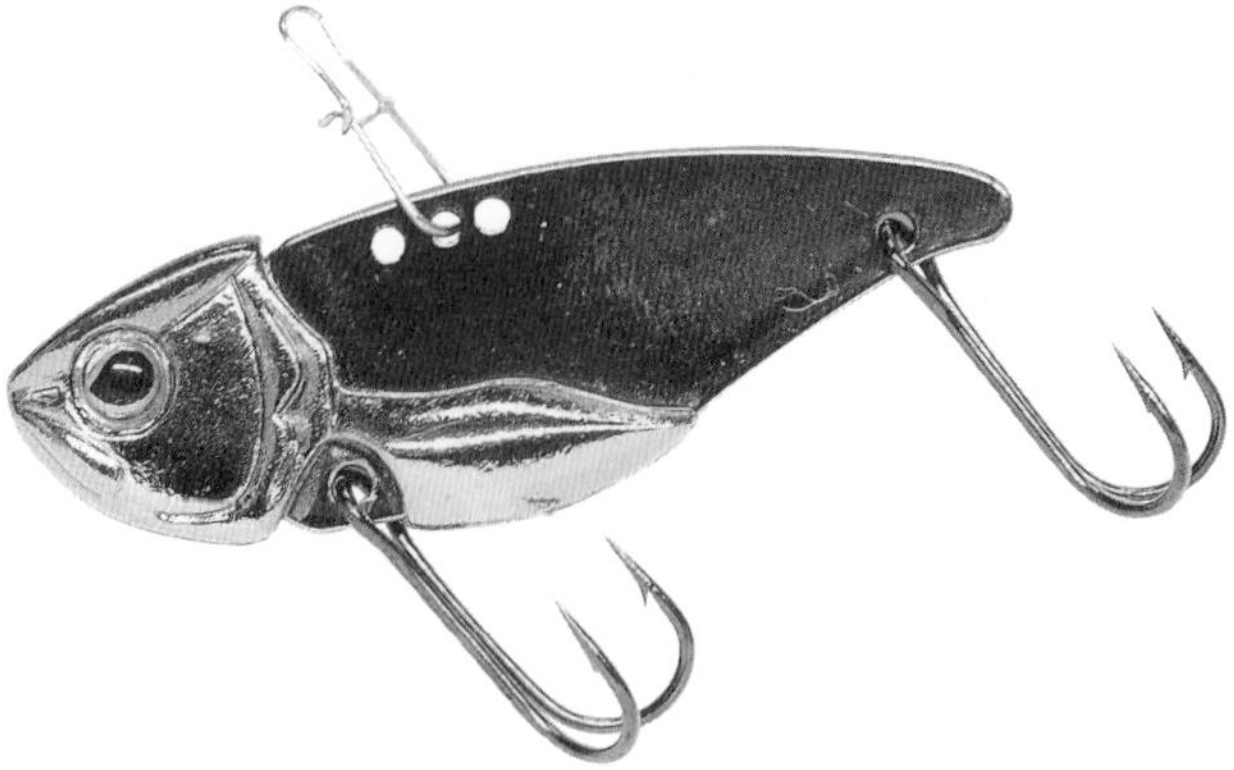

素早く深場へ沈んでリアクションバイトを誘発

金属でできた板状のバイブレーションルアー。アングラーには「鉄板」の愛称で親しまれています。

このルアーのおもな出番は冬。ハイシーズンでも充分に効果を発揮しますが、それ以上に冬に使われることが多いのが特徴です。ではなぜ冬に出番が多いのでしょうか。

冬はバスも著しく活性が落ちてしまい、特に厳寒期はなおさらです。こうなるとリアクション（反射）でバスに口を使わせないと、なかなか釣ることはできません。そんなときにこのメタルバイブレーションが活躍してくれるのです。

特徴はボディー素材が金属のため、フォールのスピードが速いことです。厳寒期のバスは深場へポジションを移し、複数のバスとエリアを共有します。そこにすばやくルアーを落とし込め、しかも一瞬でバスの目の前へ落とすことによってリアクションバイトを誘発できるというわけです。

ただし、ボートならバスの真上から直撃できますが、岸からの場合はこのルアーの特徴上、根掛かりが多発する恐れがあるのでロングキャストは禁物です。少しでも深い場所を捜して4〜5m先にキャストし、ボトムまでフォールさせてリフト&フォールを繰り返します。

ルアーがボトムに着いたら、バイブレーションの振動を感じながら50〜60cmリフトします。そのあとラインのテンションをかけずに真っ直ぐフォール。これを繰り返します。

ほぼすべてのバスのバイトはフォー

メタルバイブレーション

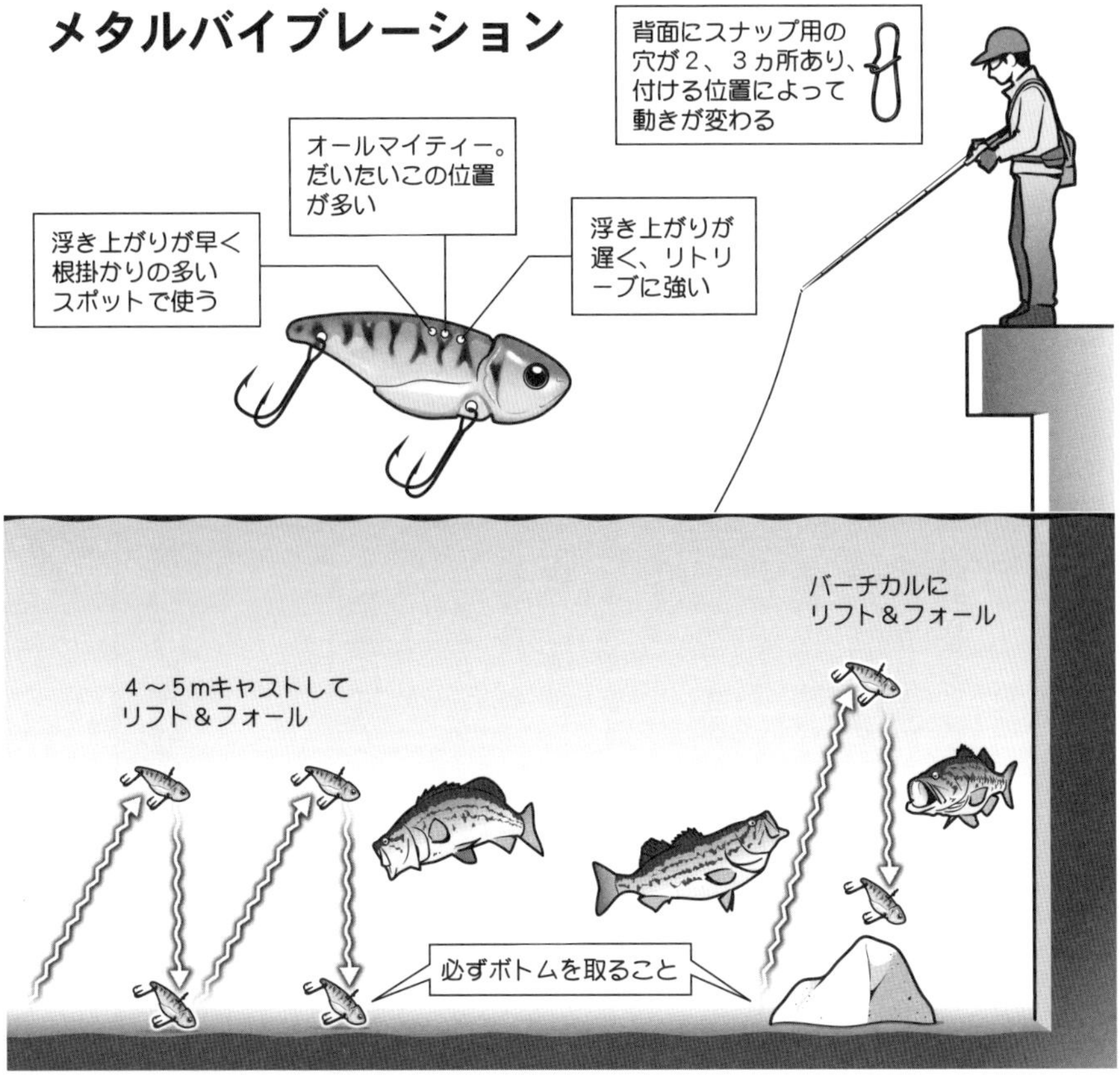
背面にスナップ用の
穴が２、３ヵ所あり、
付ける位置によって
動きが変わる
オールマイティー。
だいたいこの位置
が多い
浮き上がりが早く
根掛かりの多い
スポットで使う
浮き上がりが
遅く、リトリ
ーブに強い
バーチカルに
リフト＆フォール
４～５ｍキャストして
リフト＆フォール
必ずボトムを取ること

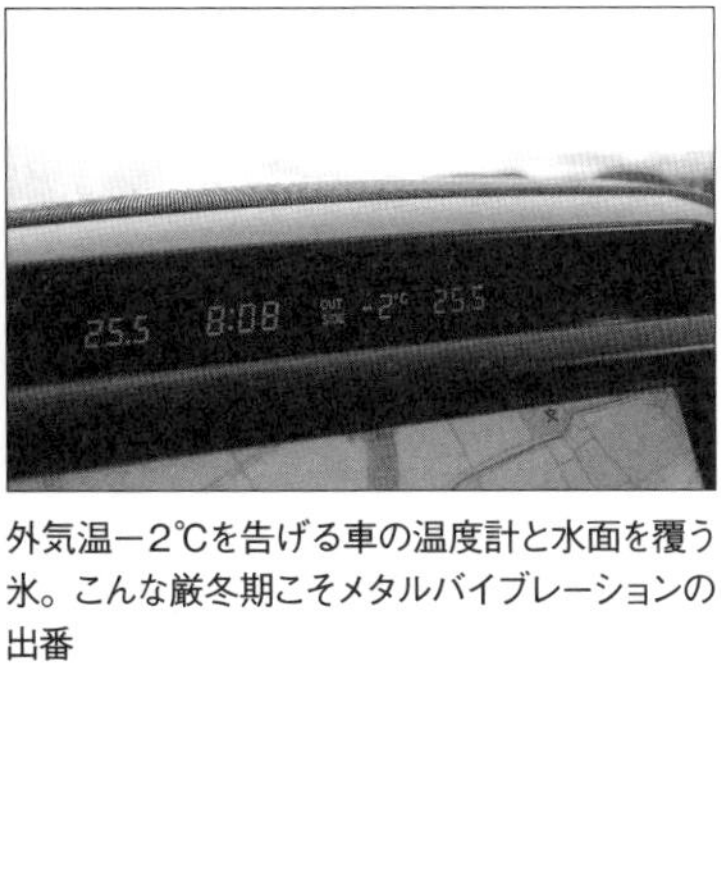
25.5
8:08
-2℃
25.5

外気温－２℃を告げる車の温度計と水面を覆う氷。こんな厳冬期こそメタルバイブレーションの出番

ル中にあります。次のリフト時に違和感があれば、そのままフッキングに持ち込みましょう。

メタルジグ

冬シーズンには必携のリアクションベイト

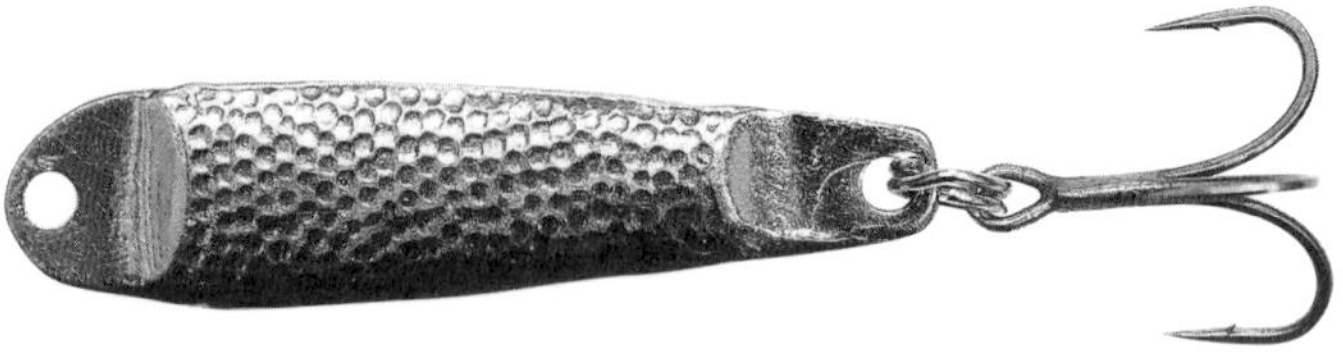

垂直に落とし込み、シャクる

メタルジグは、シーズンを通して出番が多いわけではありませんが、バス釣りに精通してくると必ず必要とするときが来ます。それは、冬のシーズンです。

かつて冬季はバス釣りのオフシーズンとされていましたが、近年はバスの生態の解明が進んだこともあり、オールシーズン楽しめるようになりました。その立役者の1つがメタルジグ。厳寒期を迎えて水温が極限まで下がり、ディープに落ちたバスの越冬場所を直撃できるルアーだからです。

この時期のバスは深場に集まるため、魚群探知機を使ったボートからの釣りが前提になります。

魚群探知機から得た情報を元に、バスの越冬場所となり得るスポットにメタルジグをバーチカル（垂直）に落とし込み、ロッドをシャクってメタルジグにスピーディーなアクションをつけます。

越冬中のバスは最低限のエサしか食べず、なかなか口を使ってはくれない状態にあります。そこでメタルジグが放つフラッシングと不規則なフォール、そしてスピードによってリアクションバイトを誘うのです。

リフト&フォールとシェイキング

効果的なアクションは次の2つ。

1つめは「バーチカルなリフト&フォール」。スピーディーにロッドを煽ってメタルジグをシャクり上げた後、ラインにテンションをかけずフリーフォールさせます。このときのメタル

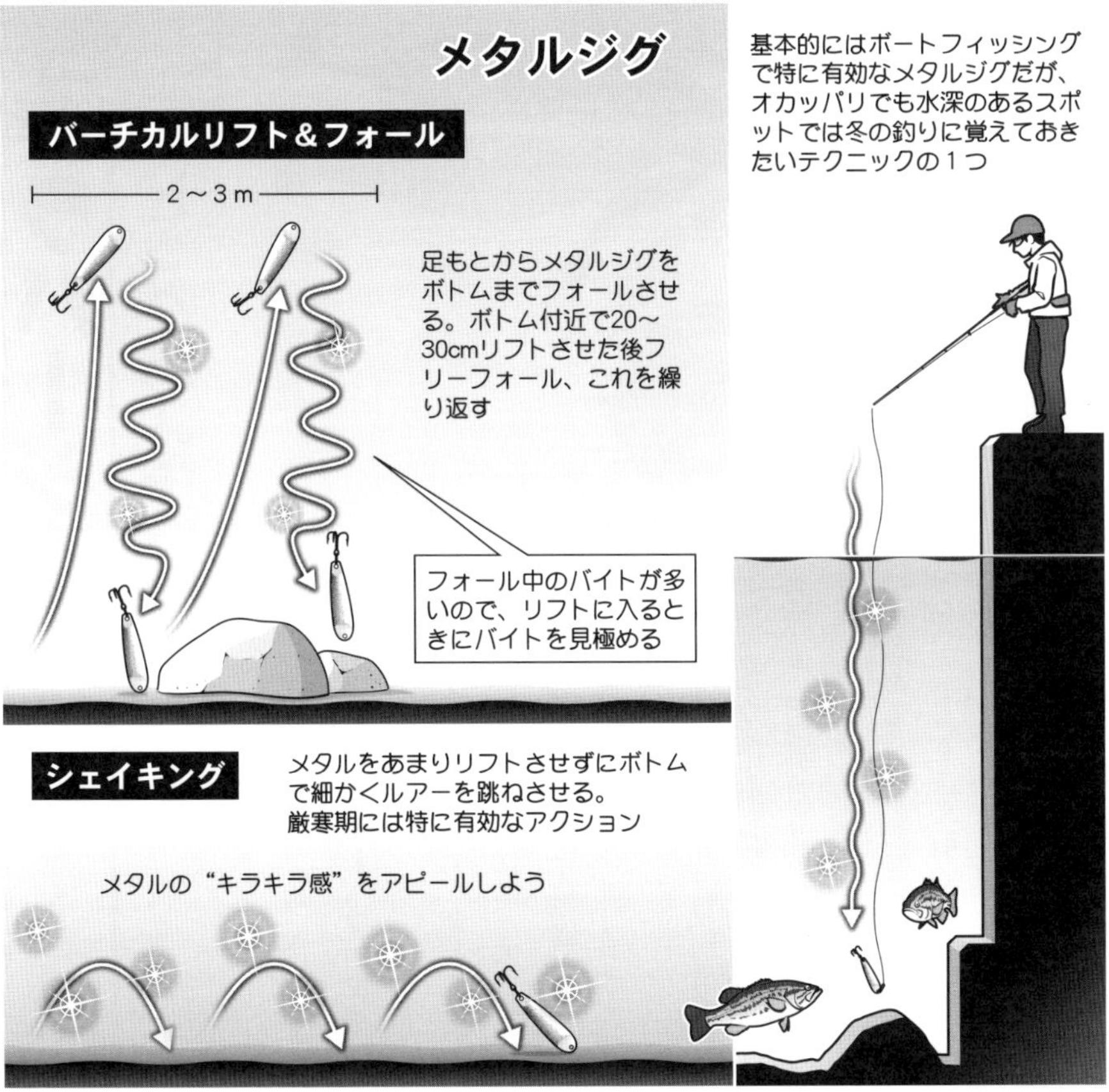

メタルジグ
基本的にはボートフィッシングで特に有効なメタルジグだが、オカッパリでも水深のあるスポットでは冬の釣りに覚えておきたいテクニックの1つ
バーチカルリフト&フォール
2～3m
足もとからメタルジグをボトムまでフォールさせる。ボトム付近で20～30cmリフトさせた後フリーフォール、これを繰り返す
フォール中のバイトが多いので、リフトに入るときにバイトを見極める
シェイキング
メタルをあまりリフトさせずにボトムで細かくルアーを跳ねさせる。厳寒期には特に有効なアクション
メタルの“キラキラ感”をアピールしよう

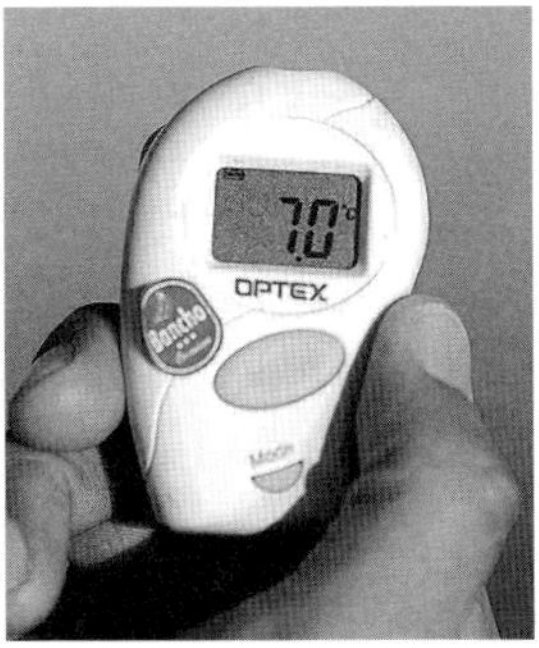

7.0°C
OPTEX

水温7℃を告げる温度計。低温時はそれに見合ったルアーの選択やアクションが必要とされる

ジグは右左へトリッキーにスライドしながら落ちていきます。このフォール中の不規則な動きにバスはバイトしてきます。

2つめは「シェイキング」。スポットを直撃した後、メタルジグをリフトせず、その場でチョンチョンとシェイクします。バスの目の前にメタルジグをいつまでもちらつかせ、仕方なく口を使わせるアクションです。

メタルジグのウエイトは7～21gを水深などによって使い分けますが、必ずボトムにいるバスをねらうわけですから、ボトムまでしっかり落とし込めるウエイトを選びましょう。

ラバージグ

ビッグバスキラー

メインはアーキーヘッドタイプ

ビッグフィッシュゲッターとして人気の高いラバージグには、大きく分けて2種類のヘッドがあります。アーキーヘッドタイプとフットボールタイプです。

アーキーヘッドタイプは、ブラシガードによるウイードレス性能の高さが持ち味で、ビッグフィッシュが潜む複雑なストラクチャーやヘビーカバーを大胆に攻めることが可能です。スイミングやボトムをズル引くことが得意なヘッドでもあります。

フットボールタイプは文字どおりフットボール形状のヘッドで、ボトムでの着底姿勢がよく、広範囲のボトムバンピングを得意とします。しかしウイードレス性能がよくないのでカバーやストラクチャーには向いていません。

一般的にラバージグはアーキーヘッドタイプがよく使われ、上級者にも人気があります。しかしビギナーは、ラバースカートがもしゃもしゃ生えたあの姿から釣れるイメージをするのは難しいかもしれません。すると結果的に使い方もよく分からなくなります。

2つのイメージを使い分ける

ラバージグは、まず何をイミテート（模倣）するかを明確にすることが大事です。フィールドに生息するベイトフィッシュを具体的に意識し、次のいずれかにイミテートさせましょう。

・ボトムに多く生息する甲殻類やハゼ系の魚類
・水中を泳ぎまわる小魚系

さらに、ラバージグにセットするト

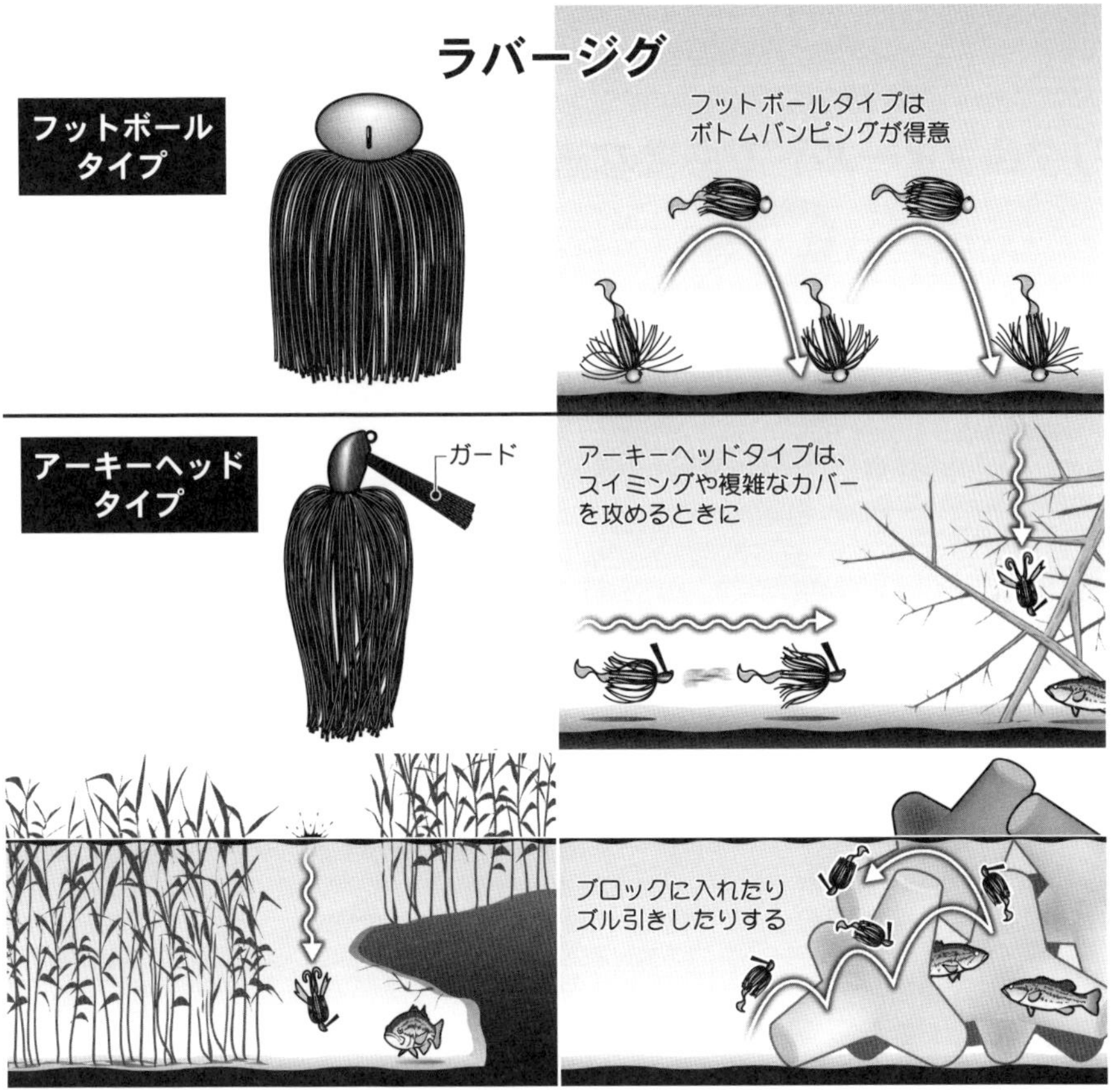
ラバージグ
フットボール
タイプ
フットボールタイプは
ボトムバンピングが得意
アーキーヘッド
タイプ
ガード
アーキーヘッドタイプは、
スイミングや複雑なカバー
を攻めるときに
ブロックに入れたり
ズル引きしたりする

レーラーをどのタイプにするかで、よりイメージしやすくなります。クロー系やホッグ系のワームを選べば甲殻類のルアーになるし、グラブ系やシャッドテール系ワームを選べば小魚をイミテートできます。

　また、ストラクチャーやカバーを中心に使う場合は基本的に甲殻類をイメージしたホッグ系のトレーラーを選択しますが、グラブやシャッド系トレーラーでもかまいません。

　スイミングやズル引きを行なう場合は、スイミングにはグラブやシャッド系トレーラーで小魚を演出します。ズル引きやボトムバンピングでは、ホッグ系がボトムを這う甲殻類をイメージしやすくなります。

　ラバージグは、上級者でも理解不能な形状をしていますが、最初に書いたとおり、思いもよらないビッグなバスがバイトしてくる確率の高いルアーです。見た目にとらわれずしっかりと操作をする！　ことを心がけましょう。

One Point

リグ&フィールドで必要な道具類

●レインギア

釣り専用の製品は動きを阻害しないデザインが施されていて雨天時も快適。防水透湿性機能を備えたものがおすすめ

●偏光グラス

水面の乱反射を抑えて目の疲れを軽減するとともに、水中のようすも分かりやすくなる。“サングラス”とは機能が異なるので注意

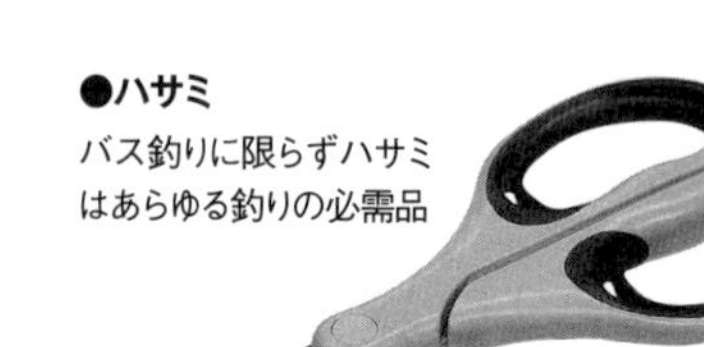

●キャップ

日差し除けとしての機能のほか、万が一のトラブル時に頭部を守るためにも釣り場では必ず帽子を被ろう。後ろ側がメッシュタイプのものは暑い時期に重宝する

●ハサミ

バス釣りに限らずハサミはあらゆる釣りの必需品

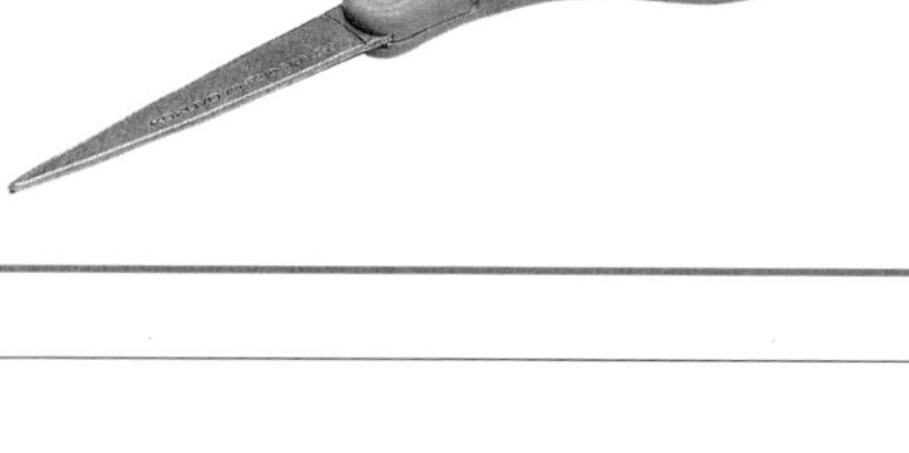

●ピンオンリール

本体にリードが内蔵されていて引っ張ると伸び、放すと自動で戻る。写真のようにラインカッターなどをセットしておくと便利

●バッグ類

釣りのスタイルや装備に合わせてショルダーバッグやヒップバッグを活用しよう。フィッシングメーカーのものが使いやすい

●フィッシングブーツ

足場が悪いことが多い釣り場では、KEEN (キーン) ブーツのようなアウトドアでの使用を目的としたものが好適

●ランディングアイテム

E.G. グリップ EX。ワンモーションで先端部分が開き、魚の口をホールドしてくれる。ハンドランディングはカッコいいけれど、まずは確実な取り込みを

●プライヤー

バスの口からフックを外したり、現場でリグを作ったりするときなど、何かと便利

テキサスリグ

ボトムを中心に探るワームフィッシングの基本形

根掛かりに強いリグ

　数あるワームフィッシング用リグの中で基本となるのがテキサスリグです。ワームフィッシング自体がボトムやカバーを探ることの多い釣り方なので、ネックになるのはやはり根掛かり。テキサスリグは、そのトラブルがもっとも少ないリグであり、使用するワームの形状も特に選びません。まさに万能のリグということができます。

　ボトムが中心の釣りということで、イメージするのはおもに甲殻類（エビやザリガニ）ですが、ミドルレンジ（中層）をスイミングさせて小魚のイメージで使うこともできます。

　テキサスリグに用いられるシンカーは、バレットシンカーと呼ばれる砲弾型のタイプ。このすり抜けがよい形状のシンカーと、ハリ先をワームに埋め込むセッティングが高いスナッグレス性能を生みます。

　あらゆるシチュエーションに対応してくれるので、リグっておけば何かと便利。オカッパリで非常に重宝するうえ、ボートでも必ず1セットは用意しておきたいものです。

確実にボトムを取るためのシンカー選び

　テキサスリグをマスターするうえで一番大事なのは、ボトムを取ることです。バレットシンカーは軽いものでは1.8gから、重いと28g以上のものまで、幅広いウエイトがあります。標準的に使われているウエイトは5〜14gといったところです。

　まずは10gくらいから使い始めて、ボトムを感じ取れないようならシン

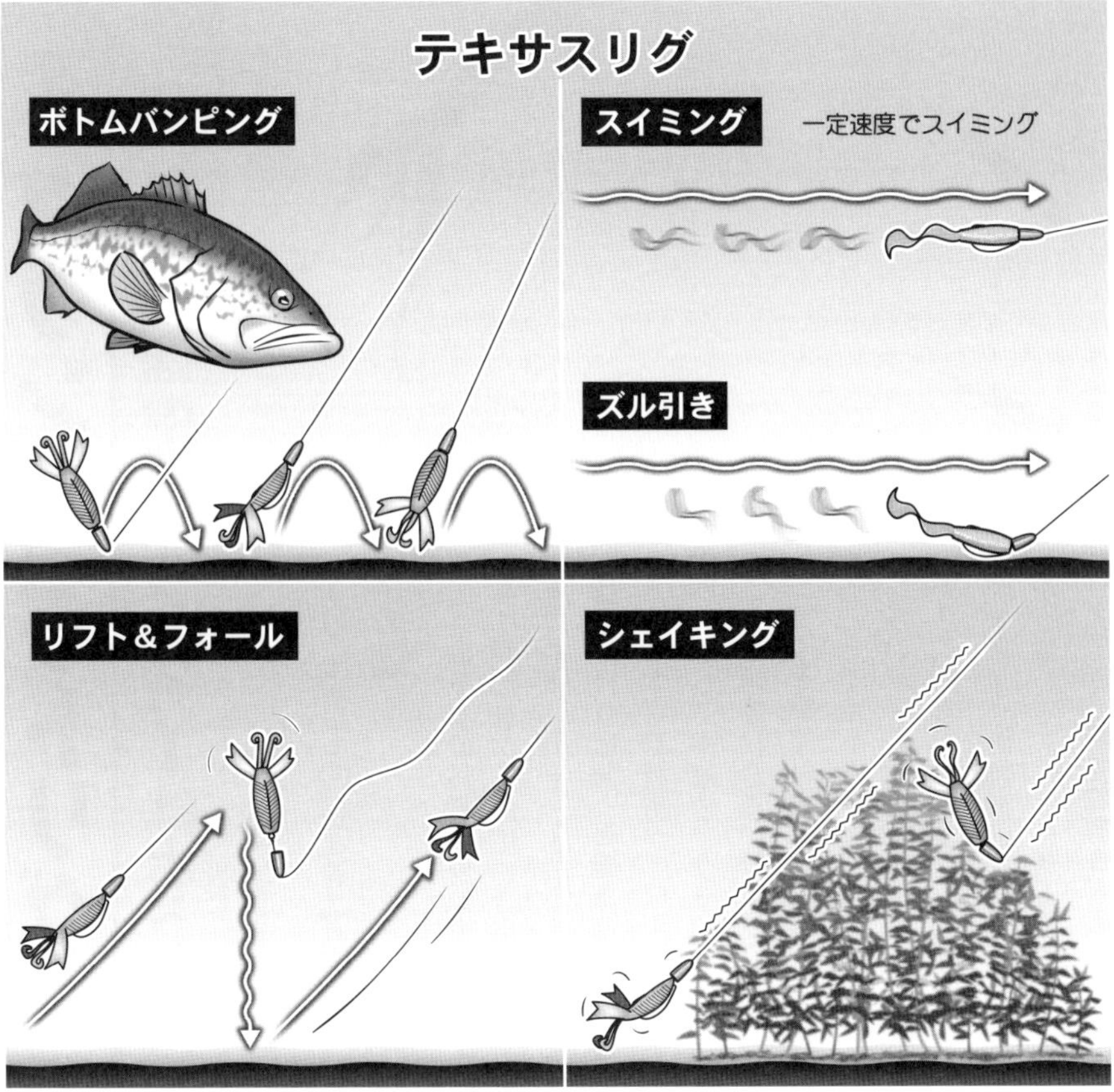

カーを重くしていく。反対にボトムで引っ掛かることが多かったり、ロッドに重みを強く感じるようになったら（ボトムを取ることに慣れてきたら）シンカーを軽くしていきます。

さらに大事なのは、どちらの場合でも大幅にシンカーのウエイトを変えないことです。たとえば10gで根掛かりが多いときに、シンカーをいきなり5gに変えてはいけません。10gから7g、次は5gと、徐々にウエイトを軽くしていくことです。そうして、自分がボトムを感じ取れる必要最軽量ウエイトを捜し出しましょう。

アクションのバリエーションもたくさんあります。湖底を探るボトムバンピングやズル引き。ミドルレンジやウイードの上っ面でのスイミング。障害物周りやカバーの中でのリフト&フォールやシェイキング。

テキサスリグは、シチュエーションだけでなく、操作方法の面でも対応域の広いリグなのです。

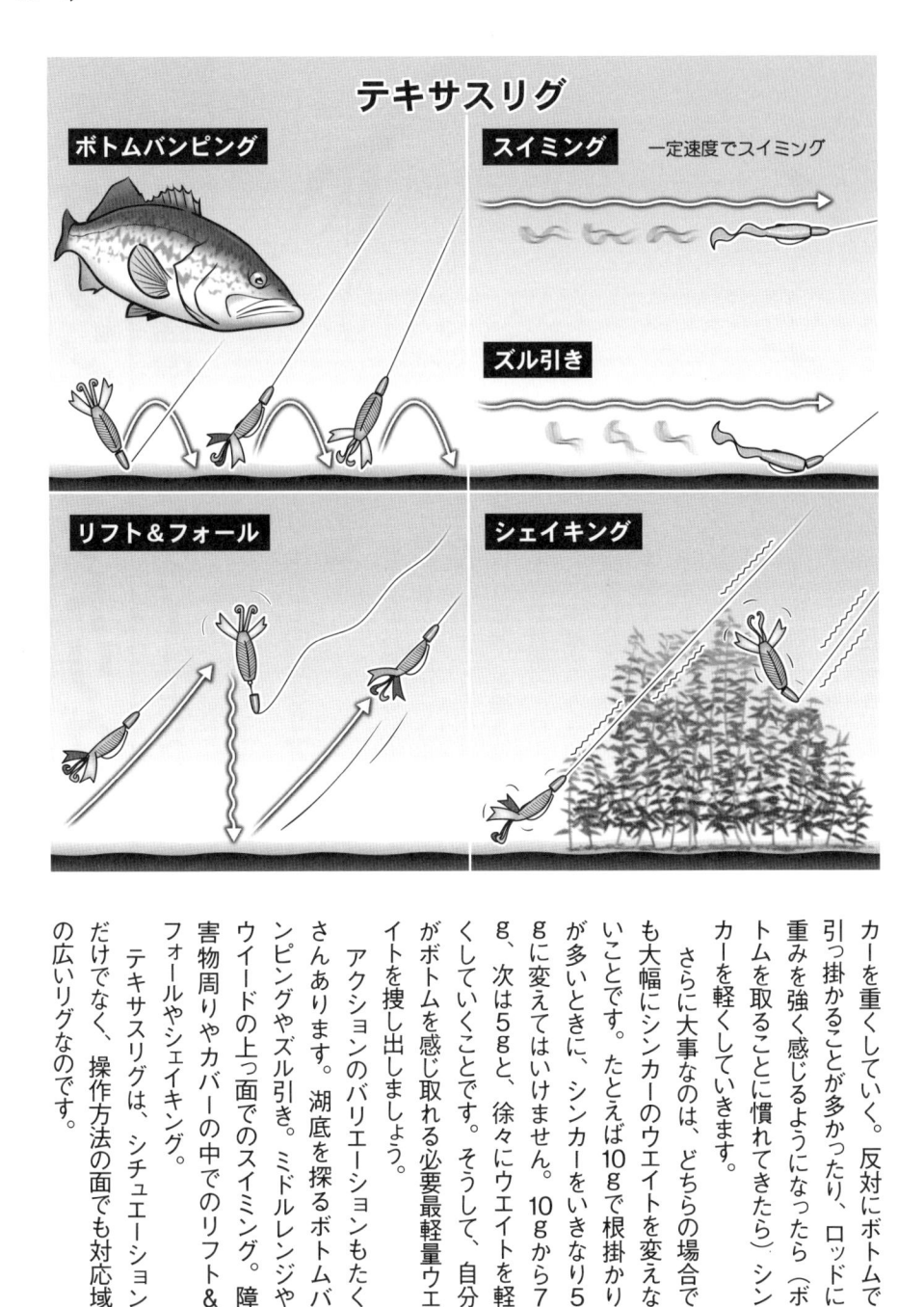

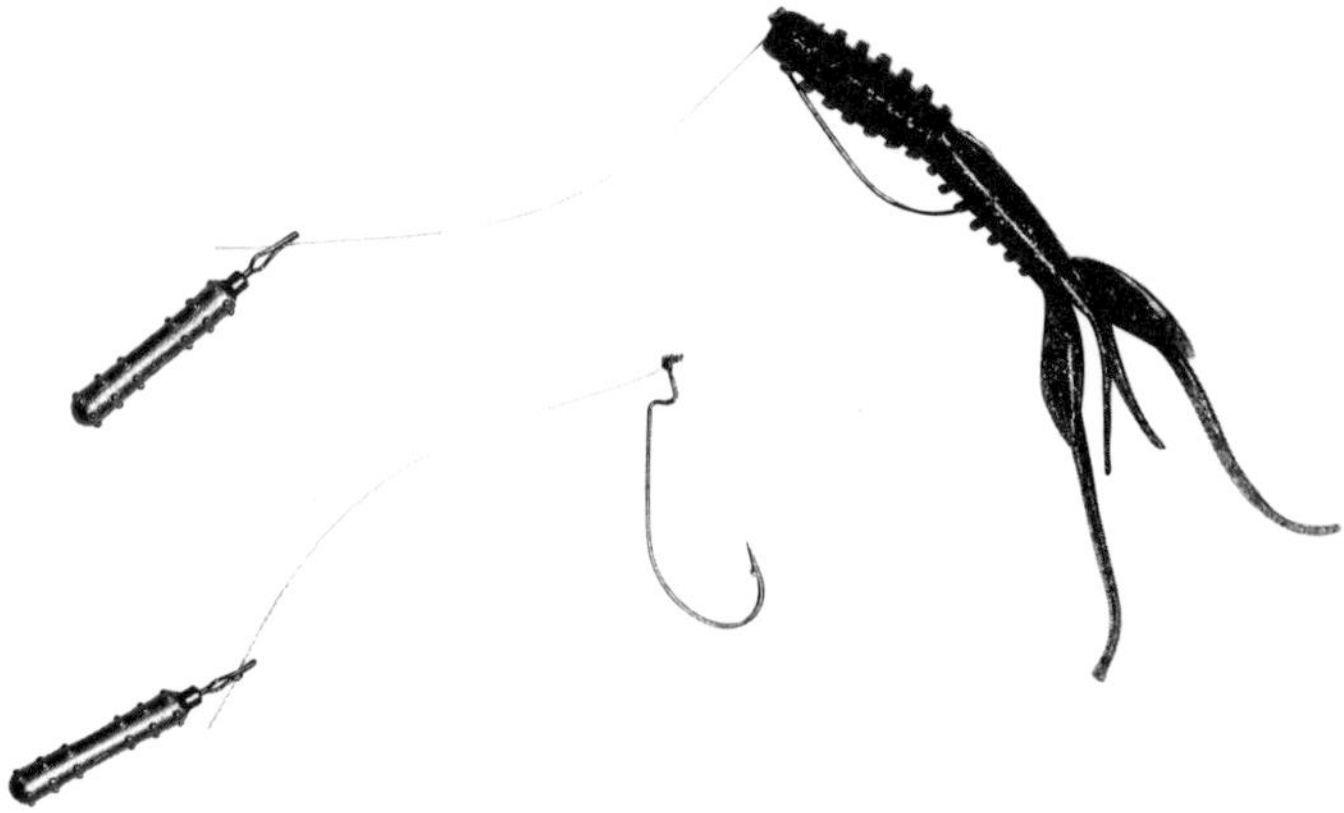

ダウンショットリグ

ワームは中層、シンカーはボトムに

リーダーの長さ＝アクションの違い

このリグの特徴はシンカーがワームより下にセットされていることです。海の船釣りでよく使用される胴突き仕掛けからヒントを得たという説もあるこの大きな特徴が、ワームをボトムから離して中層でアクションをさせることを可能にしています。ワームとシンカーを繋ぐリーダーの長さを調整することでボトムからワームを離し、シンカーがワームの動きを束縛しないナチュラルなアクションを作りだせます。

もう1つの特徴は、ワームをボトムから離してステイさせることができることです。障害物際などの「ここぞ!」というスポットでリグを完全に止めても、ワームがシンカーから離れているのでゆらゆらとアクションしてバスを誘い出します。

リーダーの長さは20㎝前後を基準に、短くて1㎝、長いときは50㎝以上まで取ることがあります。リーダーが短いとキャストはしやすくなりますが、ワーム本体にシンカーが近づくため、アクションはキビキビとしたものになります。逆にリーダーが長くなればなるほどキャストは難しくなりますが、ワームのアクションはよりナチュラルに演出できます。

浅場や根掛かりが多いエリアではリーダーは短く、バスのコンディションがよくない場合や深場などではリーダーを長めにセットしましょう。

アクションはズル引きとシェイキング

タックルを選ぶ基準について。かつてダウンショットは基本的にスピニン

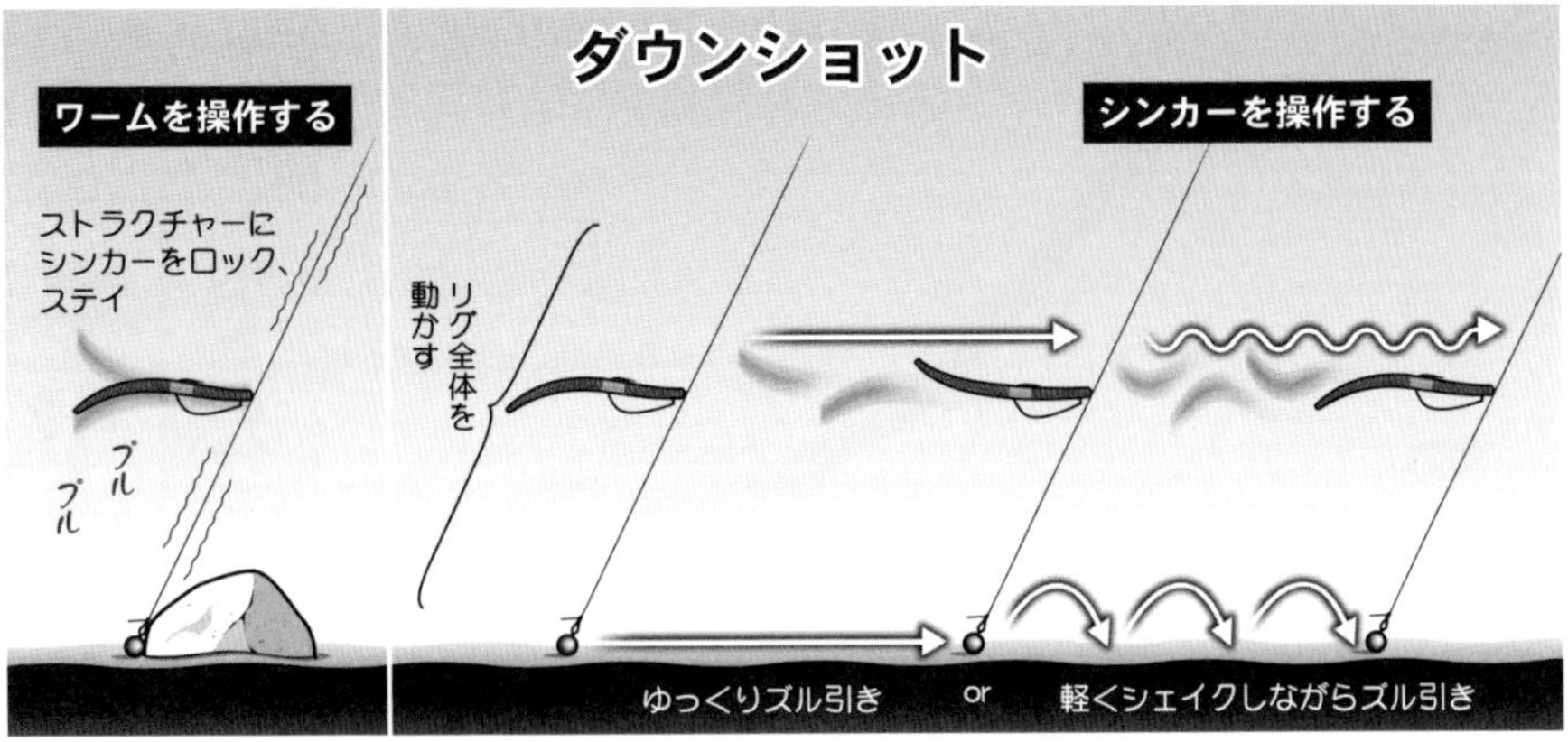

グタックルで扱うリグでしたが、近年はむしろベイトタックルでの使用が主流になってきています。リグ本来の作りと、ワームをボトムから離すという目的は一緒です。そこから先はシンカーの重さでタックルを決めます。1gを基準に3gまでをスピニングタックル、5g以上ならベイトタックルを選ぶといいでしょう。

　しかし、もともとはバスのコンディションが低下したときのフィネスリグですので、ワームを自然に「漂わせる」ことを目的とする場合は、やはりスピニングタックル（ライトライン）に分があります。

　アクションはズル引きとシェイキング。いずれの操作でもシンカーで確実にボトムを感じながら引いてきます。シンカーがボトムに接触することで、ワームも自然にアクションを起こします。ワームではなくシンカーを操作するイメージがズル引きでは大事です。

　シェイキングは、「ここぞ！」と思えるスポットで一点集中アクションを行ないます。シェイキングの場合は「ワームを動かす」イメージです。リグ全体（シンカーの位置）は動かさず、ワームのみを震わせる。ダウンショットリグの真骨頂といえるアクションです。

シンカーがワームの下側にくるこのリグは、その特徴から低活性のバスにも思わず口を使わせる威力がある

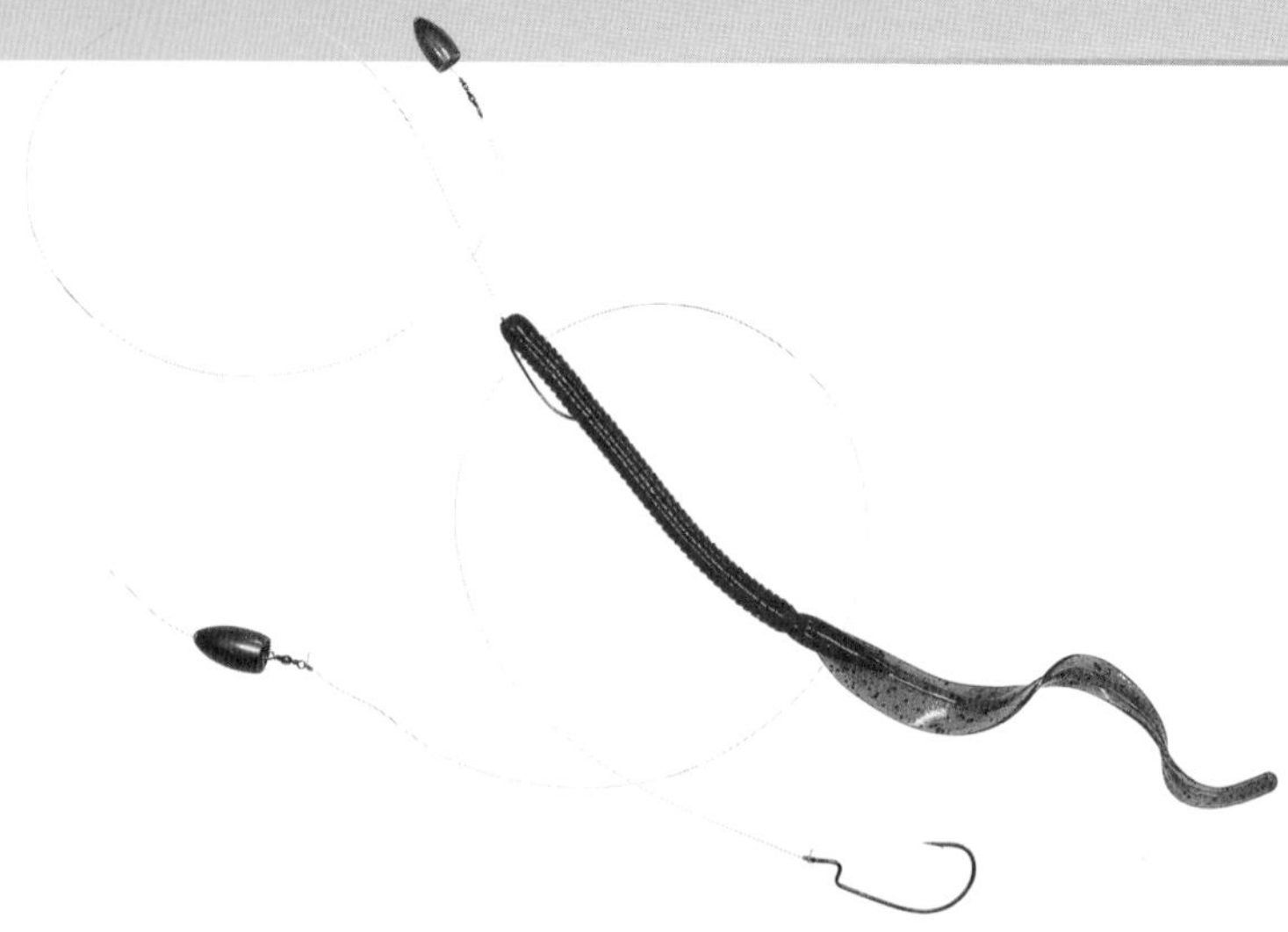

キャロライナリグ

ボトムサーチ力に優れる理想的なワームリグ

シンカー7gが分岐点

中通しのシンカーにスイベル、その先にリーダーがあってフックが……いざ準備をすると、とても工程の多い面倒臭いリグと思ってしまうキャロライナリグ。しかし一方では遠投性能に優れ、幅広くスピーディーにエリアを探れるうえに、リーダーがあることでワームがシンカーに束縛されずナチュラルに漂う。こんな理にかなったワームリグはほかにない！　そう思えるほどバランスのとれたリグでもあります。

このリグは選択するシンカーのウエイトによってライトキャロライナ、ヘビーキャロライナと呼ばれます。基準として7g以下がライトキャロ、それ以上の重さをヘビキャロと分けておけばよいでしょう。

基本はズル引き

アクションはいたって簡単。着底後、ズル引きまたはステイ。これだけでよいです。大遠投キャスト後、ボトムをズルズルと引いて探るだけ。何かにシンカーがスタックしたら、リグをステイしてバイトを待つのが基本のアクション。

次にハングオフアクション。これも基本はほぼ同じで、キャスト後ズルズルとボトムを探り、何かにシンカーがコンタクトするまでは一緒。スタックしたらシンカーを強めに外した後、ステイ。このときリーダーがたるんで惰性が生まれ、ワームが左右どちらかにダートするアクションです。リーダーの長さはダート幅に比例します。

キャロライナリグはボトムサーチに

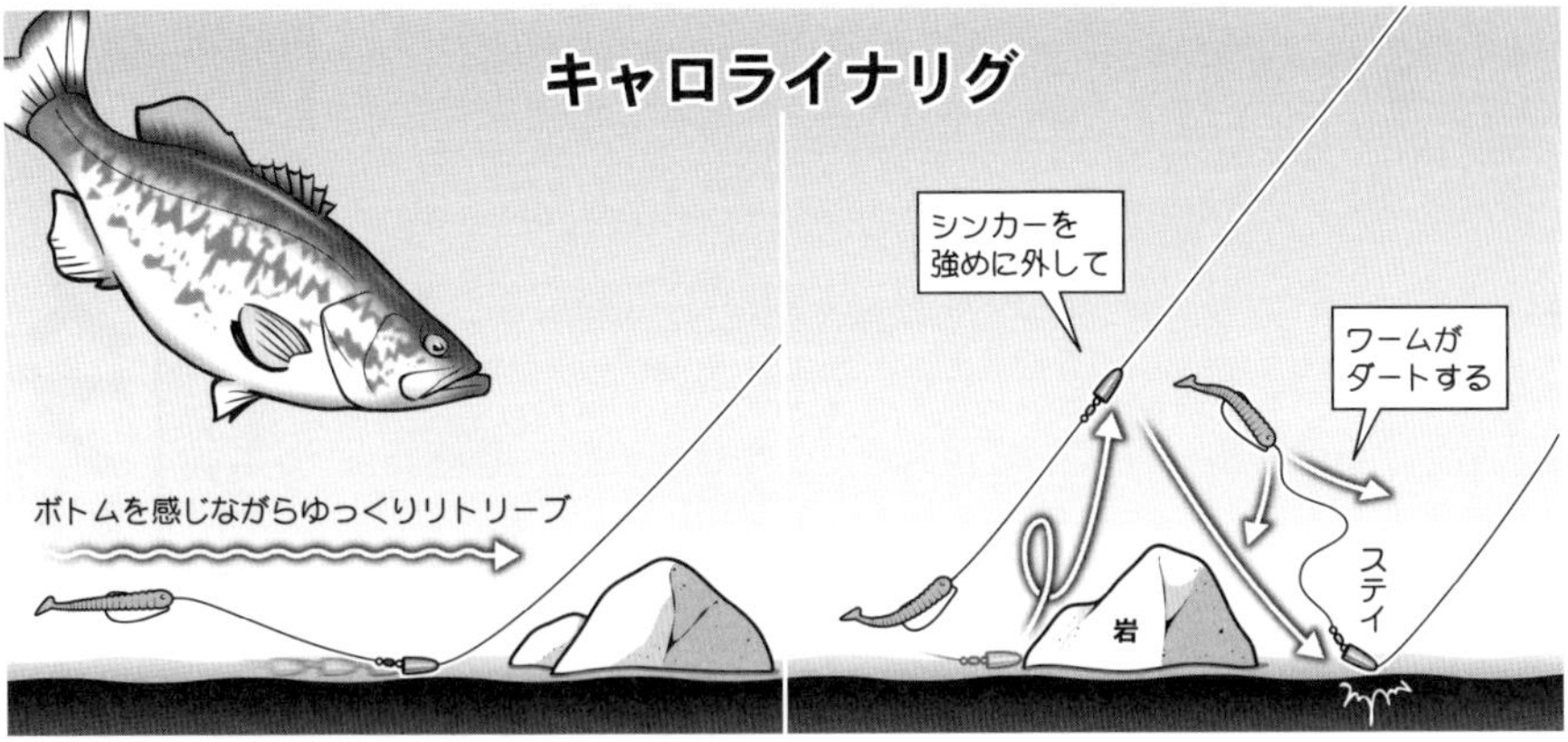
キャロライナリグ
ボトムを感じながらゆっくりリトリーブ
シンカーを
強めに外して
ワームが
ダートする
ステイ
岩

大遠投したら、ボトムをズルズルと引いて探るだけ。ボトムサーチ力に優れるキャロライナリグは、初めてのフィールドなどで重宝する

もっとも効率がよく、後のバスフィッシングに有力な水中の情報をもたらしてくれるリグです。

ボトムの質の違いや起伏、水中にあるストラクチャーなど、シンカーから伝わる情報が分かりやすいので、初めてのフィールドなどでは有効なリグでしょう。

スプリットショットリグ

ハイプレッシャーのバスに効くナチュラルアクション

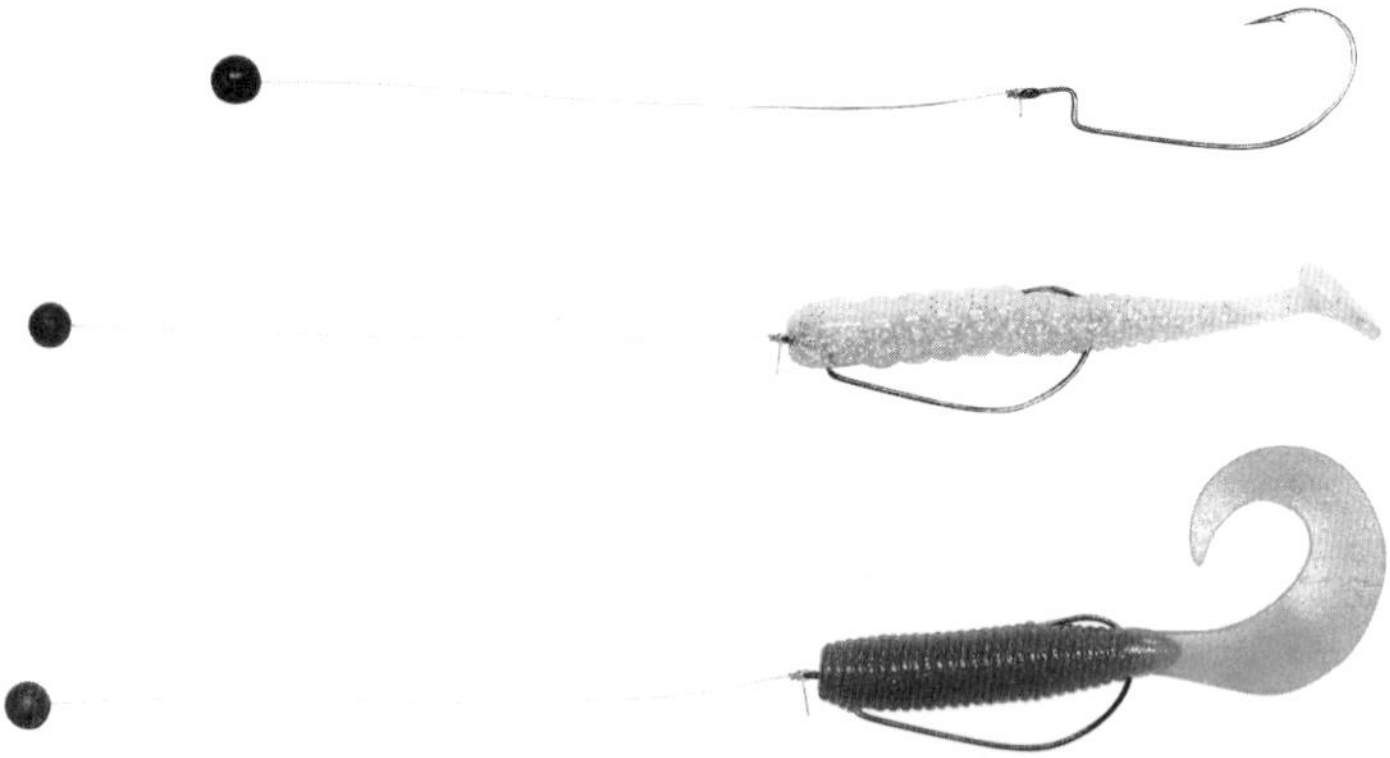

近距離に潜むバスを誘う

日本のバスフィッシングが最初の全盛期を迎えた1990年代、このスプリットショットリグは、バストーナメントでは絶対的な抑えの存在でした。一方でビギナーにとっても、「バスを釣るにはまずスプリットショットリグ」というくらい、確実に釣れる信頼度の高い人気リグだったのです。

軽いシンカーとリーダーの先にあるワームは水中を漂うナチュラルなアクションを生み出し、プレッシャーの高いバスに効果を発揮します。

今では専用のシンカーもありますが、エサ釣りに使われるガン玉と呼ばれるカミツブシオモリをラインにセットします。状況によってガン玉の位置を決め、リーダーの長さを調整してワームをナチュラルに漂わせるリグです。形状的にはキャロライナリグ（通称、キャロ）に似ています。

簡単にいってしまえば、シンカーのウエイトの違いからキャロは遠投サーチ型、スプリットショットリグは近距離サーチ型。

スプリットショットリグは使い方もキャロと似てきますが、大きな違いは、スプリットショットリグは軽いシンカーを使うため根掛かりしにくいこと。障害物や起伏の激しいボトムもダイレクトになめるように丁寧に探ることができます。

3つの基本アクション＋リーダーの長短によるダートの変化

「ズル引き」「カーブフォール」「スイミング」がスプリットショットリグの

スプリットショットリグ

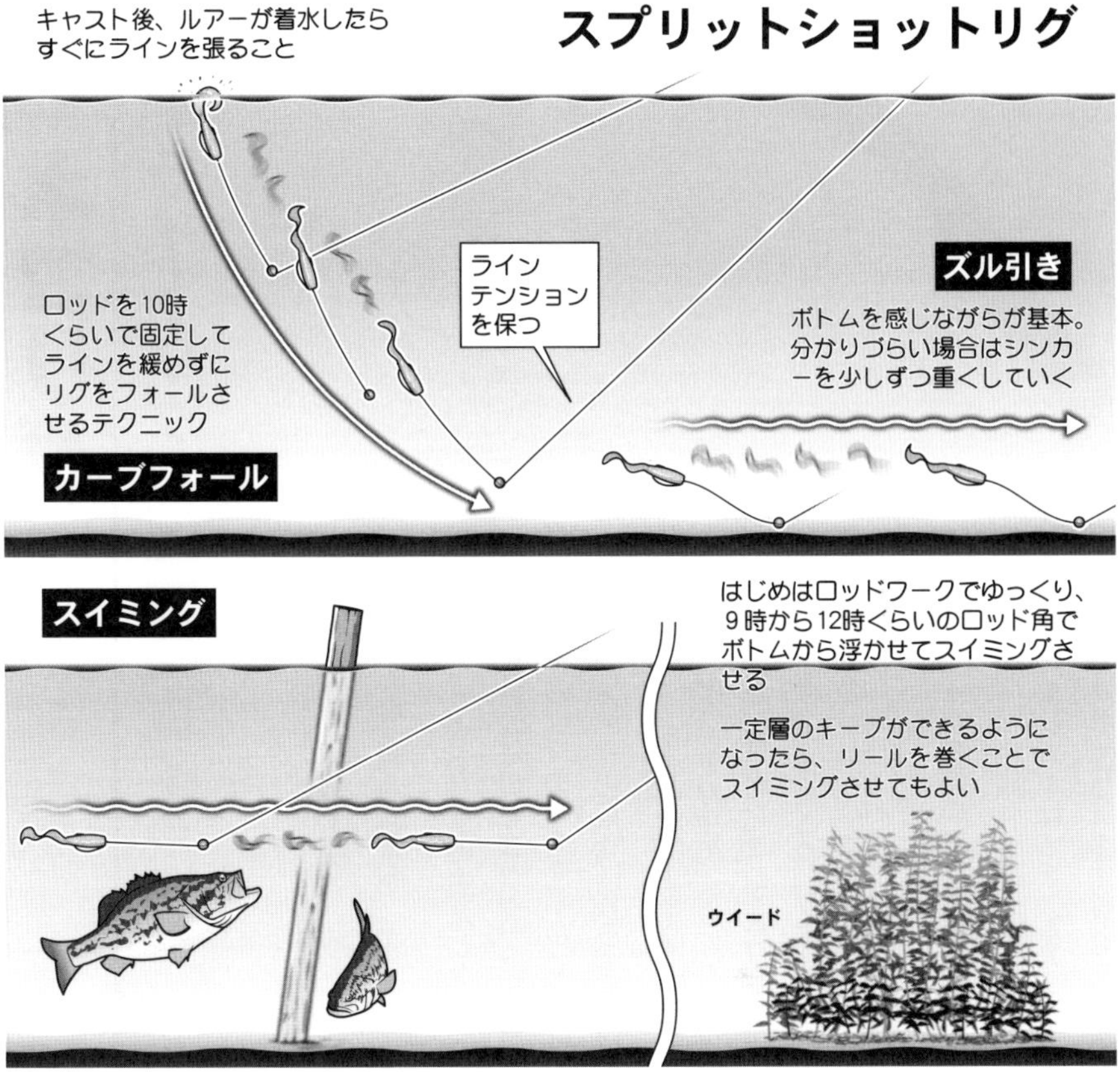
キャスト後、ルアーが着水したら
すぐにラインを張ること
ライン
テンションを保つ
ズル引き
ボトムを感じながらが基本。
分かりづらい場合はシンカーを少しずつ重くしていく
ロッドを10時くらいで固定してラインを緩めずにリグをフォールさせるテクニック
カーブフォール
スイミング
はじめはロッドワークでゆっくり、9時から12時くらいのロッド角でボトムから浮かせてスイミングさせる
一定層のキープができるようになったら、リールを巻くことでスイミングさせてもよい
ウイード

基本アクション。基本的には、ズル引きをしていて何かしらの変化を感じたら、ゆっくりとしたロッド操作で、その変化をタイトになぞるように引いてきます。

　その際、変化を乗り越える途中や乗り越えた直後にステイを入れてみてください。いい場所＝障害物の際やボトムの変化で、リグのアクションが変化したときにバイトが出ることが多いので、こうした瞬間は特に集中してください。

　リーダーは、その長さによってワームのアクションが変わってきます。短ければキビキビとしたクイックなダートが生まれ、長ければナチュラルな幅のあるダートやふわふわ漂うようなアクションになります。最初からロングリーダーにはせず、まずはリーダーを30㎝程度にして、リグ全体をしっかりと操作する感覚を掴むところから始めましょう。

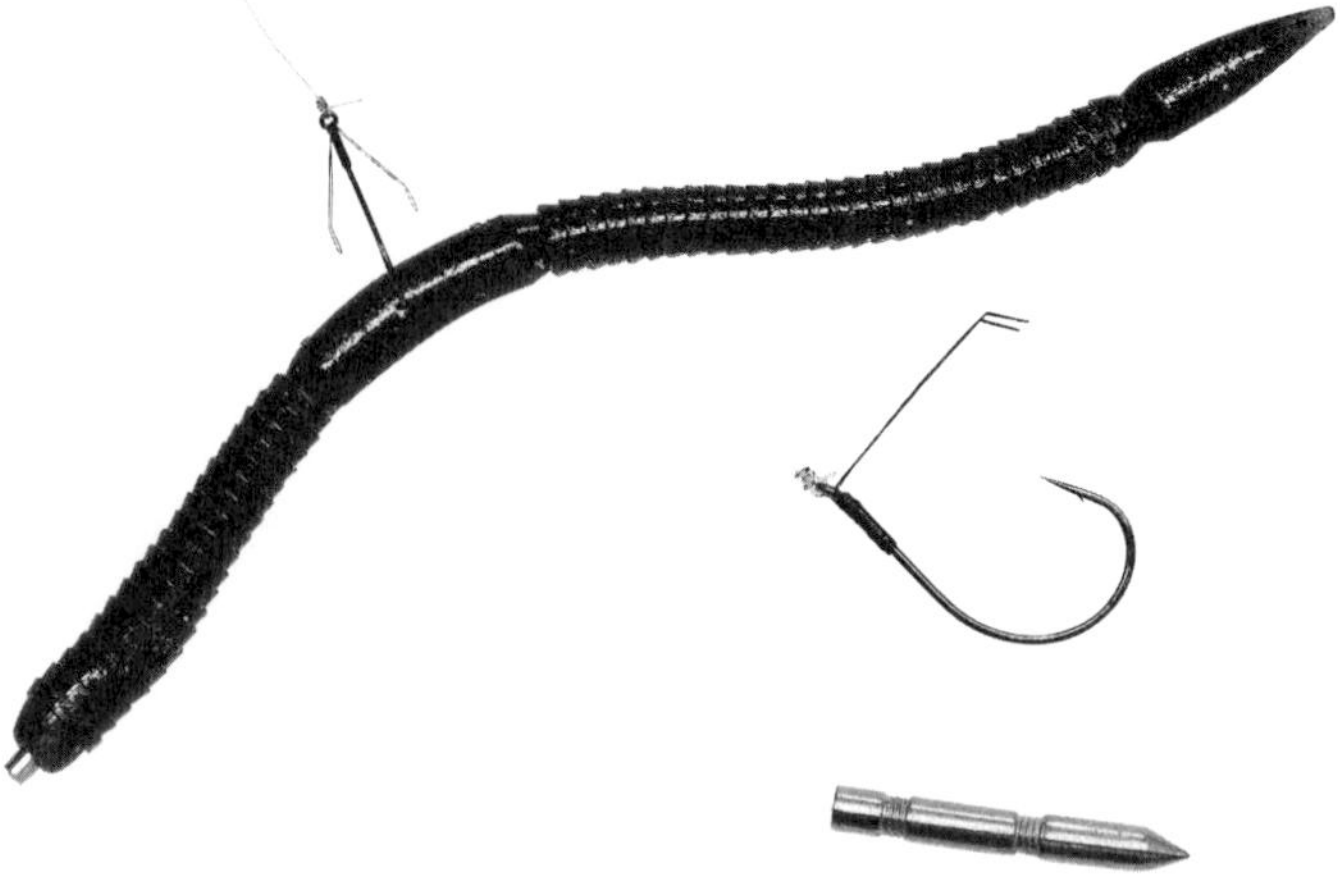

DVD収録

ネコリグ

ライトリグの主力スタイル

ネイルシンカーでワームを立たせる

　近年、ライトリグの主流となっているスタイルがこのネコリグ。ストレートワームのワッキースタイルで、ネイル（釘）シンカーと呼ばれる棒状のオモリをワームの頭に埋め込んで姿勢を立たせ、しゃくとり虫のようにボディーを曲げながらアクションするリグです。使用するフックはマスバリタイプですが、専用にガードの付いた製品もあるため、オープンウォーターからちょっとしたカバーまで使いどころの多いリグです。

　ネイルシンカーはさまざまなウエイトが用意され、0・4〜1・8gをシチュエーションによって使い分けます。

　大ぶりのワームや1・8g以上のシンカーを用いる場合は、スピニングよりもベイトタックルのほうが操作性がよく、カバー撃ちへの適性も高くなります。

基本はズル引き

　ボトムをしっかり感じ取れるウエイトのネイルシンカーをワームに埋め込み、ロッドで引いてくるのがコツです。

さまざまなスポットのバスにアピールできるのもネコリグの強み

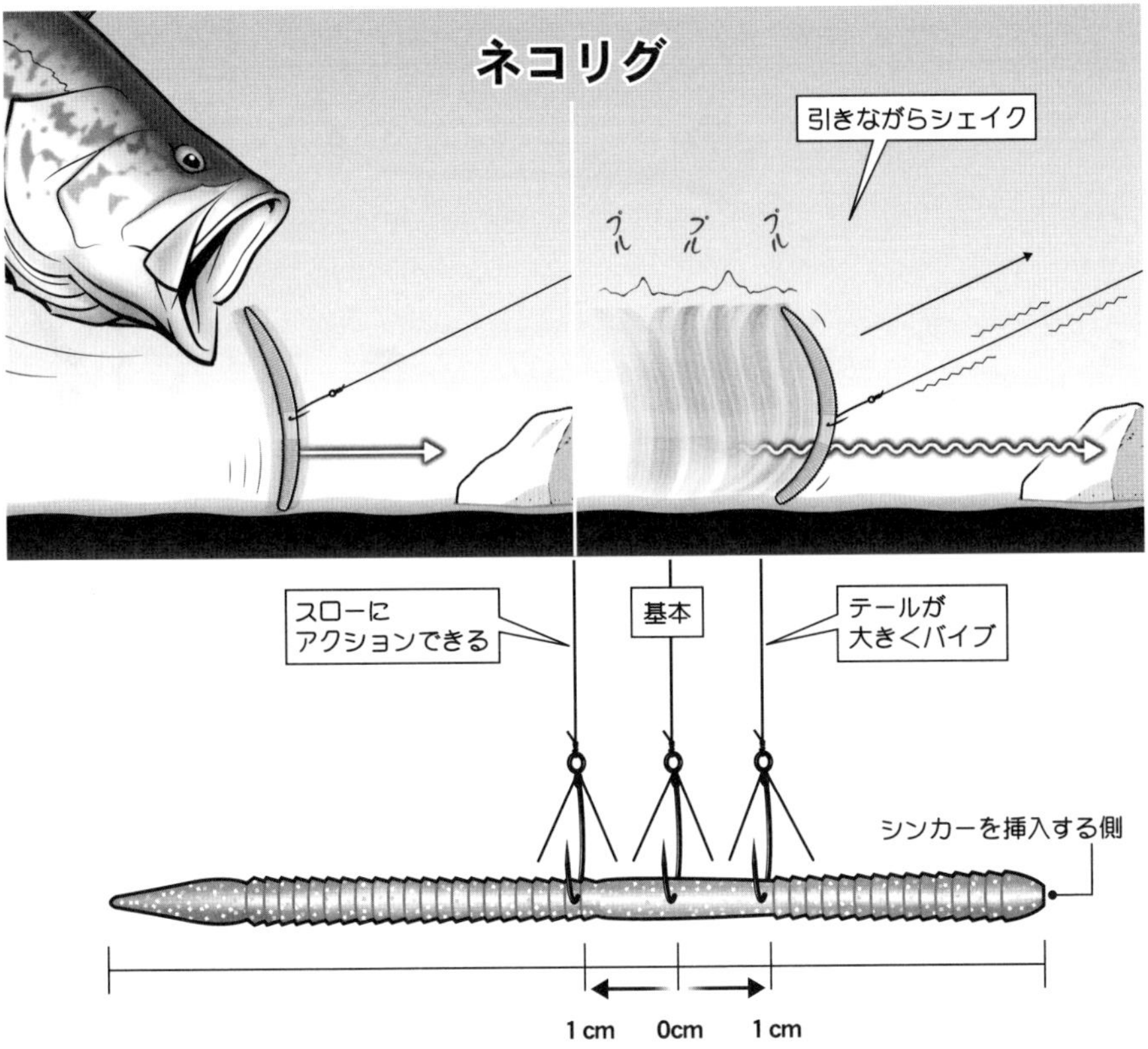

引くスピードは、ネコリグが頭のシンカーを軸にボトムでぎりぎりに立つくらいがベスト。コツがつかめてきたら、ロッドを引きながらシェイクを交えてアクションを加えていきます。

注意する点は、ワームをボトムからできるだけ離れないようにすること。意識せず連続的にリトリーブ&シェイクすると、ワームがボトムから離れてしまいます。ボトムを確認するためにも一度アクションを止めて底取りをするのがコツです。

ストレートワームのセンター付近（1㎝ほど頭側）にフックをセットするのが基本ですが、この位置によってワームのアクションが変わります。

基本位置よりワームの頭側（シンカー側）にフックセットすると、ワームのテールが大きくバイブレーションします。後ろ側の場合は、ネコリグをよりスローにアクションさせることができます。

DVD収録

ジグヘッドリグ

ビギナーにも使いやすいリグ

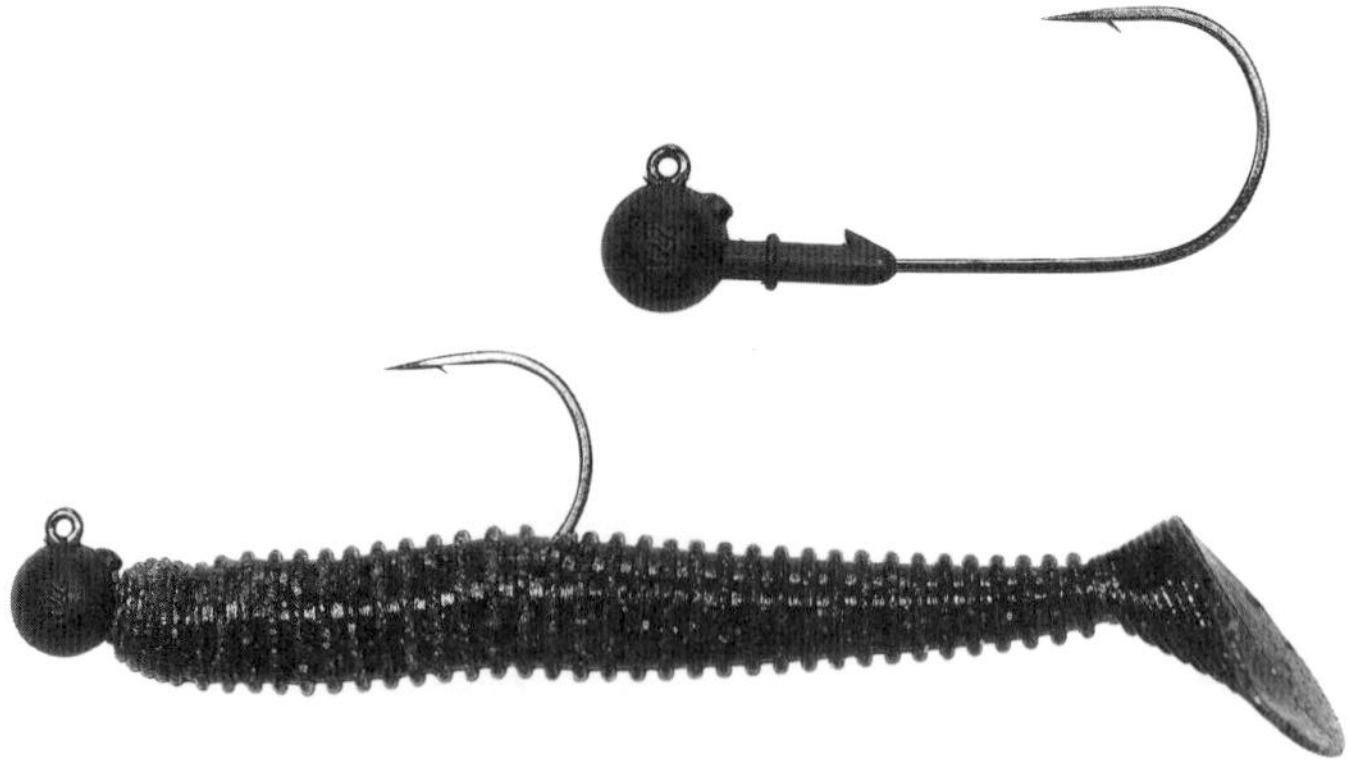

ワームは「まっすぐ」セットする

ジグヘッドはフックとシンカーが一体化したアイテム。これを用いたジグヘッドリグは、ワーム本体をダイレクトにアクションさせることのできるビギナーにも比較的扱いやすいリグです。

ジグヘッドリグは、基本的にセットするワームを選ばないリグですが、1つ重要なことがあります。それは、ジグヘッドにワームを「まっすぐに」セットすること。これはジグヘッドに限らずワームリグ全般にいえることですが、ダイレクトな操作性が特徴のジグヘッドリグでは、この点に特に気をつけましょう。

底と中層、2つのアクション

アクションの基本はボトムバンピングとスイミングです。前者はボトムでエビが跳ねているような、あるいは小魚がボトムを突っついているイメージでロッドをチョンチョンと機敏に操作します。後者は一定のレンジをリーリング。この2つのアクションが基本です。

ジグヘッドとワームが一体化してセットされているため、少しのロッド操作でもリグにダイレクトにアクションが伝わります。大きめのアクションは禁物。軽く、かつ機敏にロッドアクションを行なうのがキモです。

使用するワームは基本的に種類を問いませんが、まずはアクションがより伝わりやすく、リトリーブすればアクションを起こしてくれるグラブやシャッドテールなどを選択することをお薦めします。

ジグヘッドリグはフックがむき出し

ジグヘッド

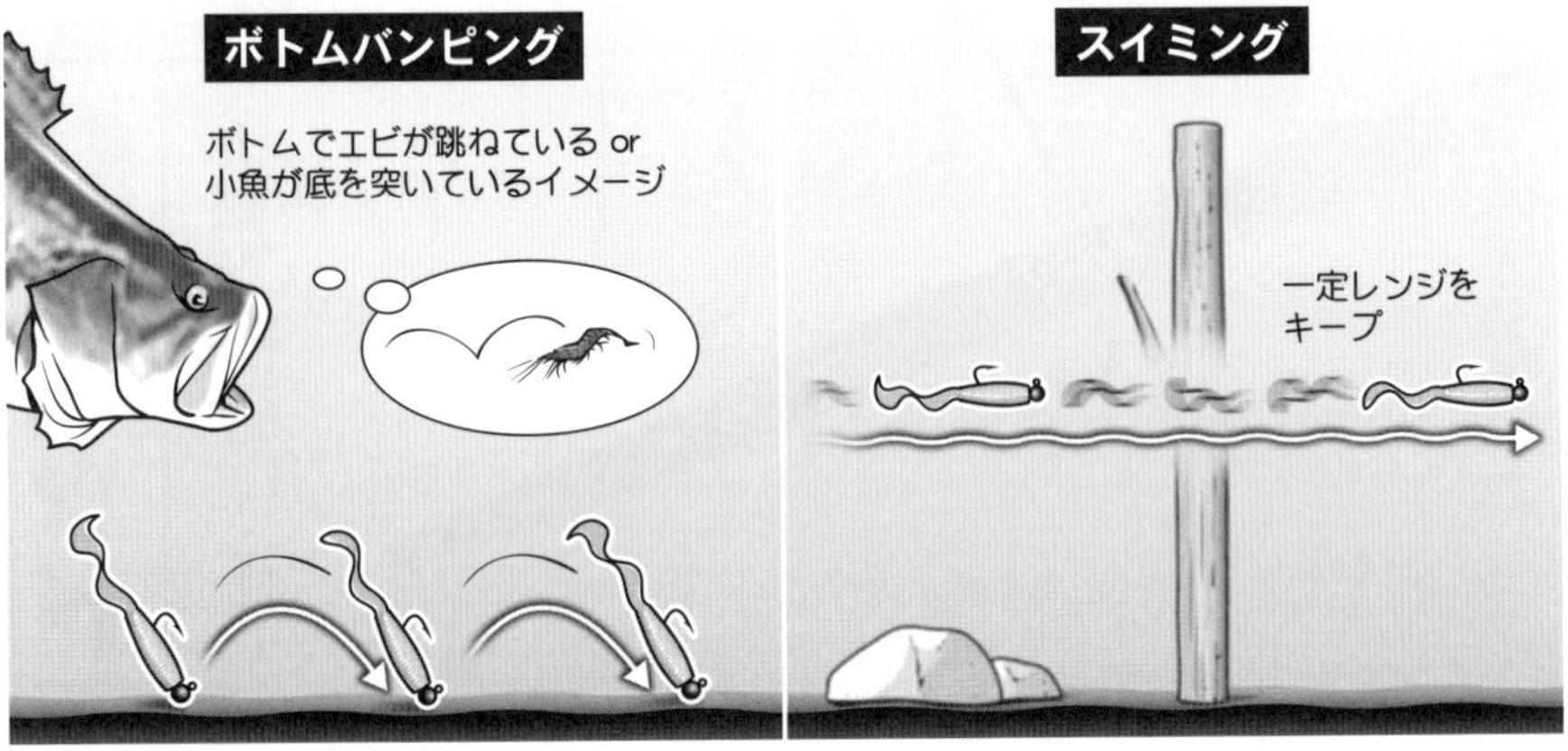
ボトムバンピング
ボトムでエビが跳ねている or
小魚が底を突いているイメージ
スイミング
一定レンジを
キープ

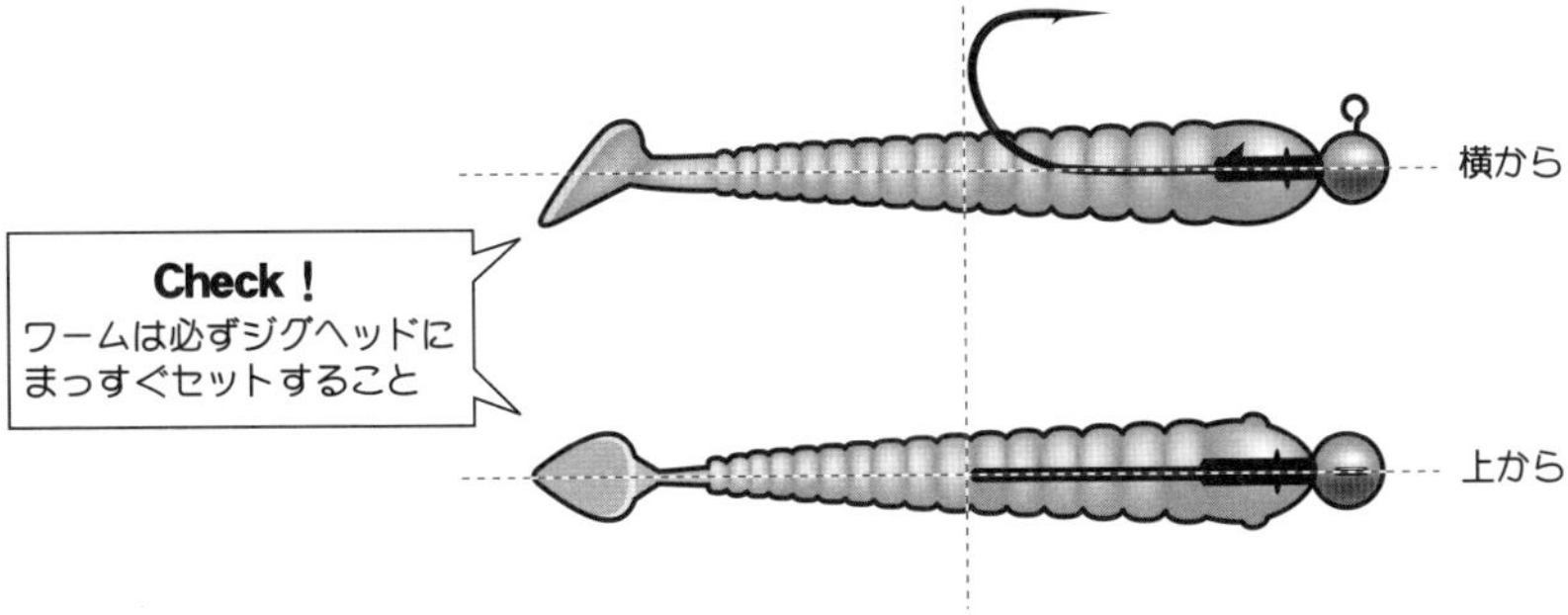
横から
Check！
ワームは必ずジグヘッドに
まっすぐセットすること
上から

ジグヘッドリグはグラブとの組み合わせもおすすめ。ただし根掛かりの多そうな場所では注意して使おう

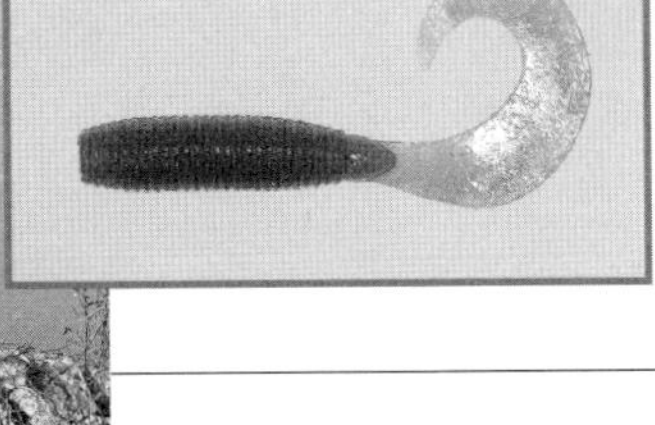

になっているので、複雑な障害物の周りや起伏の激しいボトム、カバーなどでは根掛かりのリスクが高いことも頭に入れておいてください。

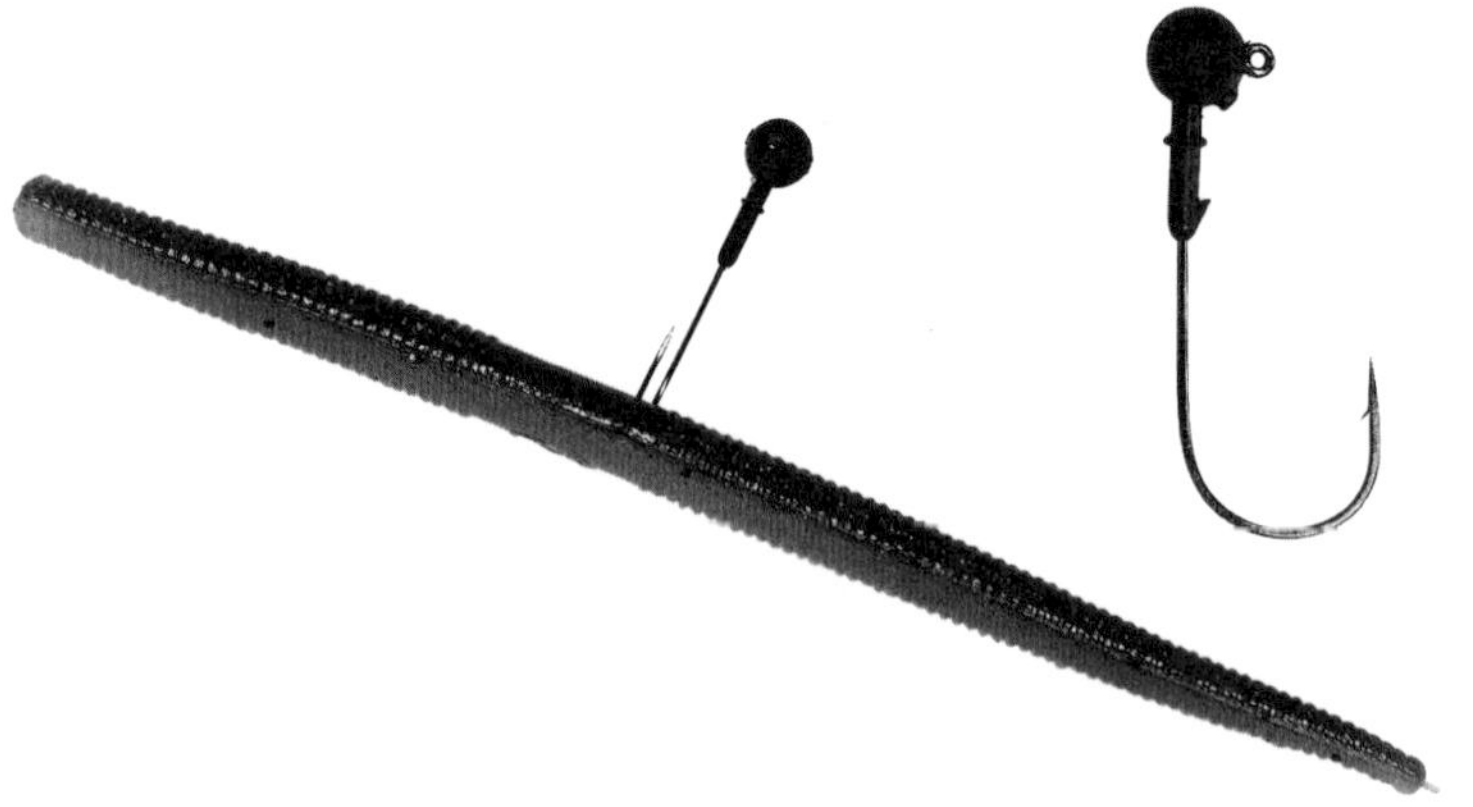

ジグヘッドワッキーリグ

チョン掛けによるバイブレーション効果

ワームにジグヘッドをチョン掛け!?

スタンダードなワームリグに比べると、少しエキセントリックなジグヘッドのワッキーリグ。それがジグヘッドワッキーリグです。

このリグも、ネコリグと同様に近年のバスフィッシング・シーンで使用者が急増したライトリグの1つ。つまり歴史は浅いわけですが、よく釣れるリグとしてすっかり定着しました。

フックのセット方法はきわめて簡単。ストレートワームのセンターに、ジグヘッドをチョン掛けするだけ。ジグヘッドに関してはジグヘッドワッキー専用品も市販されていて、こちらを使用するほうがワームのホールド性や操作性などの面でお薦めです。

ワームのセンターにシンカーの重心が来るため、フォーリング時に左右のヘッド&テールが水の抵抗を受け、ワームが自発的に細かくバイブレーションするのが特徴です。ワームが細ければピリピリと、太ければプルプルといったイメージです。

振り子のイメージでアクションさせる

アクションの基本はリフト&フォールとスイミング&シェイキングの2つ。

ワームのセンターにシンカーの重心がくることで生じる独特のアクションがバスにアピールする

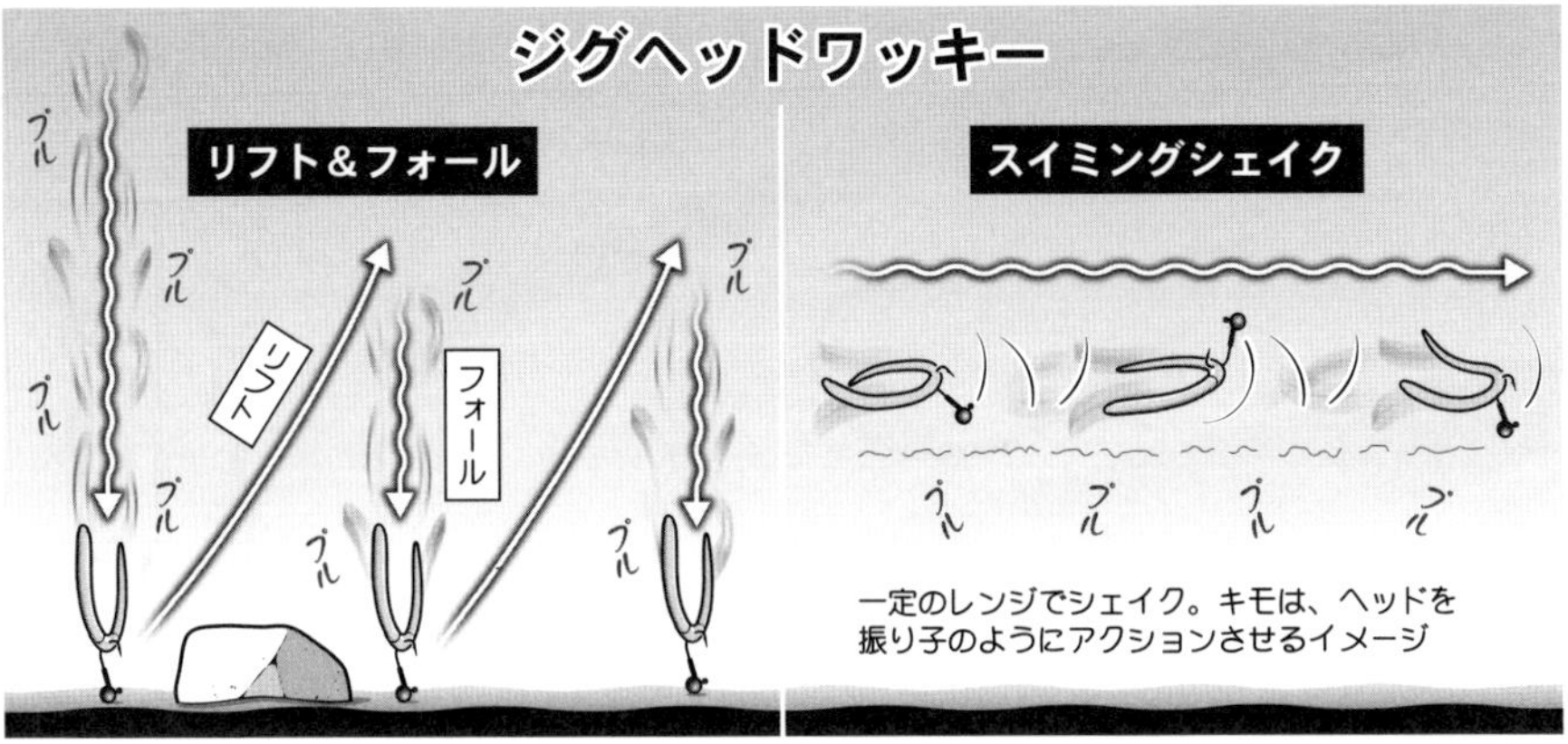

一定のレンジでシェイク。キモは、ヘッドを振り子のようにアクションさせるイメージ

リフト&フォールでは、フォール時のバイブレーションを有効に使うことがキモになります。

スイミング&シェイキングは一定のレンジをシェイクしつつ泳がせる操作方法。ロッドでシェイクしながら、リールでイトフケを巻き取る複合的な動作が必要です。

ライトリグのジグヘッドワッキーは、スピニングタックルとの組み合わせで

どちらのアクションにもいえることですが、ワームのセンターにセットされたジグヘッドを振り子のように動かすイメージでアクションをつけるといいでしょう。この際に生じるトリッキーなアクションが、ジグヘッドワッキーの特徴だからです。

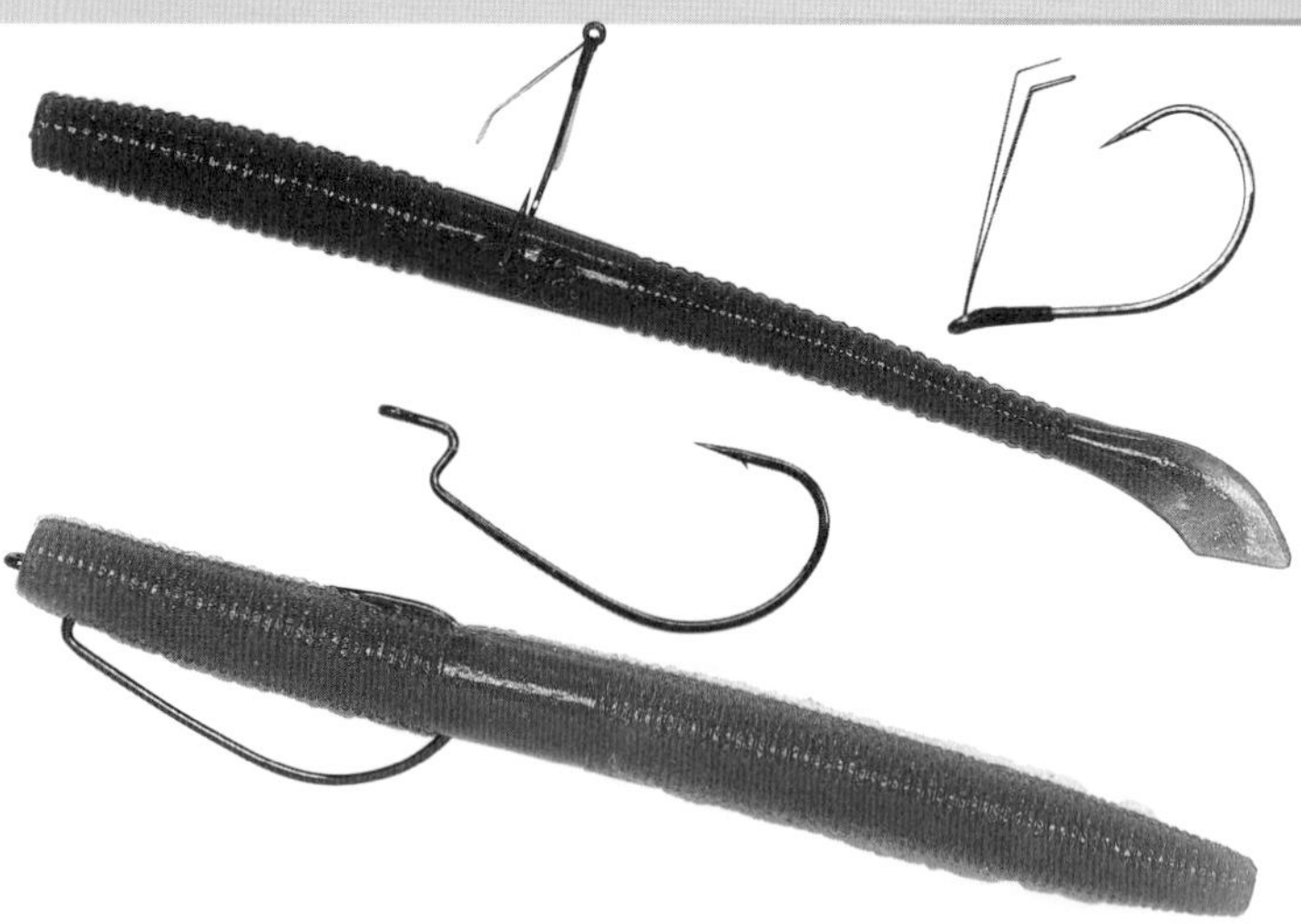

ノーシンカーリグ

シンカーを使わないリグならではのアクション

ハイプレッシャーのサスペンドバスに

ノーシンカーリグは、文字どおりシンカーを使わないシンプルなリグです。ワームの自重を利用したナチュラルなアクションは、プレッシャーの掛かったバスにとても有効。釣りたいときの切り札的存在として、また浅いレンジに浮いたサスペンドバス攻略にと、初級者から上級者まで使用機会の多いリグです。

ストレートワームを使うのが一般的で、オフセットフックを使用する場合と、マスバリをワームのセンターにワッキー掛けするセット方法があります。ともにアクションはフォールが基本ですが、フックのセット方法によってさまざまなアクションが作りだせます。ビギナーにはマスバリのワッキー掛けセットがよいでしょう。理由は、水の抵抗を受けやすいので、多少の風や流れがある状況下でもラインやリグが流されてしまいにくいからです。

沈下中にラインテンションを掛けない

さまざまなワームリグを使っていく中で、「ノーシンカー状態」という言葉が出てきます。それはこのノーシンカーリグのフリーフォール（ラインを張らずにルアーを沈めること）を、他のリグに応用することなので覚えておいてください。

ノーシンカーリグには2つのアクションがあります。1つはフォーリングです。シンカーを使わず、ワームとフックの自重のみでただ落とし込む単純なテクニックです。フォール中に水抵抗でワームが「ピリピリ、プルプル」

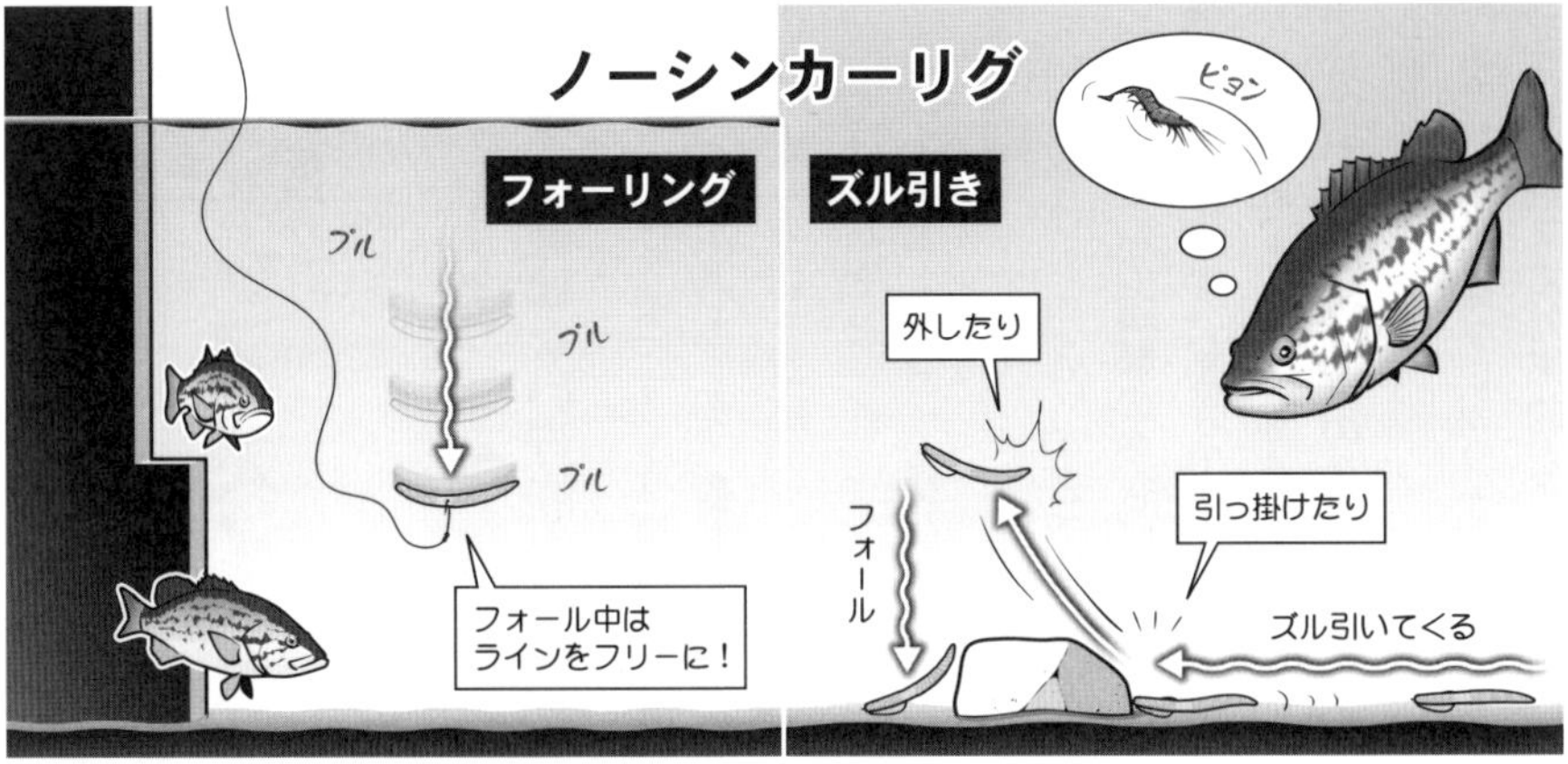

と自発的に動くアクションで誘います。また、「ゆっくり沈降する」こと自体が、バスにはエビなどが無警戒に水中を漂う様を想起させるのかもしれません。

気をつけるのは、フォーリング中にラインにテンションを掛けない（ラインを張らない）こと。ロッドで引いたり、リールを巻いたり、アクションをつけたりといった余計なことをせず、ワームが自然に沈んでいくようにする「フリーフォール」を心掛けます。

もう1つはズル引きです。ノーシンカーをボトムまで沈めたら、ボトムをゆっくりとズル引いてくるアクションです。ボトムの突起やストラクチャーなどに引っ掛けたり、外したりします。外れたときの瞬発的な動きは、バスに驚いて飛び出たエビをイメージさせることができるでしょう。もちろん、引っ掛けて外した後も、フリーフォールをお忘れなく。

ノーシンカーリグは、ワーム本来のアクションを最大限に生かすことが可能だ

ワーム（ソフトベイト）

ソフトベイトの代表的なタイプについて

ストレートワーム
リグを選ばない万能タイプ

字のごとくまっすぐな棒状の形をしたワームルアーです。基本的にはどのようなリグにも対応できるのが特徴で、ワームの長さ（インチ）や太さで使うシチュエーション、リグを選択していきます。

初心者はショップなどで見るストレートワームの種類の多さに最初は戸惑うと思います。長さでは、短いもので1in（約2・5㎝）から、長いワームでは10in（約25㎝）以上のストレートワームもあります。

短いワームはプレッシャーの掛かったスレたバスに効果的だったり、逆に長いワームはやはりサイズの大きなバスねらいの王道だったりと、ストレートワーム選びのTPOはありますが、ビギナーの場合、まずは基本となるサイズの4in（約10㎝）を選んで使ってみましょう。

次に太さです。細ければ曲がりやすくナチュラルにアクションします。反対に太くなるにつれて今度は曲がりづらく、キビキビとしたアクションをするようになります。

ストレートワームはリグを選ばない万能タイプですが、近年はダウンショットやネコリグ、ジグヘッド、スプリットショットやシンカーを使わないノーシンカーリグなどのフィネスリグで特に多用される傾向にあります。

グラブ　ジグヘッドリグやテキサスリグで効果を発揮

1980～1990年代に一世を風《ふう》靡《び》した名作形状のグラブ。近年はラバージグなどのトレーラーとして使用する上級者はいますが、グラブ単体での使用はあまり見られなくなりました。とはいえビギナーがまず1尾を手にするワームとしては、グラブの威力はいまだに健在です。

イモ虫状のボディーにカールした幅の広いテールを組み合わせたグラブは、ジグヘッドリグやテキサスリグでの使用で特に威力を発揮します。ただリトリーブするだけでテールが水をつかみ、ボディーを震わせながらナチュラルにアクションします。その動きは小魚そのものです。

グラブをリトリーブするうえで気をつけることは、グラブ全体が回転しないようにすることです。テールだけがゆらゆらアクションを起こすようにリ

●ストレートワーム

●グラブ

ネコリグにバイトしたナイスフィッシュ

●クロー・ホッグ系のワーム。上はシュリンプを意識したもの

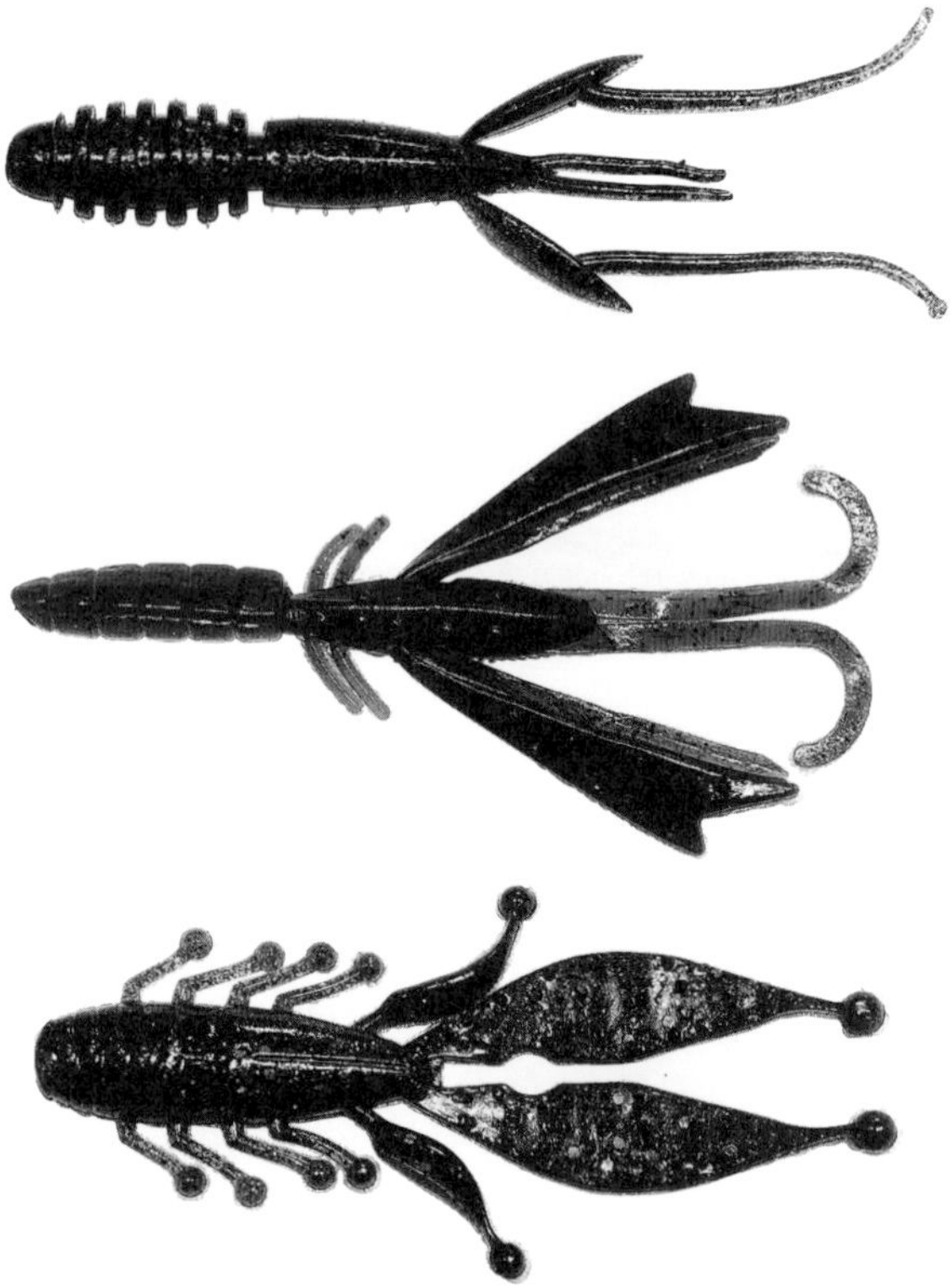

トリーブするのがコツです。

これらのリグでグラブアクションに慣れてきたら、スプリットショットやキャロライナなどのリーダーのあるリグでもグラブが回転しないようにリトリーブしてみてください。

究極はグラブのノーシンカー・リトリーブ。リトリーブスピードが難しい釣り方ですが、きっとバスをキャッチさせてくれるでしょう。

クロー・ホッグ系　ツメに注目

見てのとおり、甲殻類（ザリガニ、エビ）をイミテートしたワームです。

このタイプのワームも多くの種類がショップに並んでいます。

クロー・ホッグ系のワームを選ぶ基準を正直にいってしまうと、好みの問題になります。しかし形状によってはアクションの違いが出てきます。

重要なのがクロー・ホッグ系のツメの部分です。アングラーが自らアクショ

●カーリーテール

ンを行なうことでツメを動かすものもあれば、フォール中にツメが水の抵抗を受けてパタパタとアクションを起こすタイプもあります。

この違いはツメの大きさで選ぶとよいでしょう。ツメが大きく太ければ、フォール中に自発的にアクションを起こすワームが多いです。また、ツメがカールしているものもアクションを起こします。

甲殻類が生息していそうな水生植物やハードボトムなどで、テキサスリグを使い、じっくり甲殻類を演出するのが基本です。

カーリーテール
大きなテールでゆらゆら、ゆったりアクション

グラブよりも長いテールを持ち、よりナチュラルにテールがアクションを起こします。ストレートと大きなカーリーテールを組み合わせたこのワームは、スイミングアクションを最も得意とします。比較的リグを選びませんが、きっちりとアクションさせることを考えると、やはりテキサスリグとジグヘッドの2つがベストです。

ピリピリとタイトにテールを揺らすグラブに比べて、カーリータイプはゆらゆらと大きくゆったりとテールを揺らします。スイミングやズル引きが効果的な使い方です。

またカーリーテールは、動かしているときはテールが伸びている状態になり、止めれば元のカールした形状に戻ろうとします。こうした、アングラーの操作によらない、ワームの自発的アクションが非常に効くこともあります。

シャッドテール
足首状のテールがアクションを起こす

少し太めのストレートボディーに、足首のようなテールが付いたワームです。スイミングさせると、この足首状のテールがピリピリと左右に小気味よ

●シャッドテール

く震えるアクションを起こします。

　テールが大きければボディーにも振動が伝わり、シャッドテール全体がローリングアクションを起こしてくれます。反対に、テールが小さければピリピリとテールだけがアクションします。使用するリグを選ばない、何にでもセットできる万能ワームです。

　ただし、キャロライナリグやスプリットショットリグ、ノーシンカーなどでは、アクション時にワームが回転してしまうことがないようにリトリーブスピードをきちんと調整することがキモとなります。

　また、シャッドテールはラバージグのトレーラーとしても優秀です。

6章

フィールドの代表的なスポットと攻略法

釣り場は変化に富んでいる。

自然の地形変化、人工物、不動のもの、

季節や諸条件で現われたりなくなったりするもの。

目に見える変化と推測で判断する水中の変化のどこに注目し、

どう攻略するか、実戦的に解説してみたい。

水門

「人工構造物＋流れ」の複合要素

水門は開閉時以外にもバスが付く要素がある

大きな水門は多くのバスをストックしやすい

水門は田畑に水を引いたり落としたりする目的で設置され、水害を防ぐ機能も果たします。

釣り場に水門がある場合、そこは水の動きが期待できるスポットです。田畑が休められている時期は水門の開け閉めがなく、水は動きません。しかし人工的な構造物（マンメイドストラクチャー）として考えれば、水門はやはりバスが付くには格好の変化です。そこに水の動きが加われば超一級の要素になります。

水門は大小さまざまな規模のものがあり、また形も多様です。寄り付くバスの数はその大きさに比例しますが、そのときに釣れるかどうかはやはり水が動いているかいないかに左右されます。

掻きしろの時期に注意

水門は、基本的にはオールシーズン有効なスポットですが、一時期に限って全く生き物が近づかなくなるタイミングがあります。それは、田植えシーズンです。地域によって田植えの時期は少しずれますが、4～6月辺りにこのタイミングは訪れます。耕した田んぼに水を張り、オーバーフローした水は水門を開けてフィールドに落とします。この水は「掻きしろ」といって、生き物にとっては厄介な水です。

水門から掻きしろが出ているときは、流れがあるからといっても粘らず、様子をみる程度に探ったら移動したほうが賢明です。

水門は誰が見ても分かりやすい好ス

水門

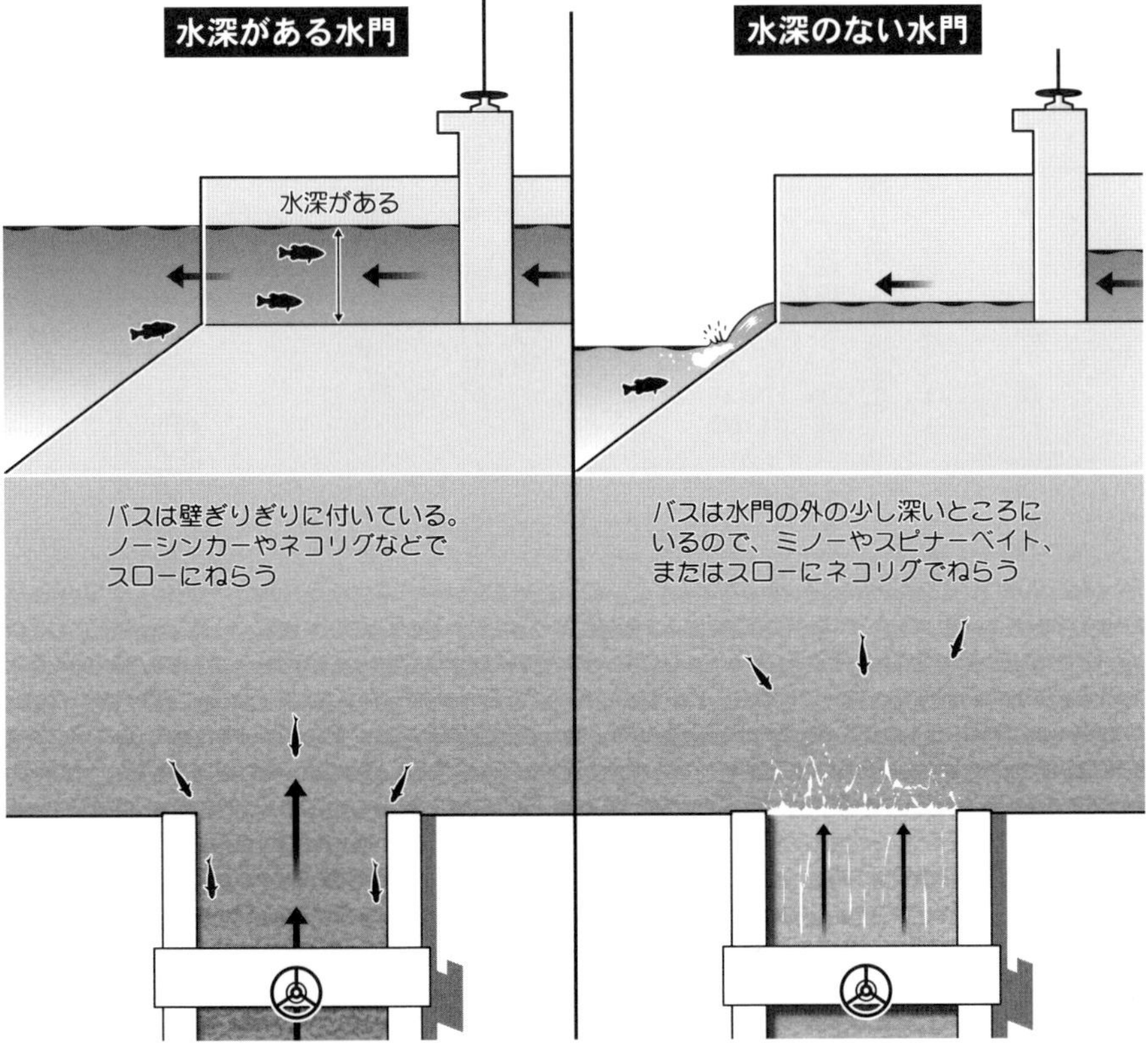
水深がある水門
水深のない水門
水深がある
バスは壁ぎりぎりに付いている。
ノーシンカーやネコリグなどで
スローにねらう
バスは水門の外の少し深いところに
いるので、ミノーやスピナーベイト、
またはスローにネコリグでねらう

ポットです。少なからず釣り人によるバスへのプレッシャーはありますので、各種ワームリグでじっくり静かに釣るのが鉄則です。

　もう1つ大事なことは水門内の水深です。水深がある場合、バスは内側の壁ぎりぎりについていることが多く、水門内が浅い場合は、その外側のちょっとした深みにいることがあります。いずれにしても水門周りは必ずチェックすることです。

巨大な水門はひと目に付きやすいぶん、プレッシャーも高い

岬

バスにとってのフィーディングエリア

活性の高いバスがうろつく

岬は、水中に延びる小根状の地形です。たいていは陸からの地形がそのまま水中に続いているので、パッと見て分かりやすい変化でもあります。その特徴から「馬の背」とも呼ばれます。

バスフィッシングを行なううえで岬はとても重要です。沖へ大きくせり出した岬は、バスにとって深場から浅瀬に上がるための重要な道となります。反対に浅場から深場へ移動するルートでもあります。

流れのないフィールドでも岬の周りには水の動きが発生しやすく、多くの生き物が集まってくる環境を形成しています。

また、バスにとって岬はフィーディングエリア（餌場）の1つです。比較的活性の高いバスがうろつき、冬の一番寒さが厳しい時期を除けばオールシーズン釣果が期待できるスポットです。

光が弱い朝夕の時間帯は特に有望ですが、カケアガリの下に深場も備えているので、日中でも岬の先端や両サイドをねらうことで釣果を得ることができます。

傾斜の違い＝底質の違い

岬にはダラダラと緩い傾斜からきつい傾斜まで、いろいろな角度のカケアガリがあります。傾斜のきついカケアガリをもつ岬の場合、底質は主に岩や岩盤等のハードボトム。時間帯と関係なくバスが居着いていることが多いので、常にねらってみる価値があります。

傾斜が緩い岬は、砂や泥状の軟らかい底質であることが多く、常にバスがいるとは限らないスポットです。朝夕のフィーディングタイム以外にも釣れることはありますが、そうした魚は回遊型の個体と考え、いたずらに粘らないようにしましょう。

このように、攻略するときにはそれ

岬の傾斜や表面から水中のカケアガリや底質を推測しよう

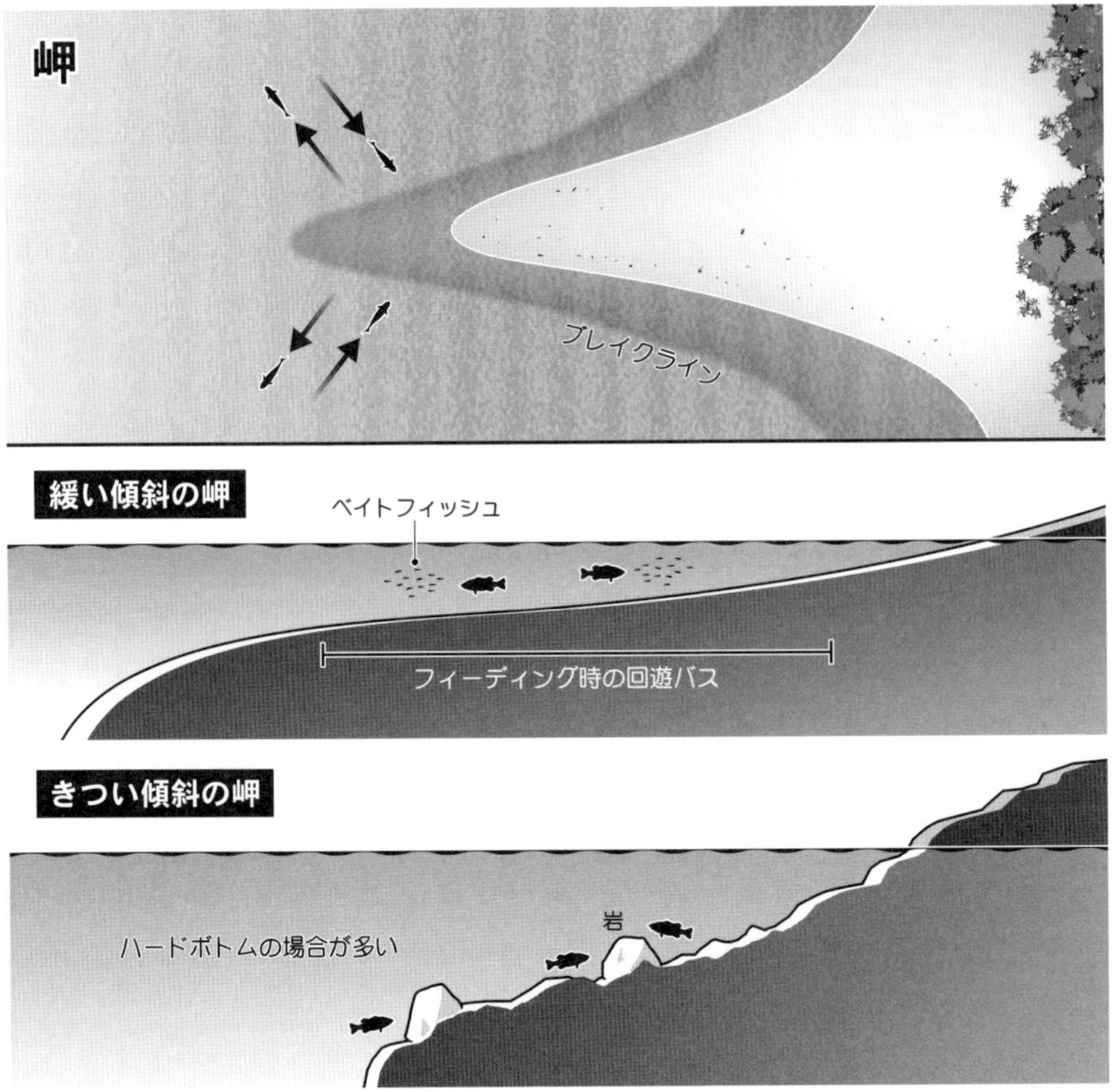

がどんなタイプの岬なのかを見極めることが重要です。

浅瀬が多く傾斜が緩い岬では、朝夕の日差しが弱い時間帯や曇天、雨天など、バスの活性が高いタイミングでのトップウォーターゲームが有効でしょう。岬の先端部から広い範囲でのシャローエリアを、ペンシルベイトのウォーキング・ザ・ドッグでサーチします。立ち木や岩といったスポット的な変化があれば、ポッパーを使ったスプラッシュ&ステイも効果的です。

傾斜がきつい岬では、両サイドから岬の先端部にかけてのカケアガリ（ブレイクライン）をじっくり攻略することで、回遊型以外の居着きのバスもねらえます。

クランクベイトやスピナーベイトといったファストムービングで活性の高いバスをねらいつつ、岩盤タイプの岬であればラバージグや各種ワームリグも使ってじっくり粘ってみるといいでしょう。

橋脚

バスも釣り人も集まりやすい人気スポット

カケアガリに隣接する橋脚は特に見逃せない

橋げたを支える土台部分の橋脚は、河川やリザーバー（ダム湖）に多いマンメイドストラクチャーです。ボトムから垂直に延びる構造上、キャッチしたバスからその日のレンジを推測することが容易で、釣果だけではなく大きなヒントも得ることができるのが橋脚です。

橋脚周りは水通しが非常によく、シェードも出来て、バスのエサとなる小魚類も多く集まります。なかでもバスの通り道となるカケアガリに隣接した橋脚は特に有望であることを覚えておきましょう。

ただし、誰もが目を付けてねらうスポットでもあるため、フィッシングプレッシャーが高いのも事実。先行者がいた場合は、どんなルアーをキャストしているのか見ておき、自分の番になったらそれとは違うルアーをキャストしてバスの目先を変えることが大事です。

縦と横の釣り

橋脚に限らずプレッシャーの高いスポット全般にいえることですが、バスをねらう基本は「縦」と「横」の釣りの使い分けです。

縦とはフォーリングを軸とした落とし込む攻め方。フォーリングを主体とするハードルアーはあまり存在しないので、ここではワームリグに絞って話を進めます。

フォーリングで代表的なのは、やはりノーシンカーリグでしょう。橋脚での攻略方法は、橋脚の際にノーシンカーリグをキャストし、ラインテンションを張らず、できるだけ橋脚に沿って落としていきます。

ほかにはジグヘッドリグやスプリットショットリグなどを壁に沿ってカーブフォールさせるのも効果的です。

ここで気をつける点はフォールのレンジ（水深）です。橋脚はさまざまな深さに建っています。岸に近い橋脚は水深の浅い場所に建っていますが、河川や湖の中心部など、深みに建っている橋脚もあります。この深い場所の橋脚に、延々とルアーをフォールさせてしまわないように注意しましょう。

厳寒期を除いてバスのレンジはそれほど深くありません。フォールさせるレンジは深くても5mまで。縦の釣り

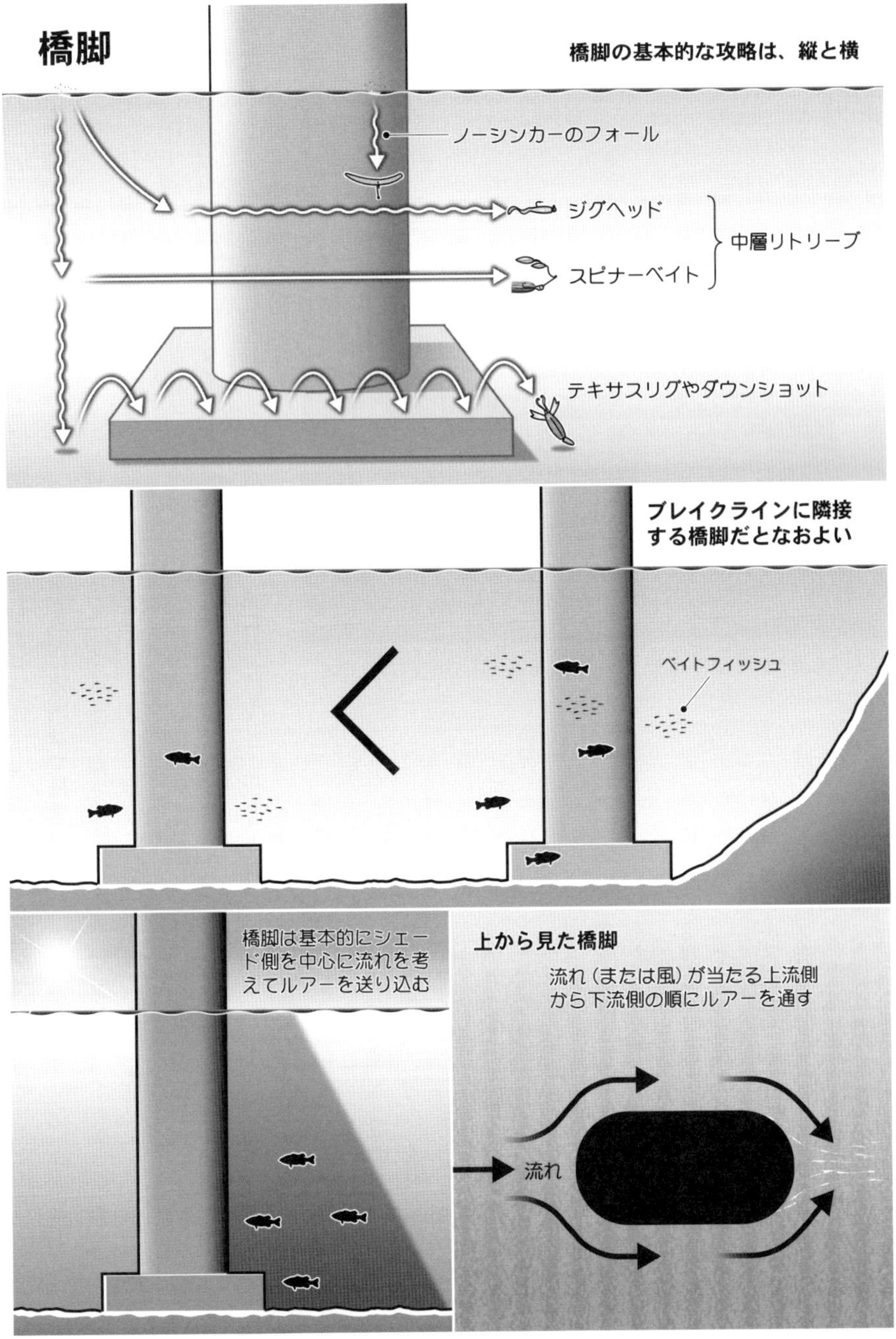
橋脚
橋脚の基本的な攻略は、縦と横
ノーシンカーのフォール
ジグヘッド
スピナーベイト
中層リトリーブ
テキサスリグやダウンショット
ブレイクラインに隣接する橋脚だとなおよい
ベイトフィッシュ
橋脚は基本的にシェード側を中心に流れを考えてルアーを送り込む
上から見た橋脚
流れ（または風）が当たる上流側から下流側の順にルアーを通す
流れ

ボートを利用するアングラーにとっても橋脚は見逃せないスポットの一１つ

に反応のいいバスは、水深３ｍよりも浅いレンジに浮いていることが多いです。

次に横の釣りによる攻略です。シーズン真っ只中で誰よりも先に橋脚に入れた場合や朝夕の日差しが弱いタイミングでは、まずトップウォータールアーからキャストしましょう。

橋脚は基本的に楕円状や長方形の物が多く見られます。流れがある橋脚では、流れの当たる上流側からルアーを通していきます。次に面の広い壁側、流れが巻き込む下流側といった順番で攻めます。流れがないフィールドでは、風が当たる面からキャストしていきます。

クランクベイトやスピナーベイト、バイブレーションなどを使用する場合は、橋脚の壁ぎりぎりを引くようにコース取りすることが大事です。

プラスαの攻略法

ここまで書いてきたやり方でバイトがなければ、ジグヘッドリグやスプリットショットリグ、ラバージグなどによるスイミングも試してみてください。

これらのルアーを橋脚際にキャスト後、ねらうレンジまでフォールさせてから一定層をスイミングさせるテクニックは、食い渋ったバスにも効果があります。

また、水深４ｍ以浅の浅場に建っている橋脚では、ダウンショットリグやテキサスリグ、キャロライナリグなどで、橋脚の土台やその周辺の沈みモノを丁寧に探ってみましょう。

浅場の橋脚周りにいたナイスフィッシュを攻略

インレット（流れ込み）

新鮮な水と酸素の供給源

流量は降雨の状況に左右される

湖沼への流れ込みをインレット、その最上流部にあるシャローやプール状のエリアをバックウォーターと呼びます。また、ダム湖では、メインリバー（そのダム湖の元になった河川）の最上流部もバックウォーターと呼びます。

インレットは、フィールドに新しい水と酸素を供給する重要な要素です。特に夏場に水温が著しく上昇する野池などの閉鎖的フィールドでは、容易に一級ポイントと判断が付くでしょう。

インレットの流入量は一定ではなく、雨量に左右されて増減します。雨の降らない日が続けば、流入量は減ります。雨の降り始めに流れ込む弱い濁りは好条件である場合が多いですが、大雨後の強い濁りはバスを遠ざけてしまうこともあります。タイミングをきちんと見計らって入りましょう。

また、ダム湖などでの大雨後の増水には充分注意してください。規模の大きなバックウォーターでは想像よりもはるかに早く水かさが増します。大雨の場合は立ち入ること自体をやめるべきです。

人工的に作られた流れ込みもあります。特に水路や野池で多く見られるこれらの流れ込みでは、生活排水を流していることも多く、その水質によってバスがいる場合といない場合がありま

標高の高いダム湖の流入口などの場合、渓谷のような様相になることも

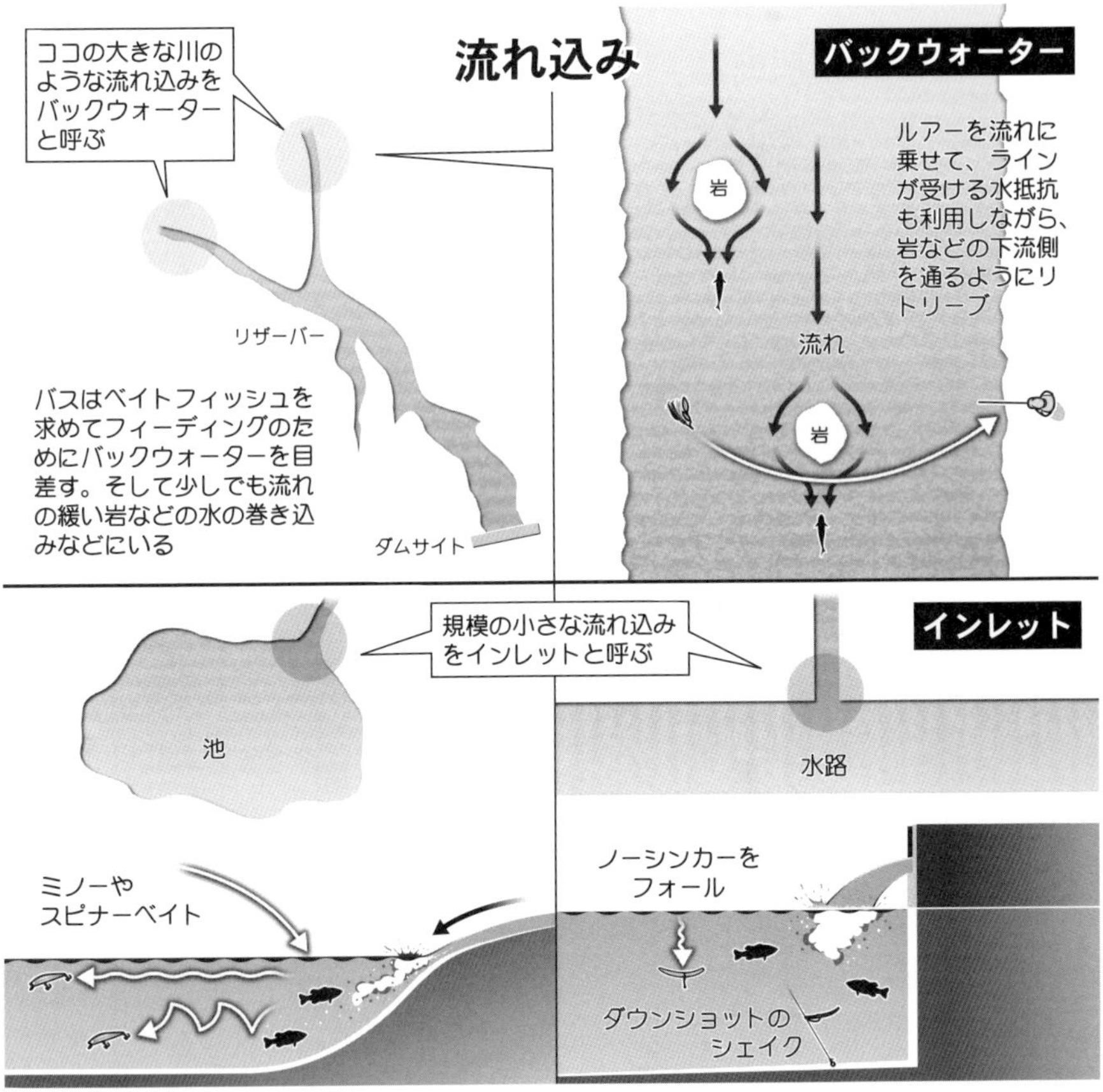
流れ込み
ココの大きな川のような流れ込みをバックウォーターと呼ぶ
リザーバー
ダムサイト
バスはベイトフィッシュを求めてフィーディングのためにバックウォーターを目差す。そして少しでも流れの緩い岩などの水の巻き込みなどにいる
バックウォーター
ルアーを流れに乗せて、ラインが受ける水抵抗も利用しながら、岩などの下流側を通るようにリトリーブ
岩
流れ
岩
インレット
規模の小さな流れ込みをインレットと呼ぶ
池
水路
ミノーや
スピナーベイト
ノーシンカーを
フォール
ダウンショットの
シェイク

コンクリートで作られた人工的な流れ込みの例

す。泡が多く発生していたり洗剤の匂いなどを感じたりしたら、その流れ込みはパスしてよいでしょう。

消波ブロック帯

魚類や甲殻類の集合住宅?!

消波ブロック帯周りはバスや他の生き物たちの宝庫

凸凹の隙間は生き物たちの格好の隠れ家

海などでもよく見るコンクリート製の凸凹のブロックが消波ブロックです。ちなみに「テトラポッド」というのは商品名です。

消波ブロックは打ち寄せる大きな波を分散したり、岸の侵食を防止したりするために設置されています。淡水域では海ほどの大きな波は起きませんが、流れが強く当たる川のカーブ周辺や、琵琶湖や霞ヶ浦のような大きな湖には数多く設置されています。

積み上げられた消波ブロックには隙間が多く出来、バスにはとても過ごしやすいスポットです。他の魚類や甲殻類にとっても隠れやすく、人工の漁礁＝魚の宝庫ともいえる構造物です。

そんな消波ブロックの隙間ですが、規則正しく積み上げられていれば水面に出ている部分から水中のようすも推測できるのですが、実際には不規則に積み上げられていることが多く、水中のようすをイメージしにくいので、手探りで釣っていくことになります。

少しでも気を抜くと根掛かりのオンパレードになりかねません。ルアーを通すコースをしっかり見定め、ラインから伝わるブロックの感触に集中して攻略しましょう。

バスは穴の中で待ち伏せしている

バスは居心地のよい消波ブロックでの生活の大半を、隙間の穴で過ごしています。朝夕の光が弱い時間帯や天候の悪い日には穴から出ていることもあります。このような場合はブロック際でのバズベイトや、ペンシルベイトなど

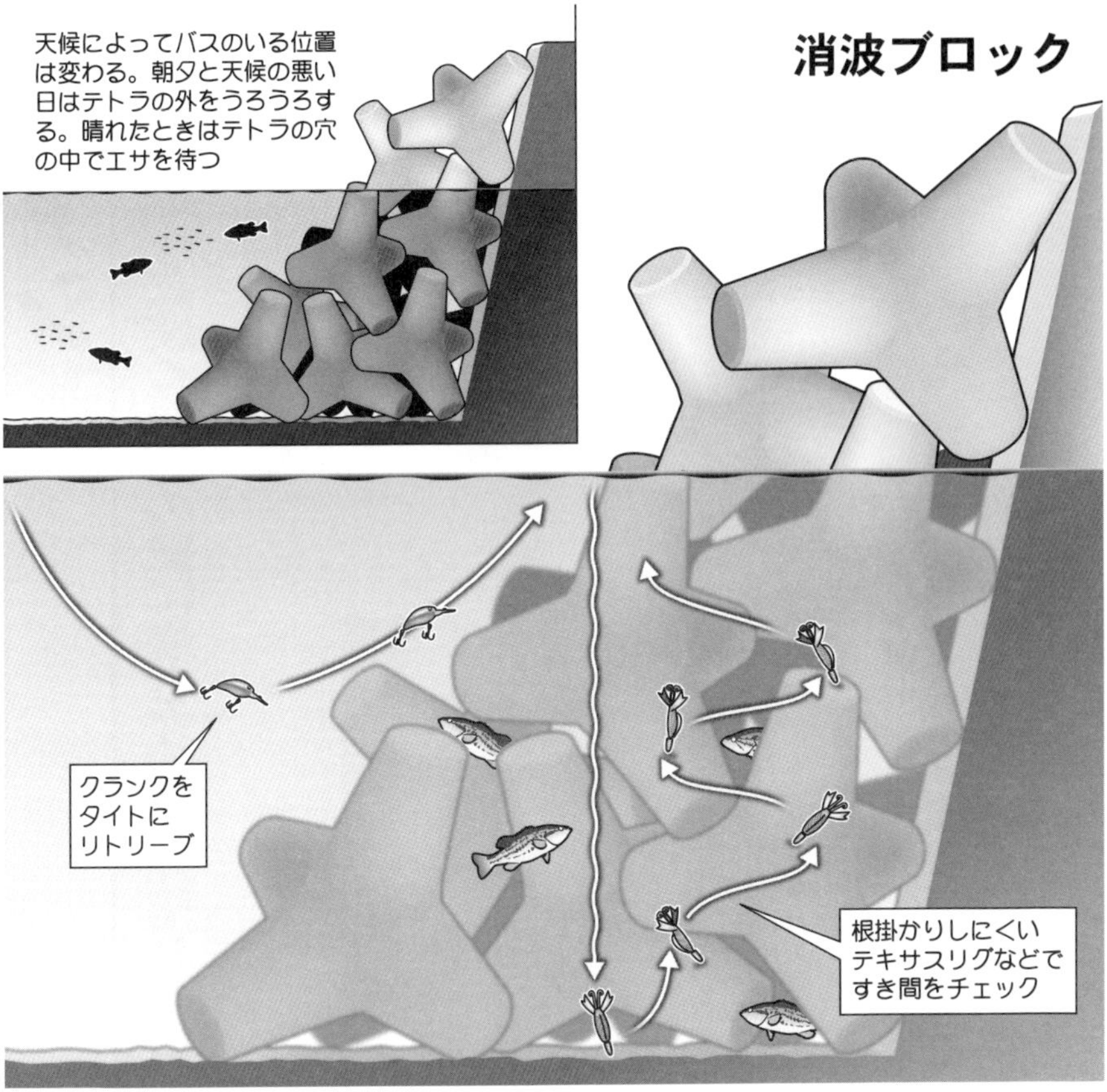
消波ブロック
天候によってバスのいる位置は変わる。朝夕と天候の悪い日はテトラの外をうろうろする。晴れたときはテトラの穴の中でエサを待つ
クランクをタイトにリトリーブ
根掛かりしにくいテキサスリグなどですき間をチェック

のトップウォーターから始めましょう。クランクベイトも根掛かり回避能力に優れているので、ブロックをタイトに攻略できます。

バスは基本的に、エサがやって来るのを隙間の中で待ち伏せています。したがって、こちらからその隙間にルアーを落としていくのが王道の攻略法です。

根掛かりしにくいラバージグやテキサスリグなどを使い、ブロック上をズル引きして、底の感触がなくなったら隙間にルアーを落としてまたズル引く。これを丁寧に繰り返しましょう。

バイトがあったら間髪入れずに合わせて、そのまま一気にバスを穴から引きずり出すことも大事です。

凸凹の隙間を上手に攻略しよう

アシ

延々と続く自然の壁に潜む変化を見落とすな

アシは「変化」をねらうことを心がけよう

水深と凸凹の変化に注目

イネ科のアシは地方によってはヨシとも呼ばれ、水辺の浅いエリアに大きな群落となって自生しています。川や野池などのフィールドによく見られます。

アシが生える浅瀬のエリアは底質が泥のところが多く、小魚や甲殻類が豊富に生息します。バスをねらううえで外せない有望なエリアです。

とはいってもアシ原の全域でバスが釣れるわけではありません。釣れるためには何かしらほかとは違う「変化」が大切になってきます。

延々と続くアシ原にもどこかに水深の変化があります。ルアーを落とし込んだとき、少しでも深く沈んでいくスポットを見つけることです。

もう1つはアシの凹凸を見極めることです。

延々と続くアシには、必ず突き出たところやへこんだ部分（小さな岬状に張り出して生えたアシや、浅いワンド状になっている箇所）が不規則に続いているはずです。凹凸のどちらがよいかはバスのコンディションにもよりますが、そこにルアーを撃ち続けるのがコツとなります。

密生タイプとパラアシ、それぞれの攻略

アシには壁のようにみっちりと隙間なく並んで生えているタイプと、パラパラと間隔が多いタイプ（パラアシ）があります。隙間なく並ぶアシは一見して変化が見られません。ところがこのタイプはアシの根元の水中に変化（エグレ）があり、バスはそこに入ること

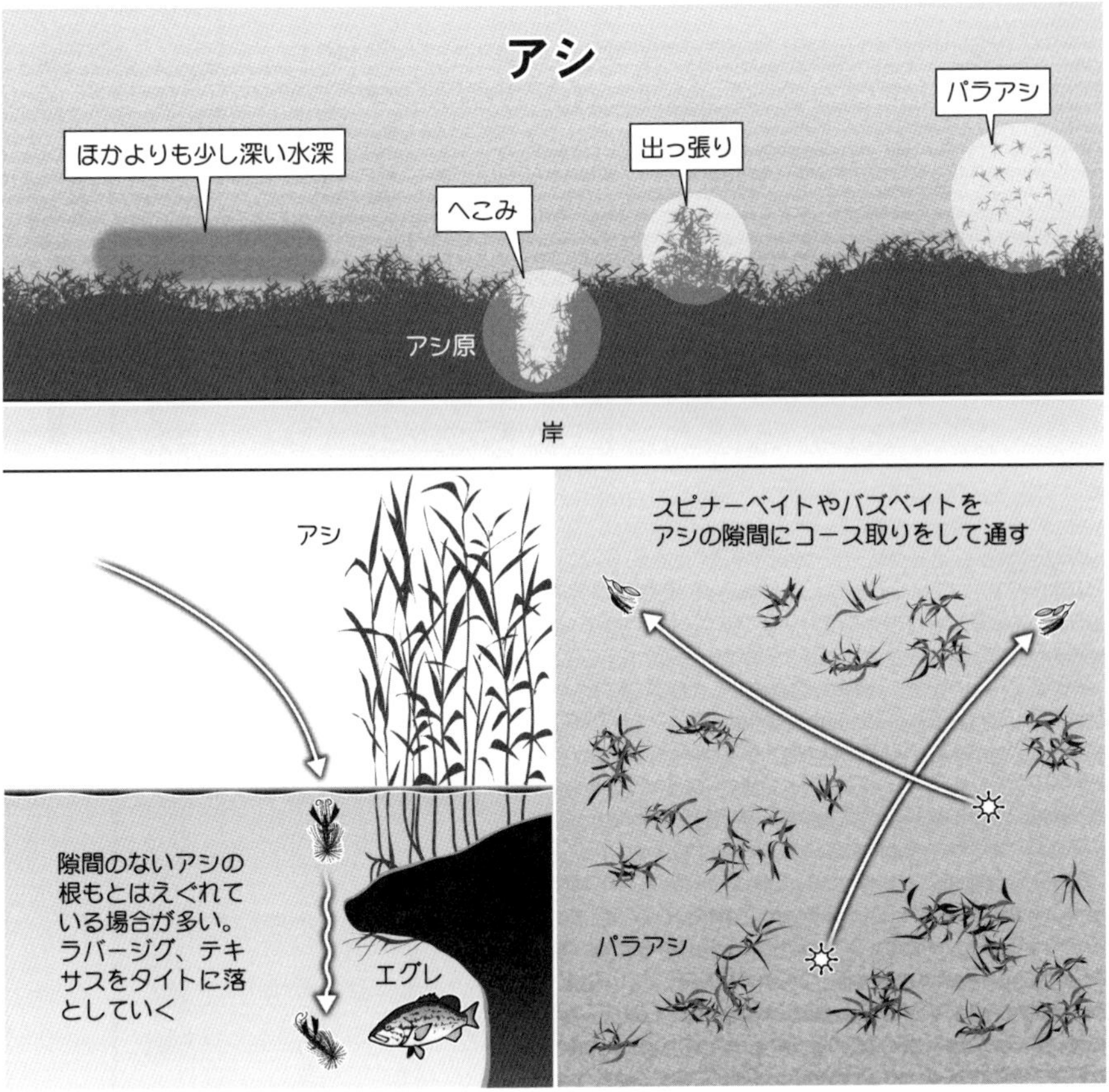
アシ
ほかよりも少し深い水深
へこみ
出っ張り
パラアシ
アシ原
岸
アシ
隙間のないアシの根もとはえぐれている場合が多い。ラバージグ、テキサスをタイトに落としていく
エグレ
スピナーベイトやバズベイトをアシの隙間にコース取りをして通す
パラアシ

が多いのです。パラアシは水深が浅い場合が多く、アシの先端部やその隙間をテンポよくかつ静かに探っていくのが基本です。

アシ原で王道のねらい方は、アシ撃ちです。使用するルアーやリグは、根掛かりで場を荒らしたり、釣りのテンポを崩したりしないために、ウイードレス効果の高いラバージグやテキサスリグが主力となります。バスは意外なほどアシにぴったりと寄り添っています。アシ原ぎりぎりへのキャストを心がけましょう。

パラアシにはバズベイトやスピナーベイトが効果的です。これらを通せるコースが必ずありますので、捜してみてください。

繰り返しますが、アシ原は基本的に沖へ向かっても水深があまり変わらない浅いエリアにあります。静かに釣ることと、正確かつ着水音を抑えたキャストを実践してください。

リリーパッド

水生植物の絨毯《じゅうたん》エリアは生き物たちの夏の避暑地

ビッグバスも潜む夏の好スポット

リリーパッドはバスにとって、本来は過ごしやすい環境とはいえません。リリーパッド、すなわちハスやホテイアオイ、スイレンなどの水生植物が群生するエリアは日当たりのよい泥底の浅場だからです。

6月後半から夏に向かって暑さが増し、水温が上昇してくると、これらの水生植物は一気に群落=リリーパッドとなって水面を覆うようになります。

一方でリリーパッドは大きなシェードを作り出し、水中の酸素供給も増えます。このことから本来ならバスにとって過ごしづらい環境が、居心地のよいエリアに生まれ変わるというわけです。

さらにバスに限らずベイトフィッシュやエビなども集まり、生き物たちの避暑地と化します。

もう1つ、見た目でアングラーが敬遠することと、攻略方法も限られるため、リリーパッドにいるバスは想像以上にプレッシャーが掛かっていません。ビッグバスが多く潜んでいる可能性も高いスポットなのです。

水面を埋め尽くしたリリーパッド。水面がほとんど見えないが、魚にとっては絶好のシェードとなる

フロッグの独壇場

ではリリーパッドはどのように攻略すればいいのでしょうか。クランクベイトやスピナーベイトなど水中でリトリーブするルアーでは根掛かりの嵐。そこでフロッグの登場です。リリーパッドは、ほとんどフロッグの独壇場と思ってもよいでしょう。

リリーパッド

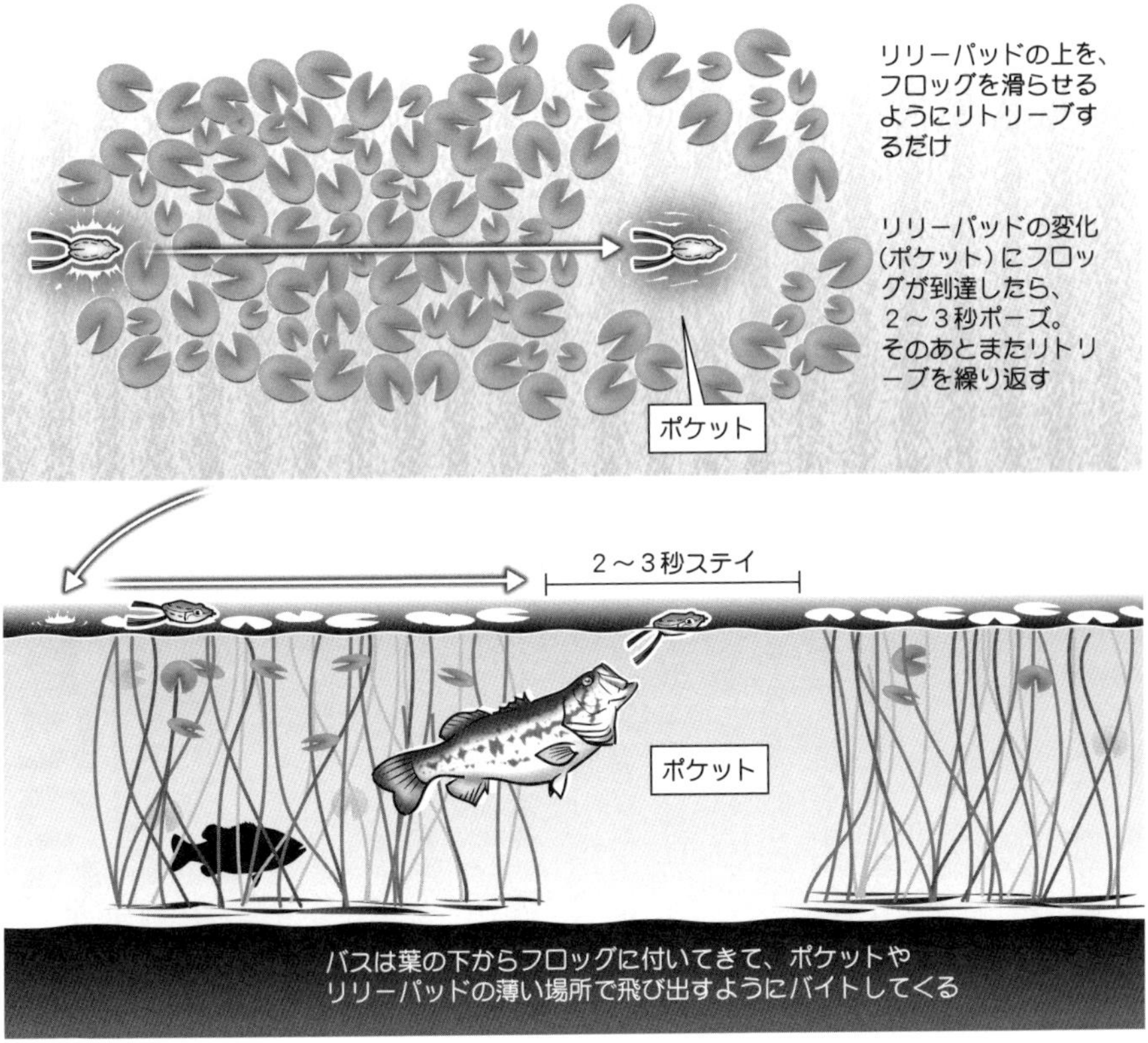
リリーパッドの上を、フロッグを滑らせるようにリトリーブするだけ
リリーパッドの変化(ポケット)にフロッグが到達したら、2～3秒ポーズ。そのあとまたリトリーブを繰り返す
ポケット
2～3秒ステイ
ポケット
バスは葉の下からフロッグに付いてきて、ポケットやリリーパッドの薄い場所で飛び出すようにバイトしてくる

リリーパッドの上を滑らせるトップウォーターに分類されるフロッグは、他の多くのルアーよりウイードレス効果が高く、パッドの上をストレスなく滑らせることが出来ます。

パッドの上のフロッグは直接バスには見えません。しかしバスは葉の揺れや動きに反応して付いて来ています。移動しているフロッグが葉の隙間やポケットに入り込んだ瞬間が勝負。イラついたバスがフロッグに飛びつくのを一度体験してしまうと、病みつきになることは間違いないでしょう。

リリーパッドのマメ知識

スイレン　葉が丸くアサザよりも大きい。白い花を咲かせる。
ハス　葉が大きく、水面に突き出る。地下茎はレンコンになる。
アサザ　黄色い花を咲かせる。花の縁には細かなギザギザがある。

その他のスポットについて

それぞれの特徴をよく理解することがそこにいるバスの攻略に直結する

護岸　バスにとっては意外に居心地のいいスポット

近年のフィールドでは、岸の浸食防止や水害を防ぐためのコンクリート護岸整備が進んでいます。見た目に延々とコンクリートの壁が続く護岸は一見プアな印象を受け、とてもバスが居着くような要素には見えません。しかし水中には護岸工事以前の地形が残っていたり、護岸の壁が大きなシェードを形成していたりと、バスにとって実は居心地のいい場所になっています。

護岸のよさはもう1つあります。それは、足場がいいため釣りがしやすいことです。

バスは護岸際に入ることが多く、ねらい方はやはり際ぎりぎりにルアーを通すことです。水深や湖底の起伏に変化がある場所を選んで、クランクベイトやスピナーベイトを巻いたり、歩きながらダウンショットリグを引いたりしてみましょう。ちなみに、歩きながらルアーを引くこの方法は、「テクトロ」（「てくてく歩いてトローリング」の略）と呼ばれる、護岸攻略から生まれたオカッパリ・テクニックです。

やり方は簡単です。ルアーは基本的に何でもＯＫですが、ワームリグで行なうのが主流。ダウンショットリグなどを護岸の際ぎりぎりに落とし込み、ゆっくりと歩きながらズル引きします。シンカーが何かに引っ掛かるスポットは、歩くのをやめるなどして丁寧に探るだけでなく、次回以降の釣行にも生かせる情報として覚えておきましょう。

杭　バスが付く杭を見極める

杭は、それが立てられている地形的要素と併せて、バスが付くスポットになります。

杭は木製が多いですが、年月とともに朽ちてしまうことから近年は鉄パイプが用いられることが増えてきています。どちらにもバスは付きますが、木製の、しかも少し朽ちてきている杭にバスは好んで付く傾向があります。これはエビなどが朽ちた杭に付くからだと思います。

すべての杭にバスが付くとは限らず、よい杭やあまり付く要素のない杭があります。見極めが大切です。バスが付きやすい杭の例を挙げると、

- **他の杭より太いもの**
- **2〜3本束になっている杭**

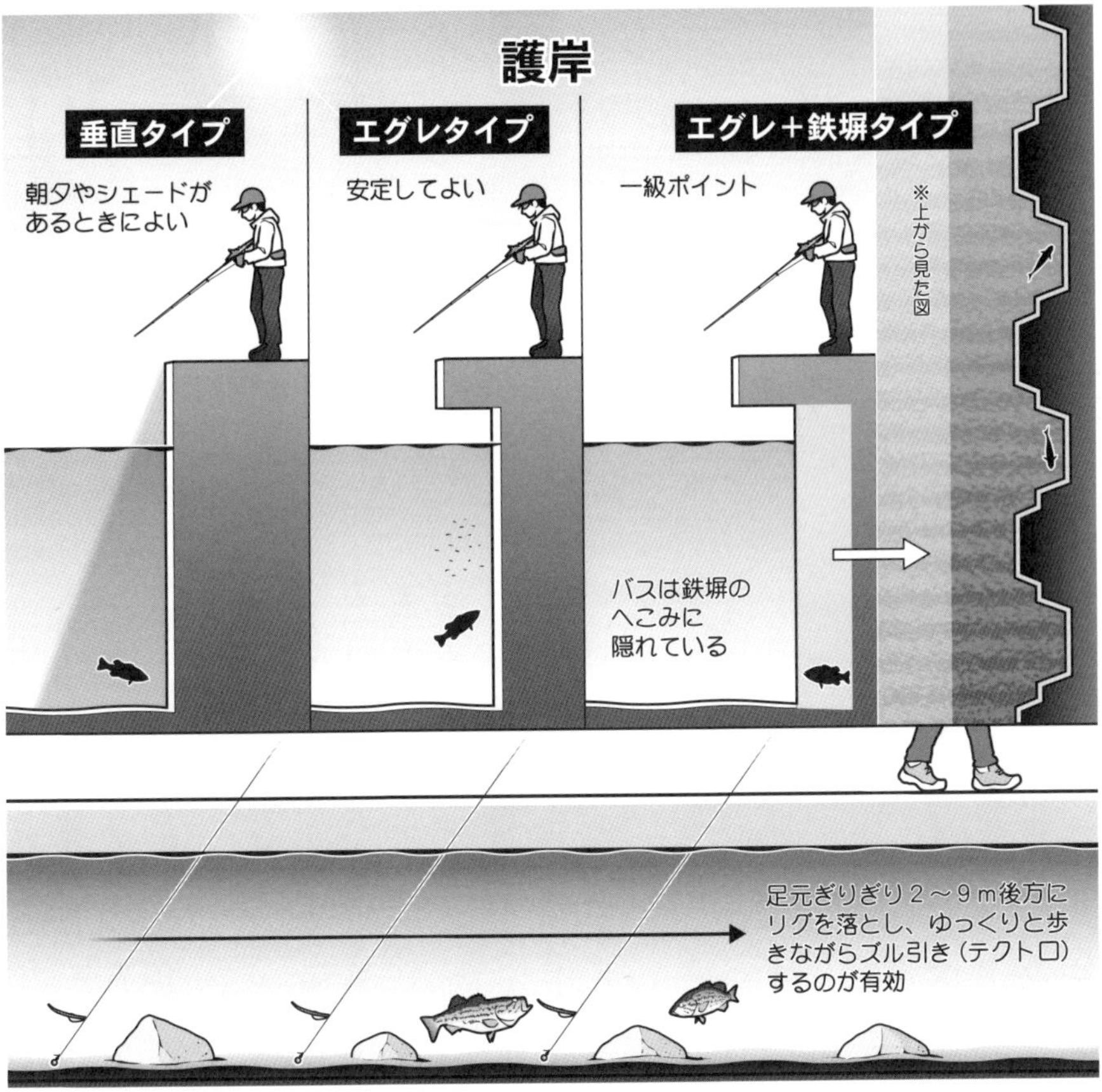
護岸
垂直タイプ
朝夕やシェードがあるときによい
エグレタイプ
安定してよい
エグレ＋鉄塀タイプ
一級ポイント
※上から見た図
バスは鉄塀のへこみに隠れている
足元ぎりぎり2～9m後方にリグを落とし、ゆっくりと歩きながらズル引き（テクトロ）するのが有効

杭

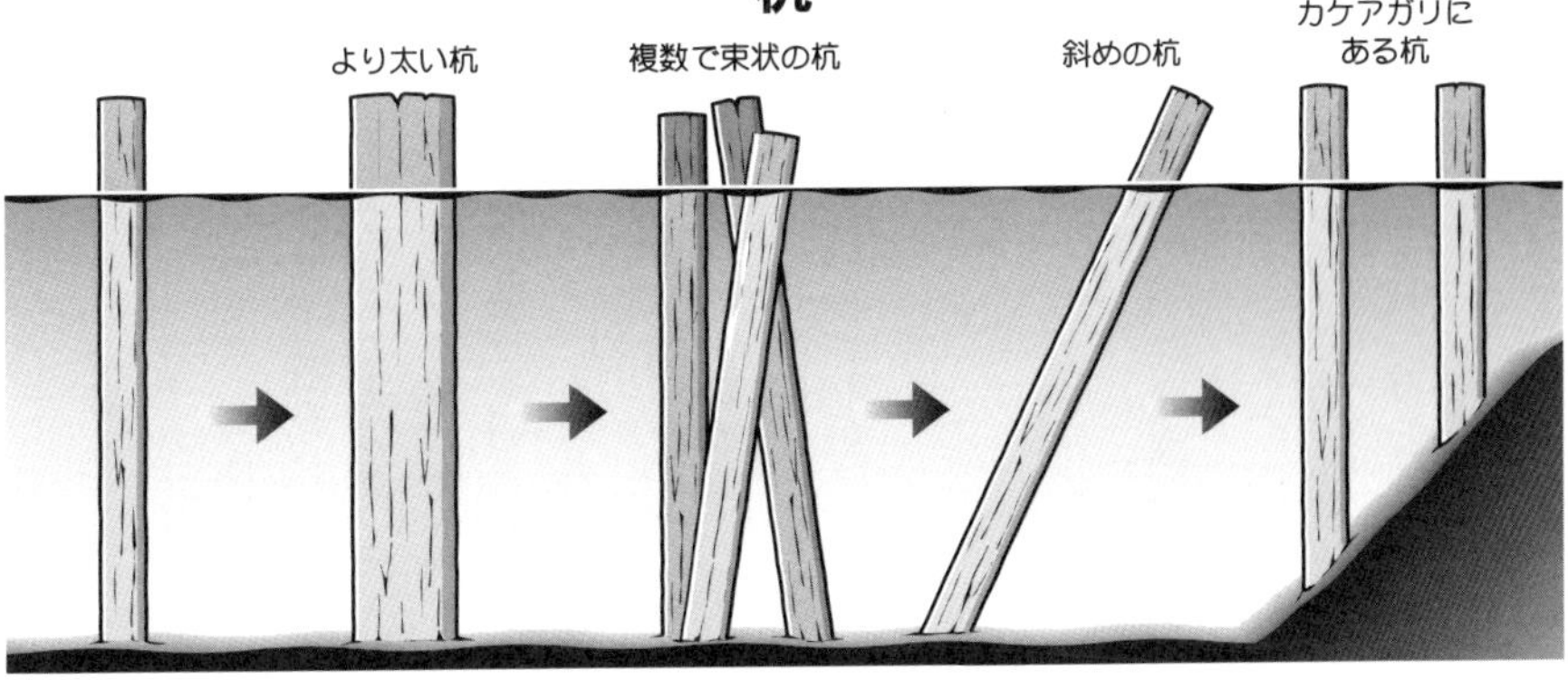
より太い杭
複数で束状の杭
斜めの杭
カケアガリにある杭

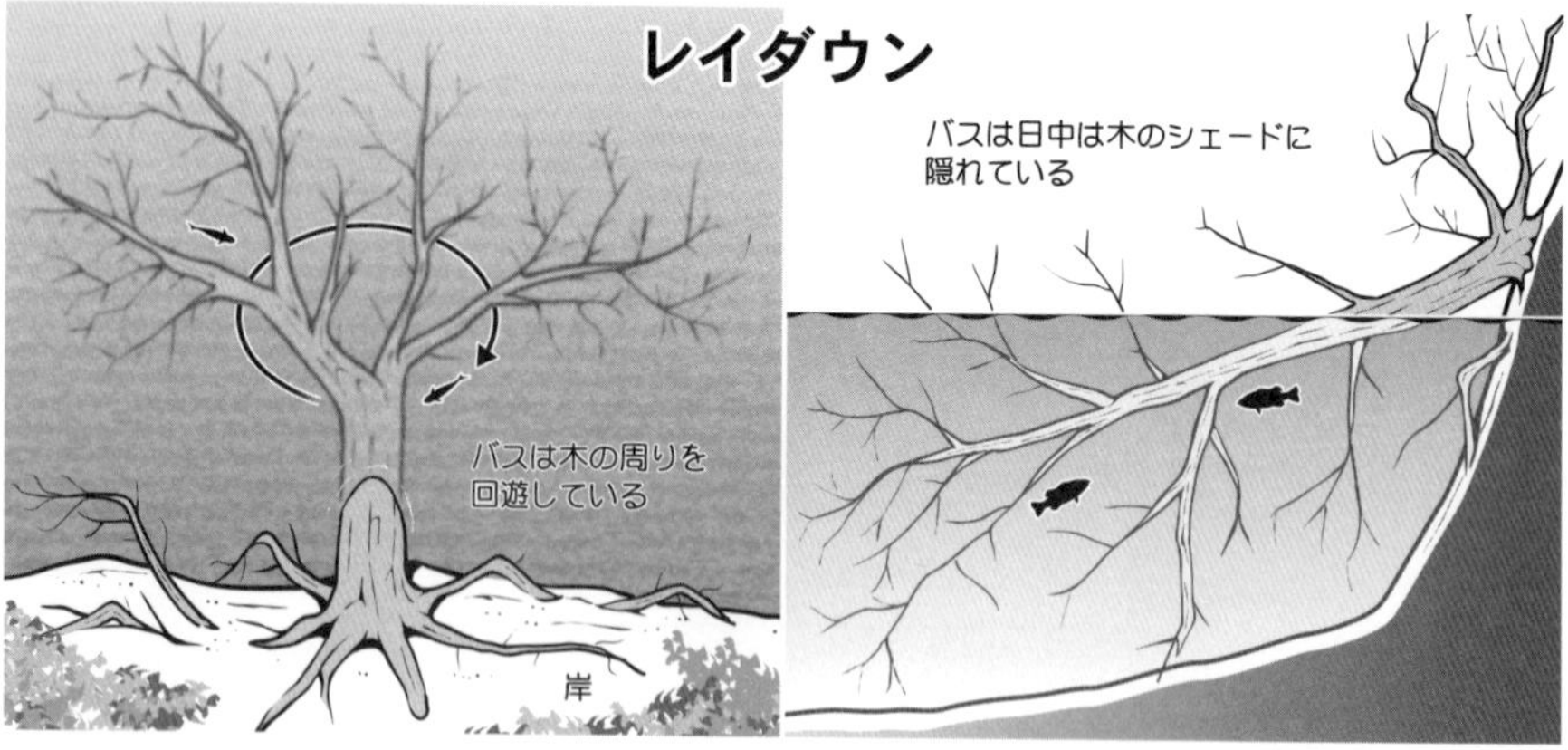
レイダウン
バスは日中は木のシェードに隠れている
バスは木の周りを回遊している
岸

・少し傾いている杭
・カケアガリに隣接する杭

などです。少しでもほかより付加価値的な要素がある杭が、バスがつきやすい杭です。

気をつけたいのは、キャストのときにルアーを直接杭に当てないことです。ぶつけた音でバスが驚いて逃げてしまったり、警戒してしまったりするからです。

また、網や仕掛けなどのために立てられた杭のなかで現在使用されている杭に対してのキャストは控えましょう。

レイダウン
シャローの一級ポイント

レイダウンとは、陸から水中へ倒れ込んだ木のことです。水際に立っていた木の根元が水によって削られ、倒れてしまうことで出来るこのカバーは、シャローのバスの隠れ場として一級スポットとなります。

木の幹や枝がそのまま水中に沈んでいるため、キャストするルアー選びは重要です。バスは日差しが強い日中などは倒木の中に入り込んでいることが多く、スナッグレス効果の高いテキサスリグやラバージグが威力を発揮します。日差しの弱い曇りや朝夕には倒木の外でうろうろしている場合があるので、このときは周辺でトップウォーターやスピナーベイトを引いたり、レイダウンの際に沿ってワームのノーシンカーリグを落とし込んだりするのが効果的です。

オーバーハング
夏場の日中は見逃せない

水面に覆い被さっている樹木の幹や枝葉を、オーバーハングと呼びます。野池タイプのフィールドやリザーバー（ダム湖）によく見られるシチュエーショ

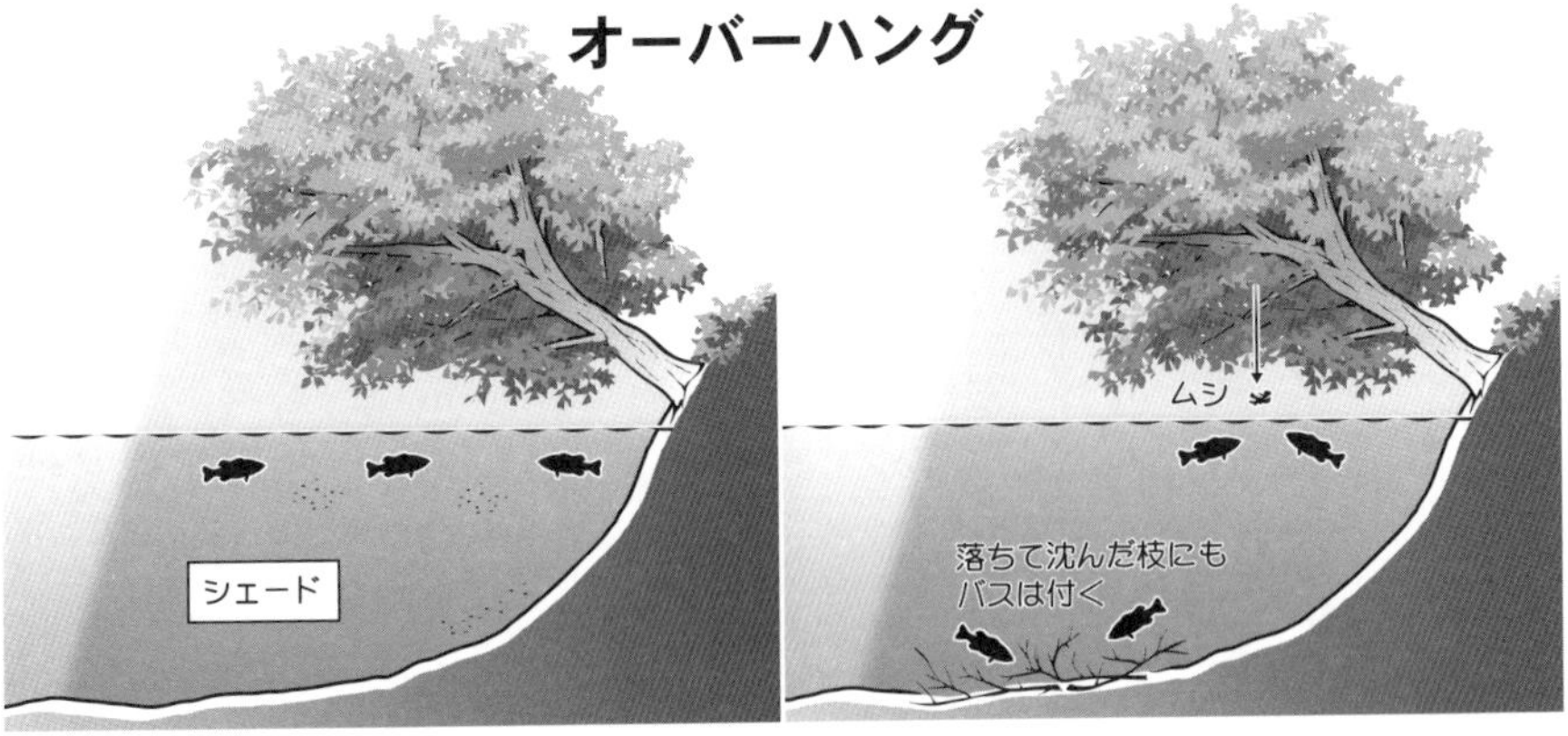
オーバーハング
シェード
ムシ
落ちて沈んだ枝にも
バスは付く

ンです。

オーバーハングはシェードを作り出し、特に日中の暑さが厳しくなる夏場に有望です。そこにいるバスは暑さから避難してきたものが多く、活発にエサを捕る行動は起こしません。ぼや～っと水面近くに浮いていることが多く、オーバーハングから落ちてきた虫をメインに捕食しています。

アピールの強い（動きが派手な）ルアーにはあまり反応しないので、落ちてくる虫（セミなど）をイメージできるルアーで静かにねらいましょう。サイズの小さいポッパーやノイジー系ルアーをシェイクして水面に波紋を広げたり、ノーシンカーリグをゆっくり落とし込んだりしてみましょう。

オーバーハングの下の水中のボトムには、朽ちた枝などが沈んでいます。そこにもバスが付いていることがあります。軽いシンカーを使ったテキサスリグやネコリグなどで探ってみるのも手です。

堰　上下で変わる攻略法

川を石積みやコンクリートでせき止め、オーバーフローした水が下流に流れ落ちるようにした構造物が堰です。

堰の上流側と下流側では流れの状態が全く異なり、ねらい方もバスの居着く場所も大きく変わってきます。いずれも川の一級スポットなので、ぜひとも堰全体の攻略をマスターしておきましょう。

堰の上流側は流れの緩いトロ場が形成されています。バスはその大きな水たまり状の中で、少しでも水深のある元の流心部にいることが多く、ボトムの岩や何かの変化の近くを回遊する傾向が強まります。ここではバスに警戒心を与えないためにもロングキャストが必要不可欠。ミノーやトップウォーター系、ライトリグなどで慎重にアプローチするのが鉄則です。

次は下流側、堰の落ち込みです。川

全体が一度せき止められて落下することで強い流れが発生するスポットです。酸素供給や水の動きが大きいため、ベイトフィッシュも多く集まり、バスにとっては格好のフィーディングスポット（捕食場所）となります。

バスは落ち込みに出来た窪《くぼ》み（エグレ）などに付いています。強い流れで警戒心も薄れており、スピナーベイトや大きめのミノーなど、流心の抵抗に負けないルアーで攻略していきます。テキサスリグを流れに沿って転がすのもいいでしょう。

バックウォーターと同じで大雨後の堰は増水します。雨天時や降雨後は、近づかないようにしましょう。

立ち木　枝が多いほどバスをストックしやすい

ダム湖などによくあるロケーションで、まれに野池でも見られます。ダム

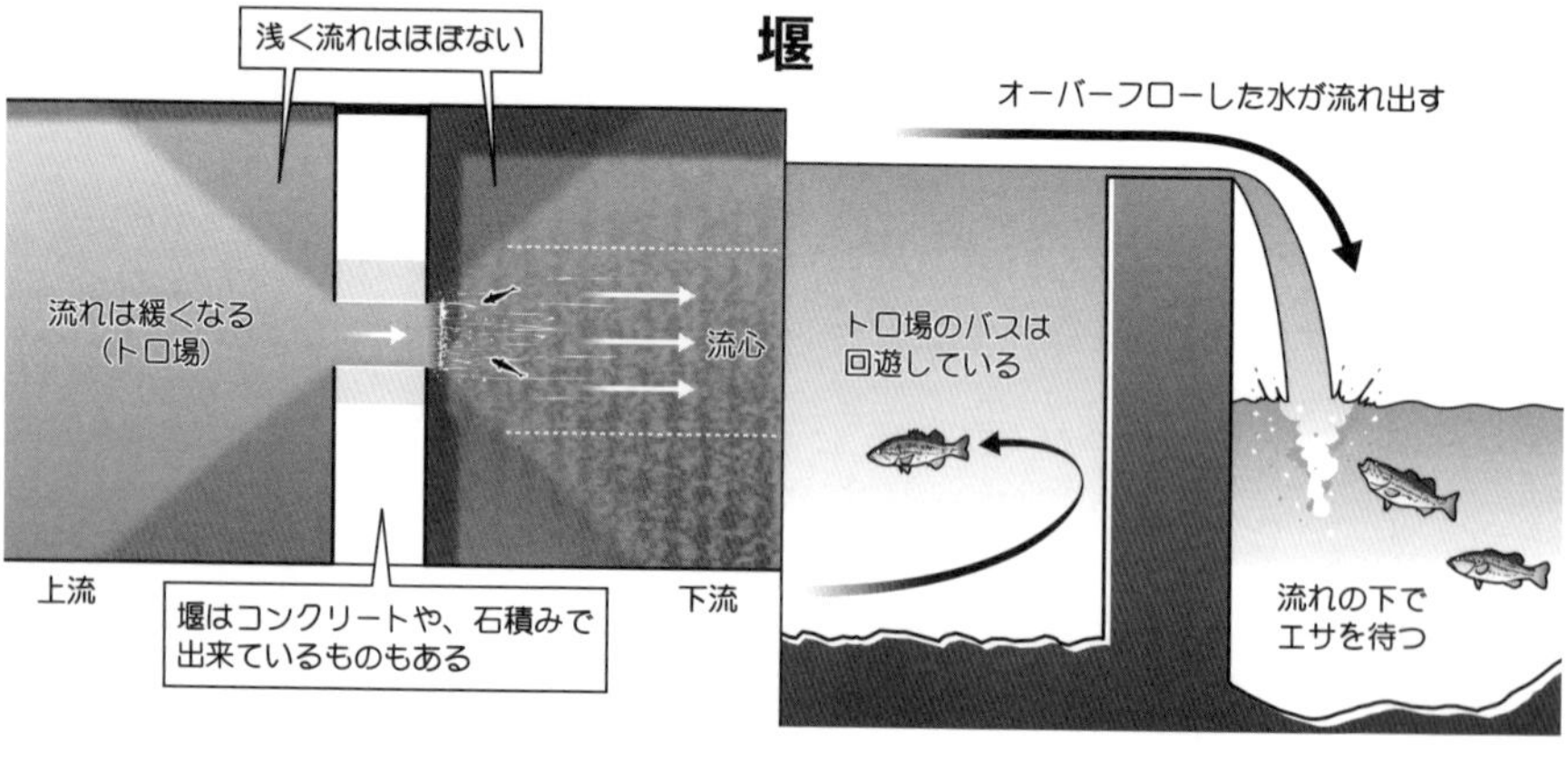
堰
浅く流れはほぼない
オーバーフローした水が流れ出す
流れは緩くなる
（トロ場）
流心
トロ場のバスは
回遊している
上流
下流
堰はコンクリートや、石積みで
出来ているものもある
流れの下で
エサを待つ

立ち木
幹がより太く枝が多く
残っている立ち木を捜
し出そう

湖を作るとき、多くの木が切り倒されます。しかし場所によっては切り落とされないものもあり、これらが水没して立ち木になります。ダム湖の一級スポットです。

立ち木はカケアガリに沿って立っていることが多く、カケアガリの角度や水位によってはボトムまで10m以上あることもあります。

立ち木を攻略するうえで大切なのは、サスペンドしているバスをねらうことです。バスが立ち木に付く条件は、幹が太いこと。さらに枝が多く残っていればスペシャルな立ち木となります。

たくさん枝が残っている立ち木は、ルアーが引っ掛かりやすくて釣りにくいですが、そのぶんプレッシャーの掛かっていないバスが多く付いていることが期待できます。ここではノーシンカーリグやラバージグ、テキサスリグを立ち木の幹に沿ってフォールさせていきましょう。

残っている枝が少ない場合は、クランクベイトやミノーなども積極的に入れてみましょう。

ガレ場　バスの習性にピッタリの環境

硬い底質の岩盤が崩れた斜面をガレ場と呼びます。本来バスは硬い底質をもっとも好む習性があります。それだけでもバスにとってよいスポットになりますが、ガレ場はさらに岩や石が自然に崩れて複雑なボトム変化を形成しています。

大きく崩れた岩や凹みなどにバスは付きます。また、複合的な要素として以前立っていた木の切り株が残っていることもあり、それもバスの付く有望な要素です。

ガレ場の岸の景色を見て、それがそのまま続く水中をイメージしましょう。そして岩や凹み、切り株などを1つずつルアーに乗り越えさせながら、

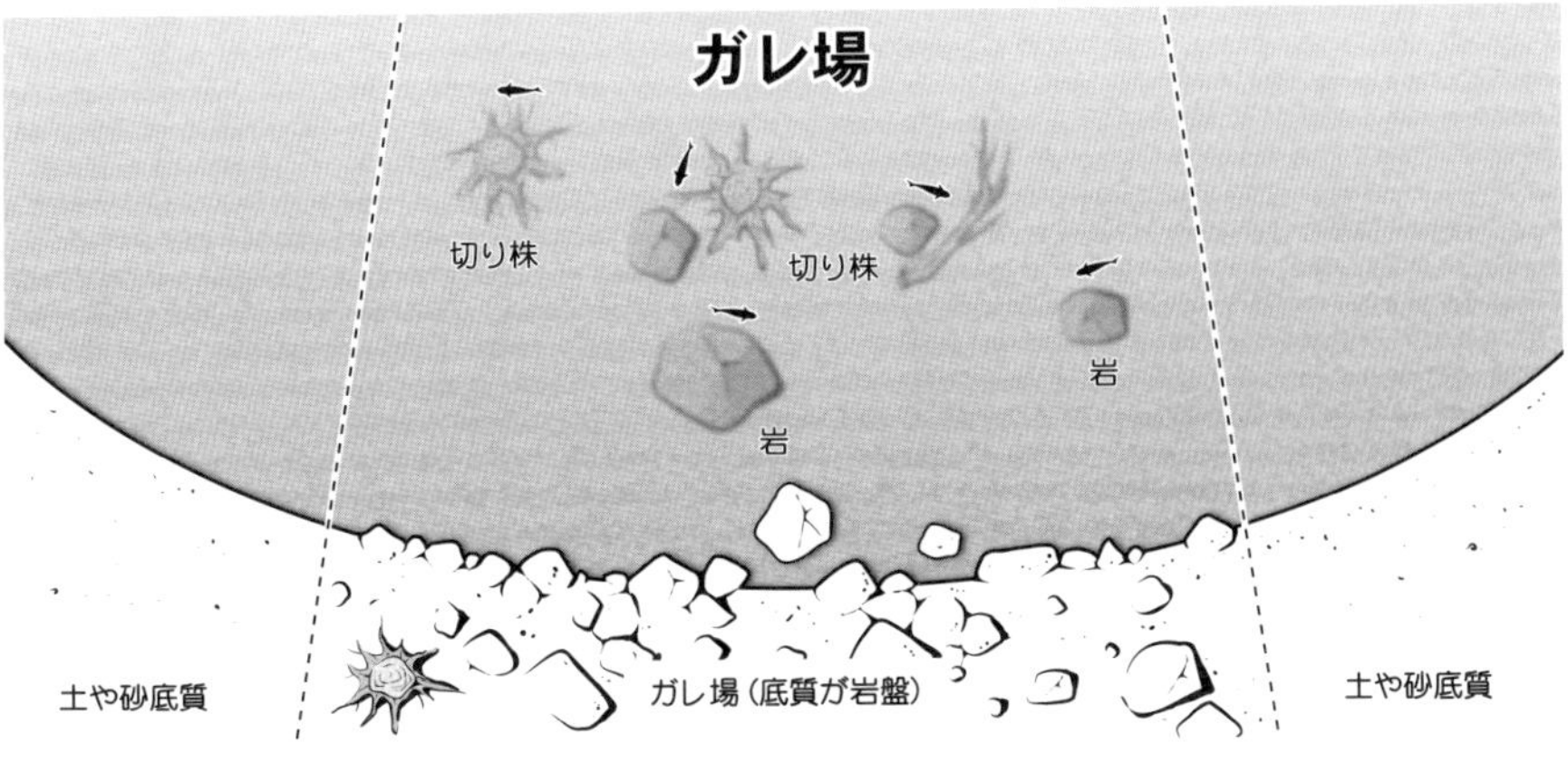

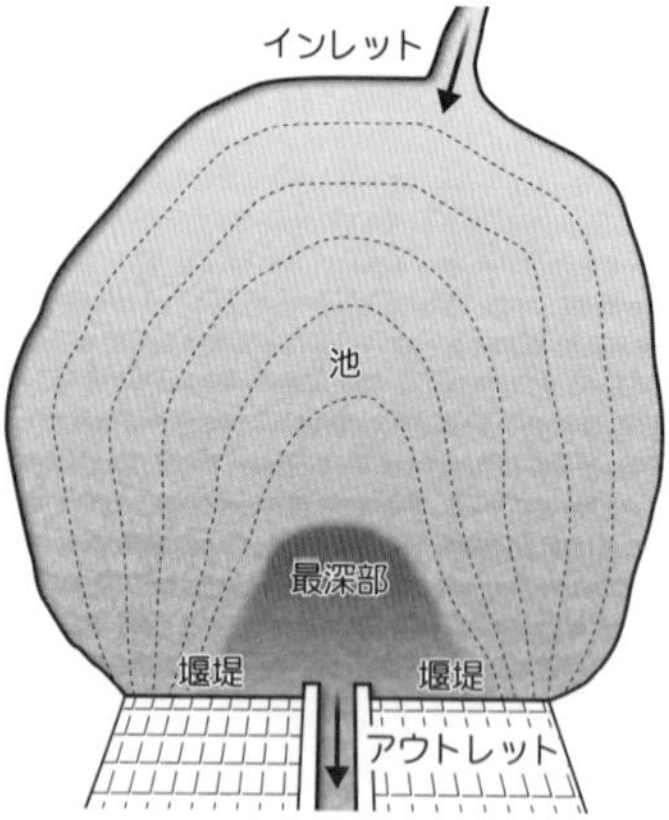

堰堤

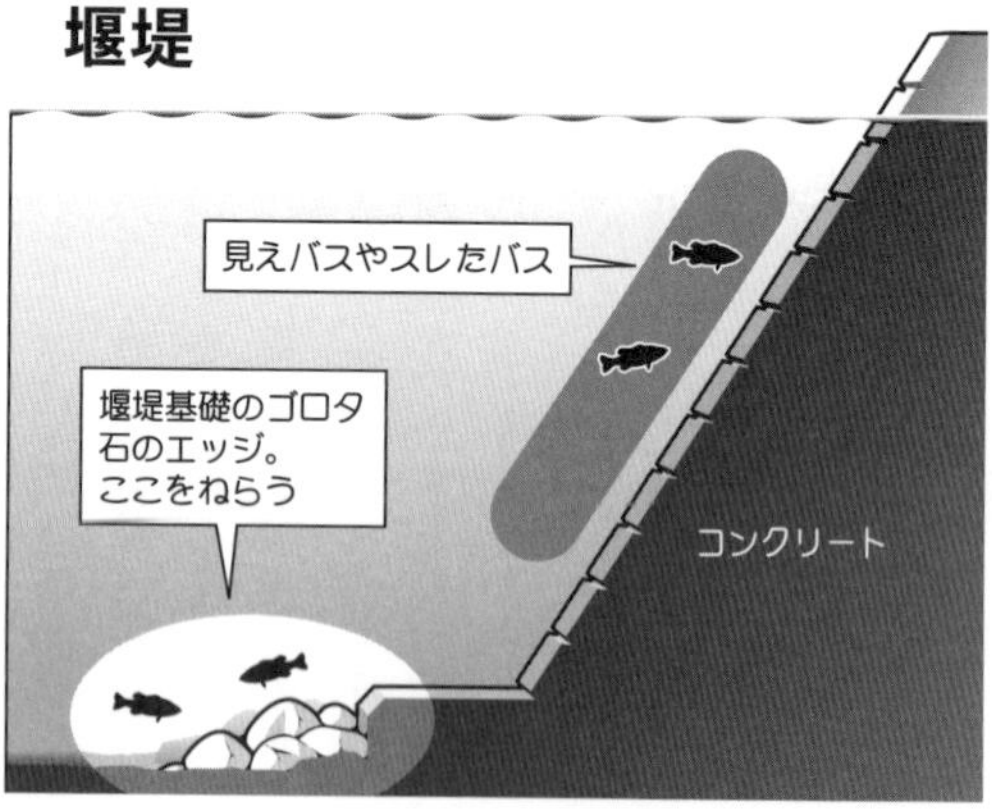

きっちり探ることが大事です。クランクベイトが生きるロケーションですが、それでバイトがなければダウンショットリグやテキサスリグ、ネコリグなども投入し、集中してじっくりねらってみましょう。

堰堤　見えるバスに惑わされない

野池に多く見られる堰堤は、その釣り場の最深部分に隣接していることが多く、バスにとって過ごしやすいスポットです。また田畑に水を引くアウトレットと呼ばれる流れ出しが必ずあることから、水の動きが発生する場所でもあります。

しかし、誰にでも目に付いて、駐車もしやすいことが多い堰堤付近では、人気の高さゆえにバスにプレッシャーが掛かっているのも事実。夏場などはスレた見えるバスに翻弄されてしまわないように注意が必要です。

見た目には変化のないだらっとした堰堤ですが、このストラクチャーの構造をきちんと理解していればバスを釣ることが出来るでしょう。堰堤で押さえるべき大事な部分は、堰堤の一番深くにある、基礎となるコンクリートの切れ目です。回遊中の見えるバスに翻弄されるアングラーが多い中、足場からやや沖に位置する堰堤のエッジをねらう人は少ないようです。

しかし、少なからずバスにはプレッシャーがあるため、エッジをねらうにしてもライトリグをスローに操作するのが有効。風がないような日はノーシンカーリグをフォールさせたり、ダウンショットリグやスプリットショットリグで基礎部分をゆっくりズル引いたりするのが効果的です。

また、曇りなどの光量が少ない日は、堰堤に沿ってミノーやスピナーベイトをスローリトリーブしてみるのもよいでしょう。

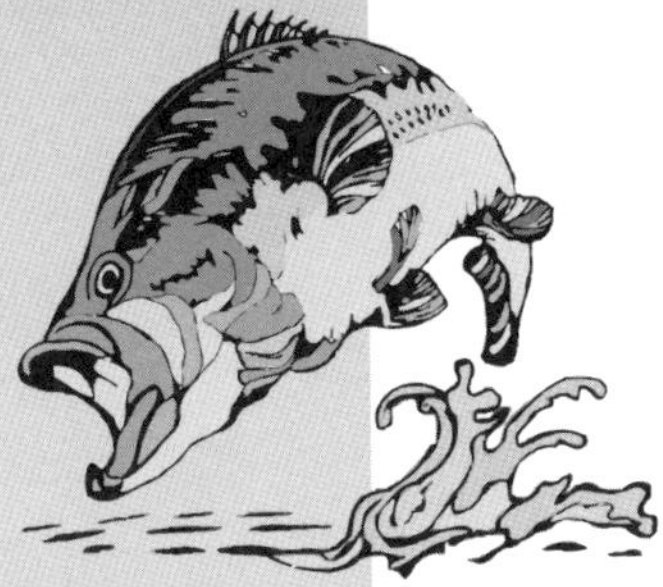

7章 バス釣りを永く楽しむために

私たちにとってのフィールド（釣り場）は、

近隣住民の方々にとってはかけがえのない生活の空間。

そこで遊ばせてもらう私たちは、ルールを守る以上の気配りも必要。

用語集の前に、バス釣りを末永く続けていくうえで

一番大切なことを記して最終章とします。

Have a good fishing !

釣りで他の人を不快にしない

「自分がもし、近くの住民だったら」という意識で普段の行動を考えてみる

バス釣りを楽しみ、上達していくのと同時に、頭に常に入れておいてほしいことがあります。

それは「釣り禁止」問題です。

バス釣りを続けてく間に、誰もがいつかどこかで「釣り禁止」や「立ち入り禁止」「駐車禁止」の看板や柵を目にするでしょう。このような表示がされている場所では、釣りをしないのは当然のルール。しかし、「禁止」の看板は今も増え続けています。原因はたくさんあると思いますが、釣り場の近くに看板が立てられている以上、釣り人が原因であることも否定できません。

何十年も僕はこの問題を取り上げてきました。「ごみは捨てない」「違法駐車はしない」。そしてバスアングラーはマナーのよい人たちだと思っています。積極的に協力してごみを集める団体もあるくらいフィールドを大切にしています。ごみなどを捨てるアングラーはいないと信じています。

ではなぜ今も「禁止」が増えているのでしょうか?

それは「騒音」です。

「私は大声で話していない」「車のエンジンは必ずすぐ止める」という方も多いでしょう。基本的には皆さん充分配慮をされていると思います。

僕は各地のフィールドで釣りをする際には、積極的に近隣住民の方にご挨拶をしてお話を伺うようにしています。そして多くの方が「騒音」の迷惑を口にされることに驚きました。話し声や車のエンジン音以上に、実は最も多い騒音とは、「車のドアの開閉音」だったのです。道具類を置いたりする雑音もそうでしょう。

何気ない行動、気にしたことのなかったドアの開閉音が、周辺で暮らす方にとっては騒音以外の何物でもなかったのです。静まりかえった早朝。まだ寝ている時間。静寂にドアの「バンッ」という音は響き渡ります。注意しようにも、どこの誰だか分からない他人には怖くて話もできません。

このようなストレスが溜まりに溜まってついにある日、「もう禁止!」となっていくケースがあるようです。

アングラーを快く受け入れ、釣り場を見守ってくれている住民の方もたくさんいらっしゃいます。僕たちバスアングラー一人一人が、「もし自分が地元住民だったら」と相手の立場を考えて慎重な行動を取ることで、みんなが楽しく、そしてフィールドを守ることも出来るのです。

バス釣り用語集

●あ

【アイ】 ラインやフックを接続するためのワイヤー製の円形のパーツ。ラインアイ、フックアイなど。

【アウトサイド】 おもに川筋のカーブの外側を差して使われる言葉。

【アウトレット】 湖から流れ出る水路や川。

【アクション】 ルアーやリグの動きをいう。ロッドの調子を表わす言葉でもある。

【アタリ】 魚からの反応。バイトともいう。

【アフタースポーン】 産卵が終わった状態のバスや、その状態のバスが多い時期のこと。

【アプローチ】 ねらうスポットに接近すること。また接近の仕方。

【アングラー】 釣り人。

【インサイド】 川筋のカーブの内側。

【インビジブルストラクチャー】 水中に没して、目では直接見ることのできない障害物など。

【インレット】 湖へ流れ込む小川など。

【ウイード】 水生植物（藻やハス）。

【ウォーキング・ザ・ドッグ】 プラグの首を左右に振らせる操作。

【ウォブリング】 プラグを上から見たとき、ヘッドとテールを左右に振る動き。

【馬の背】 水中にある盛り上がった地形。同様の地形が岸から水中へ続くものは岬。

【エッジ】 障害物やウイードの終わりや切れ目。

【遠心ブレーキ】 ベイトキャスティングリールの補助ブレーキの1つ。スプールの回転を利用した遠心力により、回転速度に応じたブレーキ力でスプール回転を制御してバックラッシュを抑制する機能。

【オーバーハング】 水面に覆い被さるように生えている樹木。

【オーバーヘッドキャスト】 基本的なキャスティングの1つ。頭上でロッドを後ろから前に振って投げる動作。

【オープンウォーター】 障害物がない開けた水面のこと。

【オフセットフック】 アイの下がクランクしている（曲がっている）ワームフック。ハリ先をワームに埋めてセットしやすく、またズレにくいという特徴がある。

【オンス】 ルアーやシンカーの重さを表わす単位。本書では「oz」と表記。

●か

【カーブフォール】 着水後、ラインを張ることでルアーに弧を描かせながら沈めること。

【カーボン】 ロッドの素材の1つ。軽く、張りがあるのが特徴で、現在の釣りザオの主要素材。

【ガイド】 リールのラインを通すためにロッドに取り付けられたリングのこと。

【カウントダウン】 ルアーやリグが着水後、湖底に沈むまでの時間を数えること。

【カバー】 バスが身を隠せる障害物。おもに水面に覆い被さるものを差すが、アシなどの植物帯もカバーに含まれる。

【聞きアワセ】 アタリらしきものを感じた後、ロッドのティップをゆっくり立ててバスの反応を確かめる動作。

【キャスト（キャスティング）】 ルアーを投げる動作の総称。

【キンク】 ラインの折れ目、屈折。ラインの強度が低下してしまう原因。

【グラス】 ロッドの素材の1つ。カーボンに比べ軽さや感度の面では劣るが、しなやかでよく曲がり、クランクベイトなどの巻きモノ用ロッドに向く。

【クランキング】 ルアーを、リールを巻くことで引いて使用すること。また単にクランクベイトを使って釣りをすること。

【クロー・ホッグ系】 甲殻類（ザリガニやエビ類）を模したソフトベイト。「ホッグ」は、このタイプのワームの原型の1つであるブラッシュホッグ（ZBC）に由来。

【ゲイプ】 フックのなかでもっとも幅がある箇所のこと。

●さ

【サーフェス】 水面。

【サーモクライン】 日本語では「水温躍層」。冷たい水と暖かい水との水温の境目。

【サイドハンドキャスト】 ロッドを身体の横で振

る投げ方。

【ササニゴリ】 うっすらと粒子の混じった濁り。

【サスペンド】 バスやルアーが浮きも沈みもせずに、同じ水深で静止していること。

【サミング】 キャスティング（ベイト）リールでのキャスト時、スプールが回りすぎてラインが膨らむのを親指を添えて制御すること。

【シーズナルパターン】 季節ごとのバスの行動を分析してパターン化したもの。

【シェイキング】 ロッドのティップを震わせて、ルアーを細かく振動させる操作。

【シェード】 日陰。

【沈みモノ】 水中にある障害物。

【ジャーク】 ロッドを強くあおってミノーやシャッドプラグの首を強く左右に振らせること。

【シャロー】 浅場。もしくは浅い層（シャローレンジ）。

【ショア】 河川や湖の岸辺。

【ショートバイト】 小さなバイト（アタリ）のこと。バスがくわえたルアーをすぐに吐き出してしまうときなどに起こる。

【シンカー】 オモリ。

【シンキングタイプ】 プラグのなかで沈むもの。

【スキーイング】 水面を左右に滑らせるアクション。ペンシルベイトの基本的な操作の1つ。

【スクール】 魚の群れ。バスの場合は、稚魚から幼魚の過程で群れで行動することが多い。

【ステディー】 安定させること（ステディーリトリーブ等）。

【ストップ&ゴー】 ルアーの操作方法の1つ。リールを巻いてルアーを泳がせ、巻くのを止めてルアーを制止させることを繰り返す。

【ストラクチャー】 地形（変化）。また各種障害物を差して用いられることもある。マンメイドストラクチャーは人工構造物。

【スプール】 リールのラインが巻いてある部分。

【スプリットリング】 ルアーにフックやラインを接続するためのリング。

【スポーニング】 産卵。

【スラック（ラインスラック）】 ラインにテンションが掛かっていない状態。イトフケ。

【ズル引き】 ワームリグやラバージグをボトムに接触させながら引いてくる操作方法。

【ソフトベイト（ソフトルアー）】 軟質プラスティック製のルアー。ワームともいう。

●た

【ダート】 水中でルアーを左右に瞬間的に跳ねさせるアクション。

【ターンオーバー】 冷たい雨や冷え込みによって表層の水が急激に冷え、底に溜まっていた温かい水と上下が入れ替わる現象。温度変化によって水の比重が変わることが原因で起こる。

【タイト】 バスが障害物等にピッタリついていること。また、その障害物等のぎりぎりにルアーを通すこと。

【タックル】 バスフィッシングで使用する道具の総称。ボートからハリまですべてを含む。

【タフコンディション】 バスの活性が著しく低下して釣りづらい状況。

【ダムサイト】 ダム湖（リザーバー）のダム付近のこと。立ち入り禁止が多いので注意。

【タラシ】 キャスト時にロッドティップから出したラインのこと。

【チャートリュース】 明るく薄い黄緑色。略してチャートともいう。

【ティップ】 ロッドの先端部分。

【ティンバー】 立ち木。

【テーパー】 おもに棒状のものの太さが部位によって変化すること。転じて、ロッドの場合は曲がり方を差して使われることもある。

【トゥイッチ】 ロッドを軽くシャクり、ルアーを水中で変則的に跳ねさせる操作。

【トゥルーチューン】 プラグが真っ直ぐに泳ぐようにラインアイを左右に曲げて調整すること。

【トップウォーター（ルアー）】 水面上で使用するルアーの総称。

【ドラッグ】 ライン切れを防止するため、任意に設定した以上の負荷が掛かったとき自動的にスプールが逆転してラインを送り出す機能。

【トレーラー】 ラバージグやスピナーベイトに装

着するワーム。

【ドロップオフ】水中にある傾斜した地形のなかでも、特に鋭角に落ち込んでいる場所。

●な

【ナチュラルレイク】河口湖や琵琶湖などの自然湖。

【ネイルシンカー】ワームに刺し込んで使用する細い棒状のオモリ。

【ノイジー】トップウォータールアーの1つ。リトリーブ時に水面上で大きな音を発する。

【ノット】ルアーとライン、ラインとラインを結ぶこと。またその結び目。

●は

【バーチカル】垂直方向のこと。バスフィッシングでは真下にルアーを落とし込んで釣ることをいう。

【ハードベイト（ハードルアー）】クランクベイトなどの硬質プラスチックやウッド製のルアー。

【ハードボトム】岩盤などの硬い底質。

【バーブ】フック先端のカエシのことで、バレを防止するための構造。カエシがないハリはバーブレスフックと呼ばれる。

【パーミング】リールを包み込むように持つこと。

【バイト】バスがエサやルアーをくわえること。

【パイロットルアー】バスの居場所を捜すために、広範囲を手早くチェックできるルアー。おもにバイブレーションやスピナーベイト、クランクベイトなどの巻きモノのこと。

【バックウォーター】ダム湖に注ぐ規模の大きな川の最上流部など、浅瀬が絡んだりしてアクセスしにくい場所の総称。三日月湖になりかけの逆ワンドなどもこのように表現することがある。

【バックラッシュ】キャスト時にベイトリールのラインが絡んでしまうこと。

【バラシ】ハリ掛かりさせたバスを取り逃がすこと。

【ピッチング】ロッドを下から上へ振りながら、反対の手に持っていたルアーを放す、振り子のようなプレゼンテーション方法。近距離のスポットへ正確にルアーを入れたいときに用いる。

【ヒット】バスがルアーに掛かること。

【ファストムービング】ただ巻くだけでアクションを起こしてくれるルアーの総称。クランクベイトやスピナーベイト、バイブレーションなど。

【ファストリトリーブ】リールを速く巻くこと。

【フィーディング】バスがエサを捕食すること。

【フィネス】繊細なリグやアクションを駆使して技巧的に釣ること。

【フォーミュラ】味や匂いの付いたゲルやパウダー。ワームに付着させて使用することで、バスがくわえている時間を延長するなどの効果がある。

【フォール】ルアーを落とし込むこと。ラインを張ったまま弧を描いて落とし込む場合はカーブフォールという。

【フッキング】バスをフックに掛けること。正確にはセット・ザ・フック。アワセともいう。

【フック】ハリ。

【ブッシュ】細かな枝がたくさんある冠水植物。

【フラッシング】ルアーのきらめき。バスにアピールする要素の1つ。

【プリスポーン】産卵前のお腹に卵を持ったメスのバス。

【フリッピング】近距離のプレゼンテーション方法の1つ。ルアーを振り子のように扱い、あらかじめ引き出しておいたラインを送り出す動作。

【ブレイク】水中にある急な傾斜。カケアガリともいう。

【プレゼンテーション】ルアーをねらったスポットへ送り込むこと。

【プレッシャー】多くの釣り人が訪れるなど、バスを警戒させることになる要因の総称。

【フローティング】浮くルアー。

【フロッグ】カエルなどをイミテートした中空ボディーのシリコン製ルアー。

【ベイト（フィッシュ）】バスのエサの総称。

【ベール】スピニングリールのラインを巻き取る

機構の一部。ベールアームともいう。

【ヘビーカバー】複雑で水面が見えないくらい高密度に生い茂った水生植物や水面を覆うゴミ溜まりのこと。

【ポーク】豚の皮でできたルアーで、おもにラバージグのトレーラーとして使用される。強度が高いことと、低水温でも硬化しにくいのが特長。

【ポーズ】ルアーを静止させること。

【ボトム】川底や湖底。

【ボトムバンピング】ボトムでルアーを跳ね上げるアクション。

●ま

【マグブレーキ】磁力を利用したベイトリールの補助ブレーキ。

【マスバリ】ワームにチョン掛けして使用するフックの総称。名称はマスバリだが、バス釣りではバス専用に設計されている製品を使用することがほとんど。

【マッチ・ザ・ベイト】そのフィールドに生息しているバスのエサとなる生き物に、ルアーのサイズやカラーを合わせること。

【マンメイドストラクチャー】橋脚や桟橋などの人工構造物。

【ミノー】小魚。またそれを模したプラグ。

【向こうアワセ】バスの活性が高いときに、勢いよくルアーをくわえて反転し、勝手にハリ掛かりすること。

【メカニカルブレーキ】ベイトリールのメインブレーキで、スプールシャフト（スプールに通っている軸）を物理的に締めつけて回転を抑制する機構。

●ら

【ライン】釣りイト。

【ライントラブル】ラインがヨレたりキンク（折れ目）ができたりして、絡まったり切れたりするライン関連のトラブル全般のこと。

【ラインブレイク】ラインが切れること。

【ラトル】プラグなどに内蔵されている小さな球で、ボディー内壁に当たってコロコロと音を出す。球の素材は鉛、プラスチック、タングステン、真鍮、ガラスなどさまざま。

【ラメ】キラキラ光るシートを細切れにしたもの。素材の段階でワームなどに混入して使用される。

【ランカー】大型のバス。地域やフィールドのコンディションによってランカーと呼ばれる寸長は変わってくる。

【ランディング】バスを取り込むこと。キャッチともいう。

【リアクションバイト】バスが反射的にルアーに口を使うこと。

【リグ】仕掛け。

【リザーバー】ダム湖。

【リップ】ミノーやクランクベイトなどの先端についている、水の抵抗を受けてルアーを潜らせたりアクションさせたりするパーツ。

【リトリーブ】ルアーを引くこと。

【リバーチャネル】水がよく通って川底がえぐれている筋のこと。

【リフト&フォール】ルアーを跳ね上げ落とし込むことを繰り返す操作方法。

【リリース】釣った魚を元の水に戻すこと。キャッチ&リリース。

【リリーパッド】水面に浮いている水生植物。

【ルアー】擬似餌。

【レンジ】水中の層(深さ)のこと。シャローレンジ、ミドルレンジ、ディープレンジといった使い方をする。

【ロッドアクション】ロッドを使ってルアーにアクションをつけること。

【ロッドワーク】掛かったバスをロッドを使っていなすこと。またロッドを使ってルアーをコントロールすること。

●わ

【ワーミング】ワームリグを使ったテクニックの総称。

【ワイヤーベイト】スピナーベイトやバズベイトのこと。

【ワンド】くぼんだ入り江。似た意味の言葉にコーブ（湾）がある。

【ワンピース】継ぎのない一本成型のロッド。釣りザオ全般と比較して短いものが多いバスロッドにはワンピースが多いが、携帯性を優先して2ピースや3ピースの製品もある。

「釣れるチカラ」の基礎が身につくDVD付録

本文4章は丸ごと、また他の章でも各見出しに「DVD 収録」とあるものは、DVD 付録の内容とリンクしています。紙面だけでは伝わりにくい部分を、映像を活用することでより分かりやすく、きめ細やかに解説しました。

DVD付録　収録CONTENTS

- Play All
- オープニング
- タックルの特徴
- キャスティング
  - ベイトキャスティングタックルの基本とキャスティング
  - バックラッシュの対処法とブレーキセッティング
  - サイドハンドキャスト
  - ピッチング
  - フリッピング（DVD 特別編）
  - スピニングタックルの基本とキャスティング
- ロッドアクション
  - ストレートリトリーブ
  - ストップ&ゴー（DVD 特別編）
  - トゥイッチ
  - ジャーク
  - ズル引き
  - ボトムバンプ
  - リフト&フォール
  - シェイキング
- フッキングの基本とスイープフッキング
- リギング
  - オフセットフックのセット方法
  - テキサスリグ
  - ダウンショットリグ
  - キャロライナリグ
  - スプリットショットリグ
  - ネコリグ
  - ジグヘッドリグ
  - ジグヘッドワッキーリグ
  - ノーシンカーリグ

著者プロフィール

関和　学（せきわ　まなぶ）

1971年8月1日東京都生まれ。10代の頃からバスフィッシングのプロトーナメントに出場し、以後トップカテゴリーでの活躍を続けている。近年はバスの岸釣り（オカッパリ）に力を入れ、一般のアングラーと同じ目線に立った実践的なスタイルに定評がある。テレビ番組「本気でオカッパリ」（釣りビジョン）、雑誌連載「オカッパリで行こう!」（Basser）など多数のメディアで活躍中。2005年にはルアーメーカー「WALKER WALKER」（ウォーカーウォーカー）を設立、また2011年には茨城県稲敷市に本人プロデュースによるバスショップ「LiMiT」（リミット）をオープンした。ニックネームは「サル番長」。WALKER WALKER（http://www.walker-walker.com/）

バス釣《つ》り入門《にゅうもん》

2013年7月1日発行

著　者　関和《せきわ》　学《まなぶ》
発行者　鈴木康友
発行所　株式会社つり人社

〒101-8408　東京都千代田区神田神保町1-30-13
TEL 03-3294-0781（営業部）
TEL 03-3294-0766（編集部）
振替 00110－7－70582
印刷・製本　大日本印刷株式会社

乱丁、落丁などありましたらお取り替えいたします。

ISBN978-4-86447-034-6 C2075
つり人社ホームページ　http://www.tsuribito.co.jp